法理古今

研究与释考

胡水君 著

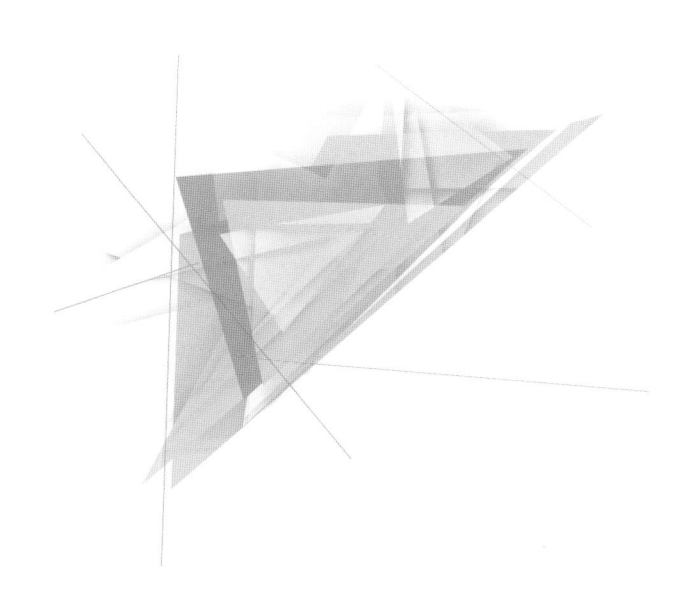

中国社会科学出版社

图书在版编目（CIP）数据

法理古今：研究与释考 / 胡水君著. -- 北京：中国社会科学出版社，2024. 10. -- ISBN 978-7-5227-4162-8

Ⅰ. D90

中国国家版本馆 CIP 数据核字第 20240GL227 号

出 版 人	赵剑英	
责任编辑	许　琳	
责任校对	苏　颖	
责任印制	郝美娜	

出　　版	中国社会科学出版社	
社　　址	北京鼓楼西大街甲 158 号	
邮　　编	100720	
网　　址	http://www.csspw.cn	
发 行 部	010-84083685	
门 市 部	010-84029450	
经　　销	新华书店及其他书店	
印　　刷	北京君升印刷有限公司	
装　　订	廊坊市广阳区广增装订厂	
版　　次	2024 年 10 月第 1 版	
印　　次	2024 年 10 月第 1 次印刷	
开　　本	880×1230　1/32	
印　　张	13.5	
插　　页	2	
字　　数	327 千字	
定　　价	118.00 元	

凡购买中国社会科学出版社图书，如有质量问题请与本社营销中心联系调换
电话：010-84083683
版权所有　侵权必究

前　　言

　　这是我的一本短文集。文章的时间跨度接近三十年，从1996年至2023年。这期间我主要居住在北京。生活超过一年的城市还有武汉、纽约和拉萨。文章多数发表在报刊，也有几篇未曾公开发表的项目研究报告。

　　集子的主题在法理。法治、权利、法律、法学，是编选时形成的顺序。道德贯穿其间。总体上，这是一本关于法治、法理、法学的书。历史地看，法理学有古今差异。古代讲道德，近世重权利。许多年，这种差异在自己的研究领域备受关注。重启道体、重新发明道德律、张扬权利法治，是基于中国的体用哲学得出的大致结论，也是这本书表达的基本看法。

　　称这样一个集子为人生的小结也许是合适的。庚子年后，世界变化很大，自己似乎也处在辞旧迎新的时期。本该写一些新话，想来想去，还是决定把一篇旧文放在这里，充当这本集子的前言。

　　这是一段可入诗入画的路。清晨，偶尔会有人在南锣鼓巷摆起画架，趁客潮未来时涂绘那条重又热闹起来的巷子。冬日里，什刹海边，看冻冰新凿，群鸭扑水，行人腹中的字词也许会不自禁地合成为诗。这,也是我到单位后每月每周上下班的路。从南北锣鼓巷,经北河沿、嵩祝院,到沙滩北街;从沙滩后街,沿景山、地安门,有时绕道什刹海、烟袋斜街,过钟鼓楼,来来回回走这段路,一晃将近九年。

年复一年,每次走在这路上,涵容蕴蓄,总觉得像是行走在历史中。地坛、雍和宫、国子监、王府井、故宫、北海,厚厚地包裹着这段路。人车如流,几乎每天都有世界各地的人,不远千万里来走访这段路。这里,处处都曾是历史,处处也都正在形成历史。观光者来这里,并非要创造历史,而是要感触历史。世代定居在这里的人,也未必都会史上留名。这里,虽然看上去是历史通道,但不是所有经过的人都进入了历史。

事实上,学者编史,并不记载所有的人。在从古到今奔逐无断的历史长河中,生者如流沙,去而复来,数不胜数。所以,司马迁说,"古者富贵而名摩灭,不可胜记,唯倜傥非常之人称焉"。究竟怎样的人,才称得上"倜傥非常",堪入史册?评价孔子时,司马迁又说,"天下君、王,至于贤人,众矣!当时则荣,没则已焉。孔子布衣,传十余世,学者宗之"。看来,在富、贵、君、王之外,史家还有更基本的判断标准。

孔子布衣,而未能成为白驹过隙般的历史游客,也许不只在于其"厄而作《春秋》",更在于其对"道"的觉悟和担当。"朝闻道,夕死可也",映射出孔子"志于道"并孜孜以求的态度。孟子亦有言,"终身由之而不知其道者,众也。"一些人与"众"不同,从而得以避免随众放任自流以致"没则已焉"的历史命运,或许正在于其对"道"的

前言

体认。

　　历史，不仅意味着存在，更包含着传承、久远和不朽。"道"，恰是历史长河中历经百转千回而仍得穿透古今、跨越时空的普遍存在。走在那处处都是历史而又时时如风飘逝的路上，人很容易生出进入历史的心愿。朝夕太短，当争千年。这不是对历史的执着。这是对"道"不须臾离的趋向。不如真如实地知见、如道如理地生活，人何以承受那息息无驻的世事流转和自然自觉的生命感动？

这篇旧文署的日期在2012年4月。当时，单位开始编工作通讯，每期开头需一篇序言类的文字。这是应约提交的稿子。题目用的是"行走在历史中"。那时自己近不惑之年，古语讲"四十不惑""不动心"，人生变化比现在还大。这篇文字如实地记录了那些年的情景和心态，似童年的记忆一般。

　　俱往矣，出版这本集子权当与过往道个别吧。

二〇二四年五月四日

目录
CONTENTS

法治：从治国方略到强国战略　　　　　　　　　　／ 1
法治是强国建设的重要基石　　　　　　　　　　　／ 7
法治化是现代化的题中之义　　　　　　　　　　　／ 12
作为现代化的法治化　　　　　　　　　　　　　　／ 20
作为国家治理深刻革命的法治　　　　　　　　　　／ 27
全面依法治国　坚持依规治党　　　　　　　　　　／ 39
坚持民主与法治相结合　　　　　　　　　　　　　／ 45
法治与改革　　　　　　　　　　　　　　　　　　／ 49
法治、政治与德治　　　　　　　　　　　　　　　／ 53
法治的政治意义　　　　　　　　　　　　　　　　／ 62
开拓民主法治建设的中国道路　　　　　　　　　　／ 71
法治的中国道路及其构建原则　　　　　　　　　　／ 77
宪法与传统文化　　　　　　　　　　　　　　　　／ 87
作为道德品格和法律义务的爱国　　　　　　　　　／ 91
法典编纂与格律　　　　　　　　　　　　　　　　／ 96
法律体系在民主法治建设中的地位和作用　　　　　／ 100

迈向现代司法国家	/ 106
司法与替代性纠纷解决方式	/ 111
法治与民族治理	/ 119
融入国家战略　促进西藏发展	/ 123
通过法治的乡村治理	/ 131
民主法治进程中的社会管理创新	/ 139
构建民主法治国家	/ 146
法治的中国文化向度	/ 149
民主法治与体用哲学	/ 153
迈向法治的中国理论	/ 158
法治建设与文化复兴	/ 160
法治与新人文主义	/ 162
迈向法理社会	/ 171
重建基于道体的法理	/ 178
权利政治的中国境遇	/ 184
人权：制度与文化之间	/ 195
权力与自由的螺旋	/ 199
现代进程中的权利与忍让	/ 208
主体权利与自主选择	/ 220
法律与社会：权利实现的两条途径	/ 227
权利需要道德根基吗	/ 236
自然权利与仁义道德的衔接	/ 240
关于权利与道德的几点评议	/ 244
人权与德性	/ 248
重构人权的道德基础	/ 260
法律与社会理论中的价值批判和理性建构	/ 264

通过法律实现正义	/ 273
法律的两种起源	/ 288
治理的人性基础	/ 292
法律与语言文字	/ 296
法律的限度	/ 300
法律局限性	/ 305
关系结构中的法律	/ 315
法律与文学：主旨、方法及其后现代性	/ 324
后现代语境下的法律与正义	/ 332
后现代社会及其法律	/ 336
法律疏密与社会治乱	/ 341
安提戈涅 苏格拉底 亚里士多德	/ 348
在法律学术与理论反思之间	/ 353
比较法视野中的法律学术	/ 357
繁荣学术应重视中国传统文化	/ 362
南亚文明的奥义	/ 372
重启道体 再造文明	/ 376
道德认知与法律理学	/ 380
中国的小康之治	/ 391
从大同理想看中国文化与民主法治	/ 396
参考文献	/ 409
人名索引	/ 416
主题索引	/ 420

法治：从治国方略到强国战略

随着中国特色社会主义进入新时代，我国在比较集中的时间段接连出现了一系列大的法治事件。专门就法治主题召开中央全会、出台《中共中央关于全面推进依法治国若干重大问题的决定》、成立中央全国依法治国委员会、颁布《中华人民共和国民法典》、确立习近平法治思想，这些具有重大意义的事件皆前所未有。结合历史看，如果说依法治国在20世纪90年代后期被党的十五大确立为治国基本方略是中国法治建设迈出的关键一步，那么，进入新时代，中国法治建设正迈出更为关键的步伐。时逢"百年未有之大变局"，作为治国基本方略的法治越发成为强国建设、民族复兴的重要基石，在中国式现代化进程中处于更加基础的地位，具有更加重要的作用。

法治的这种转变与经济转变一脉相承。新时代也是我国经济进入由高速增长转向高质量发展的阶段。关于这种经济转变，习近平总书记指出，全球中等收入经济体只有少数实现了从量的扩展转向质的提高，由此成功进入高收入经济体。同时，关于法治转变，习近平总书记指出，近现代史上凡实现现代化的国家都是实现法治的国家，而有些国家虽然一度实现经济快速增长，但因为法治不彰而未能迈过现代化的门槛。这些论述，充分展现出法治对于经济转变和现代化强国建设的重要性。

　　法治不仅是达成社会安定有序的必要手段，也是强国建设的基本内容和重要方式。习近平总书记指出，"法治是一个国家发展的重要保障"，"国家强盛往往同法治相伴而生"，"法治兴则国兴，法治强则国强"。习近平法治思想的一个显著特征即在于强调法治与国家强盛之间的内在密切关联。这具有理论指导意义。在全面建设社会主义现代化强国的新征程上，应充分认识法治与经济繁荣、国家强盛之间的紧密联系和内在逻辑，发挥法治在调动人的积极性、促进经济发展、文明进步和生产力提高方面的积极功效，使法治不仅成为治国基本方略，也进一步成为实现现代化的强国战略。

一　通过法治促进国家强盛，是古今社会发展历史经验的总结

　　从中国古代历史看，法家法治使秦国日渐成为春秋战国时期的强国，并最终成功地结束诸侯分立，完成国家统一。从西方近代历史看，英、法、德等国通过独立的立法和司法体系使资本主义工商业和社会生产力在欧洲得以迅速发展，由此率先进入现代世界强国行列。从改革开放实践看，国家工作重心转向社会主义现代化建设与民主的制度化和法律化、建立社会主义市场经济体制与依法治国基本方略的确立、加入世界贸易组织与中国特色社会主义法律体系的形成，都是同步展开的，在中国法治建设取得历史性成就与中国经济持续高速增长之间可见明显的因果联系。习近平总书记讲国家强盛与法治相伴而生，正是基于对古今中外历史和现实经验的总结。就此，他在讲话中谈到了秦律、汉律、

唐律与国家强盛，《汉谟拉比法典》与古巴比伦王国全盛时代，罗马法与罗马帝国征服世界之间的紧密关联。

在习近平法治思想中，法治与国家强盛之间的必然联系，也具体显现在法治与改革、法治与发展、法治与现代化建设的关系上。在法治与改革的关系上，全面深化改革与全面依法治国被习近平称为"鸟之双翼、车之两轮"，相辅相成。在法治与发展的关系上，习近平总书记针对现实中存在的"发展要上，法治要让"的误区指出，"贯彻新发展理念，实现经济从高速增长转向高质量增长，必须坚持以法治为引领"。在法治与现代化的关系上，习近平总书记将全面依法治国视为社会主义现代化建设的必然要求和目标内容，反复强调法治对于推进国家治理体系和治理能力现代化的重大意义。当前，中华民族正处于从"站起来""富起来"到"强起来"的伟大飞跃阶段，要实现到21世纪中叶把我国建成社会主义现代化强国的宏伟目标，尤其需要吸收古今历史经验，充分认识法治对于国家强盛的重要性和必要性，有效发挥法治固根本、稳预期、利长远的保障作用。

二 通过法治带动社会生产力的提升，是马克思主义基本原理

在生产力与生产关系、经济基础与上层建筑的总体关系框架中审视法律，是马克思主义法律观的基本特质。这一特质对于法治建设的指导意义在于，要通过法律、法治以及适时变法，理顺或调整生产关系，达到调动人的积极性、促进经济发展、提高生产力、增加人民福祉的目的。对于经济交往和社会发展而言，法律是必需的重要形式。通过法治实现国家强盛，需要高度重视法

律与经济和社会客观发展之间的这种关联性。习近平总书记指出，"坚持和发展中国特色社会主义，必须不断适应社会生产力发展调整生产关系，不断适应经济基础发展完善上层建筑"。要沿着经济发展和生产力提高的目标方向推进法治或法律变革。经济发展和综合国力是国家强盛的基本权衡和必要条件。作为执政兴国第一要务的发展，也是以经济建设为中心的发展。使法治不仅成为达至社会安定有序的治国方略，更成为强国战略，所要表达的要旨在于有效地通过法治促进经济发展，提升社会生产力。

综观历史，在中国的现代化转型过程中，无论是近代政治革命和社会革命，还是建设时期的改革和发展，都不脱离国力提升、民生改善、生产力提高这些基本和长远目标。在全面深入落实依法治国基本方略、建设社会主义现代化强国的道路上，仍然需要继续坚持国家强盛和生产力提升这样的价值导向。在促进生产力提升意义上，全面推进依法治国可被视为革命或改革的延续。《关于建国以来党的若干历史问题的决议》指出，"社会主义……要大大发展社会生产力，完善和发展社会主义的生产关系和上层建筑，并在这个基础上逐步消灭一切阶级差别，逐步消灭一切主要由于社会生产力发展不足而造成的重大社会差别和社会不平等，直到共产主义的实现。这是人类历史上空前伟大的革命。我们现在为建设社会主义现代化国家而进行的斗争，正是这个伟大革命的一个阶段"。这一"伟大革命"也包括当今中国的法治变革。从生产力和生产关系、经济基础与上层建筑的理论框架看，全面推进依法治国被称为"国家治理领域一场广泛而深刻的革命"，透显出法治对于改善生产关系和提升生产力的革命意义。

三 通过法治实现现代化，须加强法治建设的现代和开放品质

从历史看，法律可能限制自由和社会发展，也可能保障个人自由和促进社会发展。英国法律史家梅因在《古代法》中指出，"世界有物质文明，但不是文明发展法律，而是法律限制着文明"。在梅因看来，传统社会的法律因为被宗教或道德伦理笼罩，对社会实际起着阻滞作用，古代社会因此是"静止的社会"；法律摆脱这种笼罩发展出独立体系后，现代社会成为"进步的社会"。法律是否限制自由和社会发展，取决于法律的属性。不同属性的法律，所起的作用不同。在建设社会主义现代化强国的历史过程中全面深入推进依法治国，需要强化和提升法律的现代和开放品质，这些品质能够带来经济发展。

习近平总书记指出，"法治是人类政治文明的重要成果，是现代社会治理的基本手段"。在21世纪的中国讲法治，首先讲的是现代的国家和社会治理方式，所要构建起来的是现代法治体系。现代品质可谓中国法治建设的关键属性。在学理上，法律的现代属性包括一般性、抽象性、普遍性、平等性、确定性、稳定性、权威性、独立性、可预见性、双向约束性等。换言之，法律在现代社会中应该是形式的、合理的、逻辑的、普遍的、一般的、明确的、稳定的、可预期的、权威的、独立自治的、既约束公民也约束权力主体的等。具备这样一些现代属性的法律，通常被认为是有利于经济和社会客观发展的规则。强化法律的现代属性及其与经济和社会客观发展之间的有效联系，是通过法治实现国家强盛所要关注的基本方面。

在经济全球化成为不可逆转的历史大势下，中国法治应同时具备现代和开放品质。习近平总书记指出，"法治建设的中长期目标，要统筹考虑国际国内形势"，"随着时代发展和改革推进，国家治理现代化对科学完备的法律规范体系的要求越来越迫切"。在开放条件下，衔接整合国内国际规则，吸纳对接高标准国际经贸规则，打造适应全球一体化进程的规则体系，是我国法治建设的重要任务。在价值层面，这些规则不是从权力管制出发的规则，也不是从伦理纲常出发的规则，而是尊重和保障人的权利和自由的规则。现代法治的根基在人权和公民权利。只有立基于人权和公民权利，法治才能发展出具有刚性和普遍性的一般权利规则，为经济发展和社会稳定提供必要的、一般的、足以扩及全球的普遍形式。也只有这样，才能锻造出规范化、程序化、透明度高的权力持有和行使规则，既使政治权力在始终围绕人权和公民权利的运行中获得持续正当性，也使公民权利得到有效保障，避免经济和社会发展受到政治权力的不必要干扰。在全球一体化背景下，建设社会主义现代化强国，必须营造市场化、法治化、便利化、国际化营商环境，充分调动人的积极性、主动性和创造性，为现代条件下人们的政治生活、经济生活、法律生活和社会生活注入生命活力和动力。

法治是强国建设的重要基石

我国正处于强国建设、民族复兴的关键历史时期。依法治国对于强国建设、民族复兴意义重大。习近平总书记指出,"中国以后要变成一个强国,各方面都要强","从世界历史看,国家强盛往往同法治相伴而生","法治兴则国兴,法治强则国强"。在世界形势大发展大变革的时代背景下,强调法治与国家强盛之间紧密的内在逻辑联系,是习近平法治思想新的显著特征。立足中华民族从"站起来""富起来"到"强起来"的新的历史起点,迈向全面建成社会主义现代化强国的新的历史征程,我国尤其需要将法治作为强国建设的重要基石。

一 全面推进依法治国,是新时代建设社会主义现代化强国的历史使命

从过去看,法治强国是历史经验。习近平总书记指出,"从我国古代看,凡属盛世都是法制相对健全的时期。"他提到,秦因为奉行法家法治而跻身强国,统一六国;汉高祖"约法三章"助其一统天下,汉律六十篇在两汉沿用近四百年;唐朝《贞观律》成就了"贞观之治",《唐律疏议》也"为大唐盛世奠定了

法律基石"。他还提到,《汉谟拉比法典》推动古巴比伦王国进入全盛时代;罗马帝国以罗马法征服世界。法治强国,既是中国的历史经验,也是习近平总书记基于世界历史对治理规律的总结。从中国特色社会主义法律体系基本形成到十年后中国民法典颁布,看上去也正处于全球出现"东升西降"、中国全面建成小康社会的关键历史时期。

从实践看,依法治国是时代抉择。习近平总书记指出,"法治是治国理政不可或缺的重要手段,什么时候重视法治、法治昌明,什么时候就国泰民安;什么时候忽视法治、法治松弛,什么时候就国乱民怨","治国理政须臾离不开法治"。这是对中华人民共和国成立以来的法治历程作出总结,特别是对"文化大革命"期间破坏法制作出反思之后得出的论断。改革开放以来,我国法治建设不断向前推进,取得历史性成就,从民主的制度化和法律化,到将依法治国确立为基本方略,再到通过全面推进依法治国保障社会主义现代化强国建设,都是顺应时代潮流的选择。

从未来看,厉行法治是长远谋略。习近平总书记指出,"我们提出全面推进依法治国,坚定不移厉行法治,一个重要意图就是为子孙万代计、为长远发展谋"。着眼长远,要把我国建成文化强国、人才强国、科技强国、海洋强国、贸易强国、金融强国等,使我国各方面强起来,都需要将法治作为稳定持久的制度保障。当前,世界百年未有之大变局加速演进,我国发展进入战略机遇和风险挑战并存、不确定难预料因素增多的时期,更加需要依靠法治来使国家和社会发展获得持续保障。习近平总书记指出,"改革开放四十余年的经验告诉我们,改革开放越深入越要强调法治,发展环境越复杂越要强调法治"。

二 厘清法治与国家发展之间的内在逻辑联系,是法治强国的认知前提

法治是强国的重要方式。从历史看,古代秦国的国力提升主要通过信赏必罚来统一国民行为,以此"抟民力""致民力"而得实现。习近平总书记指出,"法治是一个国家发展的重要保障","新中国成立七十多年来,我国之所以创造出经济快速增长、社会长期稳定'两大奇迹',同我们不断推进社会主义法治建设有着十分紧密的关系"。其间的法理主要在于生产力与生产关系、经济基础与上层建筑之间的相互作用和制约。"不断适应社会生产力发展调整生产关系,不断适应经济基础发展完善上层建筑",这是我国开展法治建设、实施法治改革的理论指导,也是我国法治建设和经济发展能够同时取得历史性成就的基本原理。

法治是最好的营商环境。谈到涉外法治时,习近平总书记指出,"法治是国家核心竞争力的重要内容"。在现代开放条件下,世界各国在国际竞争中要想提升综合国力、立于不败之地,必须具备过硬的法治条件。良好的法治环境为社会稳定、经济交往和国家发展提供明确、持久而普遍的一般形式,一国的现代经济和社会体系因此获得持续发展条件,并借助法律一般形式得以向全球范围扩展壮大。在全球一体化背景下,打造市场化、法治化、便利化、国际化营商环境,仍是我国法治建设的重要任务。

法治之要在人的积极性。习近平总书记指出,"要处理好尊重客观规律和发挥主观能动性的关系","推动实现物的不断丰富和人的全面发展的统一"。生产力提高、经济发展以及国家强盛,最终都需要在价值层面统合于人的全面发展。法治在现代

社会的要义，不在于压抑或限制人的自由全面发展，而在于通过严格的人权和权利保障机制，在生产力提高、经济发展、国家强盛与充分发挥人的积极性、主动性、创造性之间达至高度统一。习近平总书记指出，"法治是人权最有效的保障"，"保护人民权益，这是法治的根本目的"。从长远看，加强人权法治保障，保障人民依法享有广泛权利和自由，也是经济和社会可持续发展的基本条件。

三 按现代化要求形成中国现代法治体系，是推进依法治国的前进方向

统筹国内和国际两个大局。全球化构成中国法治建设的大背景，在此背景下，中国的法治建设也是对外开放条件下的法治建设。习近平总书记指出，"法治同开放相伴而行，对外开放向前推进一步，涉外法治建设就要跟进一步。要坚持在法治基础上推进高水平对外开放，在扩大开放中推进涉外法治建设，不断夯实高水平开放的法治根基"。在全球化和开放条件下，中国法治需要适应现代化需要，加强现代性重塑，衔接整合国内国际规则，吸纳对接高标准国际经贸规则，打造适应全球一体化进程的规则体系。英国法史学家梅因指出，"根据公认的社会规律，一套特定制度传布空间越广，它的韧性和活力也越大"。就长远而言，在强国建设道路上，我国需要在开放条件下加快形成契合全球体系、具有全球包容力和扩展力的现代法治体系。

完善权利的法治保障体系。权利是现代法治的根基和价值所在。从价值层面看，现代法治体系对应的是人和公民的权利体系。一个国家的权利保障体系的完善程度可用以衡量该国法治体

系的发达程度。实现现代化的国家,通常是法治国家,也是人权和公民权利相对得到更好保障的国家。习近平总书记指出,"我们的民主法治建设同扩大人民民主和经济社会发展的要求还不完全适应,社会主义民主政治的体制、机制、程序、规范以及具体运行上还存在不完善的地方,在保障人民民主权利、发挥人民创造精神方面也还存在一些不足,必须继续加以完善"。沿着权利保障路径,完善权力享有和行使的程序和规则,仍是我国法治建设的重要方向。

构建中国的现代法治文明。习近平总书记指出,"法治是人类政治文明的重要成果,是现代社会治理的基本手段"。作为现代社会治理手段的法治,必须不断适应现代化发展需要,具备现代性特质。法治建设所形成的社会,不是"人情社会""旧社会",而是具备现代性的法治社会、"法理社会"。习近平总书记指出,"如果一个社会大多数人对法律没有信任感,认为靠法律解决不了问题,还是要靠上访、信访,要靠找门路、托关系,甚至要采取聚众闹事等极端行为,那就不可能建成法治社会"。法治社会,要扭转靠关系,讲人情,"搞土政策""土规定"的状况,形成"运用法治思维和法治方式深化改革、推动发展、化解矛盾、维护稳定","办事依法、遇事找法、解决问题用法、化解矛盾靠法"的良好法治环境。这是中国法治建设所要达到的现代目标。

法治化是现代化的题中之义

按照党的十九大、二十大战略安排,到2035年,要"基本建成法治国家、法治政府、法治社会","基本实现社会主义现代化";到21世纪中叶,要"实现国家治理体系和治理能力现代化","把我国建成富强民主文明和谐美丽的社会主义现代化强国"。在此总体部署中,法治始终包含在社会主义现代化建设内容之中,既是基本要求,也是重要目标。

习近平总书记多次指出,"全面依法治国,是坚持和发展中国特色社会主义的本质要求和重要保障,是实现国家治理体系和治理能力现代化的必然要求","全面推进依法治国是……推进国家治理体系和治理能力现代化的重要方面","对完善和发展中国特色社会主义制度、推进国家治理体系和治理能力现代化具有重大意义","无论是实现'两个一百年'奋斗目标,还是实现中华民族伟大复兴的中国梦,全面依法治国既是重要内容,又是重要保障"。在此论述中,全面深入推进依法治国对于推进中国式现代化具有重大意义,是中国特色社会主义现代化建设的必然要求、目标内容和基本保障。

将法治化与现代化结合起来,从现代化角度审视中国的法治化,是习近平法治思想的一个显著特征。结合历史实践看,国家政治生活和社会生活法治化，一直处在我国的现代化进程中，是中国式现代化的基本要求和目标，也是中国式现代化的题中之义，推进中国式现代化需要最终形成中国的现代法治体系，实现国家各项工作法治化。

一 实现现代化的国家必然是法治国家

在习近平法治思想中，法治化与现代化密不可分、休戚相关，谈法治化通常联系现代化来谈，谈现代化也不脱离法治化。"现代化国家必然是法治国家"，"越是现代化……越是要法治化"，这是习近平总书记在 2014 年 12 月 26 日中央军委扩大会议上提到的一个简明判断。这一判断扼要地讲出了法治化与现代化之间的紧密联系。

法治化是跨入现代化门槛的关键一步。关于法治化与现代化的内在关联，习近平总书记有两段详细的专门论述。2014 年 10 月 23 日，在党的十八届四中全会第二次全体会议上，习近平总书记指出，"法治和人治问题是人类政治文明史上的一个基本问题，也是各国在实现现代化过程中必须面对和解决的一个重大问题。综观世界近现代史，凡是顺利实现现代化的国家，没有一个不是较好解决了法治和人治问题的。相反，一些国家虽然也一度实现快速发展，但并没有顺利迈进现代化的门槛，而是陷入这样或那样的'陷阱'，出现经济社会发展停滞甚至倒退的局面。后一种情况很大程度上与法治不彰有关。"鉴于"彻底摒弃人治思想和长官意识"在习近平法治思想中被反复提到，这一段话至少包含两层意思。其一，从人类历史看，法治与人治问题是现代化进程中必须解决的基本而重大的问题。其二，从人治到法治的根本转变，是判断现代化是否顺利实现的基本权衡。具体而言，成功实现现代化的国家是成功摆脱人治并实现法治化的国家，而法治不彰的国家则难以顺利迈过现代化的门槛。这样两层意思凸显出现代化与法治化之间的深层内在联系，也就是说，实现现代化必须首先实现法治化，法治化对于现代化而言既是基本要求，也是重要保障。

不同国家有不同法治化和现代化模式。2015年2月2日，在省部级主要领导干部学习贯彻党的十八届四中全会精神全面推进依法治国专题研讨班上，习近平总书记再次指出，"从已经实现现代化国家的发展历程看，像英国、美国、法国等西方国家，呈现出来的主要是自下而上社会演进模式，即适应市场经济和现代化发展需要，经过一二百年乃至二三百年内生演化，逐步实现法治化，政府对法治的推动作用相对较小。像新加坡、韩国、日本等，呈现出来的主要是政府自上而下在几十年时间快速推动法治化，政府对法治的推动作用很大。就我国而言，我们要在短短几十年时间内在十三亿多人口的大国实现社会主义现代化，就必须自上而下、自下而上双向互动地推进法治化"。这一论述，同样秉持历史角度，指出了中国在现代化进程中实现法治化的自主方式和路径选择。亦即在中国现代化进程中实现法治化，既需要社会自下而上的长久发育，也需要政府自上而下的务实推动，这是中国基于历史经验而自主选择的法治道路。在此论述中，法治化与现代化也是密不可分的，讲西方的法治化模式会涉及西方的现代化模式，而讲东亚的现代化模式会涉及东亚的法治化模式。

二 法治化是中国式现代化的基本内容

现代化国家必然是法治国家，这是基于历史事实的理论概

法治化是现代化的题中之义

括。在我国实践特别是改革开放以来的实践历程中，法治化与现代化同样紧密相关，同生共进。历史地看，中国的法治化在现代化不断加深过程中得以同步提升，法治化与现代化共处于改革开放历史进程，是同一历史过程中相伴而行，而且联系越来越密切的两个基本方面。

中国的法治化自改革开放以来不断发展。中央文件中的法律措辞，大致呈现出一条从"法制"向"法治"发展转变的历史线条。起初，党的十一届三中全会报告和十二大报告，采用"制度化、法律化"措辞。党的十三大、十四大报告开始使用"法制化"，而且大量出现"制度""法制"语词。党的十五大、十六大报告也是通篇反复出现"制度""法制"语词，与以往不同的是，随着"依法治国"被确立为治国基本方略，这两份报告出现大量关于"依法治国"的论述。此后，"制度"语词在各大报告中仍然普遍存在，但"法制"一词不再多见，"依法治国"取而代之。党的十七大、十八大报告提出"国家各项工作法治化"，党的十九大还新增了"社会治理法治化"、"国防和军队建设法治化"。在党的二十大报告中，"法治化"被三次明确提到。一是"市场化、法治化、国际化一流营商环境"，二是"国家各方面工作法治化"，三是"社会治理法治化"。这三个"法治化"在报告中都是"全面建设社会主义现代化国家"的重要内容和目标。综合起来看，中央文件在法律措辞上大致经历了从"制度化、法律化"，到"法制化"，再到"法治化"的历史变迁，从中可见"法治化"在我国的逐步确立和明显深化过程。

中国法治化与现代化处于同一历史进程。中国的法治化进程与中国式现代化的深入是一致的。现代化，在中华人民共和国成立初期具体包括工业、农业、国防、科技"四个现代化"，主要表现为经济和物质层面的现代化。这一进程后来被"文化大革命"中断。改革开放之后,"富强民主文明的社会主义现代化强国"在20世纪80年代中期被进一步提出,我国的现代化建设在物质文明之外增加了政治文明和精神文明内容。20世纪90年代将依法治国确立为治国基本方略,把法治纳入中国特色社会主义理论和实践,可谓中国提升政治文明的显著表现。进入21世纪,中国现代化建设进一步向前拓展,迈向更为全面的涵盖经济、政治、文化、社会、生态五大基本方面的现代化。在此阶段,"国家治理体系和治理能力现代化"被进一步提出。正是在"国家治理"这个交汇点上,中国的法治化与现代化得以紧密地糅合在一起,法治因此被称为"国家治理领域一场广泛而深刻的革命",也成为"把我国建成富强民主文明和谐美丽的社会主义现代化强国"的必然要求和基本内容。

三 朝着中国式现代化方向推进法治化

中国的法治化与现代化步调一致,法治化既是中国式现代化的重要组成部分,也是中国式现代化取得成就以及未来发展的必要条件和促进因素。在生产力与生产关系、经济基础与上层建筑的框架下审视法律和法治,是马克思主义的基本原理。这一原理与中国具体实际相结合,集中表现为中国经济在依法治国日渐全面深入的推进过程中获得持续高速增长。从解决温饱问题时期的"制度化",到建设小康社会阶段的"法制化",再到迈向现代强国征程的"法治化",体现出中国政治和法治文明的持续进步,也印证着中国现代化程度的加深。在这样一个持续发展过程中,现代化始终是前行方向,也是贯通古今、连接中外、承继传统、开拓未来的历史朝向。站在新的历史起点,中国的法治建设需要秉持宪法中有关中国与世界紧密联系的观点,坚定地朝着现代化方向继续向前推进。

(一)推进法治强国战略,建设社会主义现代化强国。法治既是达成社会安定有序的必要手段,也是促进国家富强文明的重要方式。对此,习近平总书记一方面指出,"法治是治国理政不可或缺的重要手段,什么时候重视法治、法治昌明,什么时候就国泰民安;什么时候忽视法治、法治松弛,什么时候就国乱民怨";另一方面也指出,"从世界历史看,国家强盛往往同法治相伴而生"。把我国建成富强民主文明和谐美丽的社会主义现代化强国,需要按照现代化的要求,深入推进和全面落实依法治国基本方略,通过法治有效维护社会稳定、促进经济发展、实现强国理想。在从"站起来",到"富起来",再到"强起来"的现代化征程上,法治既是现代化特别是国家治理体系和治理能力现代化的必然要求,也是中国式现代化本身的基本内容和重要目标。现代化构成中国法治建设理所当然的限定词,"国家政治和社会生活法治化"是中国式现代化的应有之义。

(二)以现代化构建方式,培育中国式现代法治文明。当今中国讲法治,首先讲的是现代文明治理。习近平总书记指出,"法治是人类政治文明的重要成果,是现代社会治理的基本手段。"作为现代治理方式的法治,具有鲜明的现代特质要求,有别于传统治理模式和一些过时做法。基于现代法治所形成的"法理社会",也有别于传统的"礼俗社会"或人情社会。2014年12月9日,习近平总书记就"经济工作法治化"谈道,"一些地方和部门还习惯于仅靠行政命令等方式来管理经济,习惯于用超越法律法规的手段和政策来抓企业、上项目推动发展,习惯于采取陈旧的计划手段、强制手段完成收入任务,这些办法必须加以改变"。同年12月26日,习近平总书记就"国防和军队建设法治化"再次谈道,"土政策、土规定……遇事不是找法,而是找关系、找门路。这些都是典型人治思维"。在这些讲话中,"法治化"显然都是针对不合时宜的传统方式或习惯做法而提出的。将依法治国确立为治国方略,适应了中国的现代化发展需要,全面深入推进依法治国,同样必须不断适应现代化发展需要,摆脱不重视法治的传统观念和做法的困扰,以现代方式通过法治化实现国家治理体系和治理能力现代化。

(三)立足中国的自身实践,借鉴世界法治有益成果。无论是在20世纪90年代将市场经济、人权、法治融入中国特色社会主义,还是在21世纪初期"把马克思主义基本原理同中国具体实际相结合、同中华优秀传统文化相结合",都是中国在现代化道路上取得的前所未有的理论创举和实践突破。这也可被视为中国的改革开放在时间上衔接古今、在空间上跨越中外的宏图伟志。近代以来,中国的发展越来越离不开世界,世界的未来也越来越需要中国的智慧参与。就法治构建而言,在从温饱,到小康,再到大同的中国式现代化道路上,中国既需要紧密结合自身具体实际和中国文化传统,也需要积极借鉴国外优秀法治成果,为人类法治文明贡献中国智慧。从历史看,现代法治的构建在中国起步较晚,经历坎坷,中国有必要继续以虚怀若谷的姿态,充分利用发展中国家的后发优势,学习世界各国先进的现代法治理念和经验。在全球化大背景下,应加快形成适应国际交往和现代化发展需要的法治体系,特别是进一步提升立法的一致性、一般性和普遍性,以及司法的可预期性、确定性和权威性,在全球一体化进程中依法有效保护本国和外国公民的人身和财产安全,为人际交往和经济交易造就衔接中外的便利稳定法治环境。

（四）响应民众现代诉求，有效推进权利保障法治化。全面推进依法治国，现代化是目标要求，民众的现代诉求则是动力源泉。党的十九大报告指出，"人民美好生活需要日益广泛，不仅对物质文化生活提出了更高要求，而且在民主、法治、公平、正义、安全、环境等方面的要求日益增长"。民众对于现代生活的新向往和新追求，可谓我国解决社会主要矛盾的着眼点和着力点。习近平总书记指出，"现在，广大干部群众的民主意识、法治意识、权利意识普遍增强，全社会对公平正义的渴望比以往任何时候都更加强烈"，"要积极回应人民群众新要求新期待，系统研究谋划和解决法治领域人民群众反映强烈的突出问题"。这些话语在现代民主权利意识与现实法治建设之间建立起紧密联系。在中国式现代化道路上，依法治国实践需要紧紧围绕权利展开。综观历史，以人权和公民权利为基点，是现代潮流下政治和法治构建的特质所在。我国改革开放之后的法制建设正是从保障公民的宪法和法律权利开始的。现行宪法在结构安排上将公民权利摆在国家机构之前，在叙述顺序上将公民权利摆在公民义务之前，显示出公民权利在国家政治和法治生活中的基要地位。以人民为中心的政治理念，也需要在法律层面具体落实为对人权和公民权利的保护。民主政治法治化和国家工作法治化要求牢牢围绕人权和公民权利开展政治和法律活动，防止对人权和民权的侵害以及权利在受到侵害后得不到应有的及时有效救济，预防和惩治腐败。消除权利观念的文化阻滞，克服某些将管制凌驾于权利之上的做法，将法治真正深深扎根于人和公民的权利，使法律因此成为调动人的积极性、促进经济发展、提高生产力的利器，仍是在中国式现代化进程中推进法治化的未竟事业。

作为现代化的法治化

现代化是中国近代以来的一条主线,也是中华人民共和国成立以来的基本发展脉络。从新中国成立初期的"四个现代化",到党的十一届三中全会把工作重心转移到"社会主义现代化建设"上来,到党的十三大提出建设"富强、民主、文明的社会主义现代化国家",到进入21世纪开始强调"国家治理体系和治理能力现代化",再到"基本实现现代化""建设社会主义现代化强国"这样的战略目标,都可看到现代化这样一条明显线索。中国法治的崛兴和发展,在很大程度上是现代化加深的重要表现。在致力于现代化的发展道路上,法治化以及司法化,应当成为中国现代化的基本内容和表现形式。

从国际和国内情势看,中国法治兴起至少有三个背景。第一,世界背景。这主要表现为"去苏联化",大致可分为两个阶段。第一个阶段始于20世纪70年代。这一时期中华人民共和国重新回到世界体系,成为联合国理事国。中美建交是中国重回"国际大家庭"的标志性事件。这与党的十一届三中全会的召开几乎是同时的。与之形成对照的则是,中苏关系在20世纪60—80年代持续恶化。第二个阶段是苏联解体、"冷战"结束之后。其标志性事件是中国于2001年加入WTO。这在方向上与先前的中苏同盟明显背道而驰,而且越走越远。中国重回世界体系,就需要与世界各国进行常规性的政治、经济、社会和文化交往,由此,开放的制度环境和普遍的规则体系成为必要。体现在法律领域,势必出现通过改革对法律规定及其体系作出新的调整和补充。在第二阶段,中国建立了市场经济体制,通过WTO融入世界经济体系。作为其明显后果,中国于2010年看上去略显仓促地宣告了"中国特色社会主义法律体系"的形成。加入WTO,与中国法律体系的形成,前后差不多是紧跟的,从中可看出经济与法律、外在国际环境与国内制度变革之间的重要关联。加入WTO,对于中国来说,第一要求法律体系健全,第二还要求在法律体系内部各法律规则相互保持一致。法律规范之间的一致性,是中国加入WTO之后面临的重要现实问题。形式上的法律审查,将使得仅仅因为法律规范不一致就易处于被动状态。总起来不难发现,中国与世界的关系发生变化之后,马上调整的是法律规则。

第二,"文化大革命"背景。被彻底否定的"文化大革命",是中国建设过程中的反面典型,在改革开放之后始终作为惨痛教训存在。法律在"文化大革命"期间仍然发挥着一定作用,但处于非常被动和消极的境况。一方面,国家与法律在理论上都被作为要消亡的现象看待,这明显形成了建设与消灭之间的尖锐矛盾。另一方面,法律主要被作为阶级斗争工具使用,这有别于法律在社会中的理性发育。所以,在"文化大革命"过程中,既存在砸乱"公、检、法"之类的对法律和国家机构的破坏和消灭现象,也存在将政治势力完全凌驾于国家和法律之上不断开展斗争的状况。在这种背景下,法律和国家都处境尴尬。因此,法制,以及民主的制度化和法律化,就成为党的十一届三中全会公报中的一个突出主题和重要内容，也成为改革开放之后中国法学界关注和研讨的热点。

第三，治理背景。一贯以来的治理与"文化大革命"受到彻底否定不同，涉及的是连续和改革的问题。中华人民共和国的法治，到20世纪末才开始被提升到治国方略讲，不过，谈治理，则是一直有的。中华人民共和国成立之后的前三十年，谈不上有法律体系，但始终存在治理体系。这种治理，不是前三十年是一套，后三十年又是一套，而是前后持续发展，直至延续至今。可以说，长期以来，"治"先于"法"，而且，比"法"更强势，实践中有根深蒂固的行政治理惯性思维。到新世纪谈"国家治理体系和治理能力现代化"，看上去涉及这样一套治理体系。中央文件关于"系统治理、依法治理、综合治理、源头治理"的表述，精准地表达出中国的治理现状。在前有法律体系已经形成、后要"基本实现现代化"的新形势下，这样一套治理体系很紧迫地面临着与法律体系相衔接、相吻合的问题，也面临着通过法律获得正当性由此实现可持续发展、常规化发展的改革要求。

从这三个背景，大致可看出中国社会对法律以及法治的内在需要，由此也可见中国现代化的日渐加深。从社会转型或社会发展的趋势看，现代化的加深主要表现为三个转向：一是从主观化到客观化的转向，二是从特殊化到普遍化的转向，三是从政治化到国家化的转向。

第一，从主观化到客观化的转向。这主要集中于三个方面。一是在中国与世界的交往中，务实的政治、经济、社会和文化交往，代替了之前资本主义阵营与社会主义阵营这两个阵营、资本主义道路与社会主义道路这两条道路的生死斗争。也就是说，国际交往不再像以往那样完全政治化、意识形态化或主观化，而是呈现出更加客观交融的趋向。二是计划经济被市场经济取代。计划经济表现为一种主观建构和管控，市场经济则强调"看不见的手"的自发调整。市场经济取代计划经济，同样呈现出客观化趋向。三是在治理上，越来越呈现出从人力治理、主观管控，向常规化制度治理、依法治理的转变。这在对法治思维和法治方式的强调上体现得尤为充分。

第二，从特殊化到普遍化的转向。这在正义观和法律观的转变上表现得最为明显。从中华人民共和国成立以来的发展历程，可清楚看到正义观的调整和变化。以前有一种为阶级理论所主导的阶级正义观。"人权"提出并入宪后，中国在正义观上呈现出从部分正义、阶级正义，向普遍正义或人权的转变。以前讲"阶级斗争"、"阶级统治"、敌我关系，改革开放之后则更多讲公民关系，人与人之间普遍的法律联系、权利联系，讲尊重人权。保障罪犯的权利，是从阶级正义转向普遍正义的一个例子。法律观的转向，主要表现为法律性质的转向。法律与个人自由、个人权利的关系，在法理学上有两种针锋相对的主张。第一种主张以边沁和霍布斯为代表，认为法律是限制个人自由的。第二种主张以康德和洛克为代表，认为法律是保障个人自由的，讲"哪里没有法律，哪里就没有自由"。这两种观点的对立，与对法律性质的不同认识有关。在法律从性质上经历从完全的阶级统治工具，到维护和促进社会交往的理性规则这样的转变后，法律与个人权利和自由之间的联系会加强。

第三，从政治化到国家化的转向。与三个背景相对应，这明显表现在三个方面。从世界背景看，中国从与苏联的盟国关系中脱离出来之后，在世界体系中的政治角色发生了一定转变。以前是中苏政治结盟关系中的重要一方，在1980年中苏同盟条约不再续签之后，中国日渐成为一个更加独立的现代民族国家。从"文化大革命"背景看，"文化大革命"过后，中国改变了将政治势力和民主活动凌驾于国家和法律之上的完全政治化状态。在民主制度化和法律化的大趋势下，政治势力和民主活动越来越被置于国家框架和法律约束之下。从治理背景看，以前的治理在法律体系不健全的情况下，更多体现的是一种人的治理和行政治理。即使是国家层面的行政管理，最终也可能表现为主观治理。随着法律体系的形成和全球化程度的加深，治理体系越来越被转到国家和法律的客观常规轨道上来。

从这三个转向可以看到，现代化加深过程与法治化之间存在紧密联系。这尤为明显地体现在现代化的几次中断和重启上。中华人民共和国初期提出"四个现代化"，包括工业、农业、国防、交通和科技现代化，主要以经济为主，并未明显包含政治和法律的内容。这一进程被"文化大革命"打断，而在改革开放之后得以重启，表现为党和国家的工作重心回到"社会主义现代化建设"上来。20世纪80年代，党的代表大会提到建设富强、民主、文明的社会主义现代化强国，丰富了现代化的内容。中国现代化从经济进一步延伸到政治和精神层面。"富强"涉及经济层面，"民主"涉及政治层面，"文明"则涉及精神层面。这一进程在20世纪80年代后期又被中断。进入20世纪90年代，"冷战"结束之后，"依法治国"被作为治国方略提出来，随之而至的是构建社会主义和谐社会。这看上去与由计划生育、农业税、国有企业改革、房屋拆迁等所导致的党群、干群关系紧张，以及群体性事件上升有一定现实联系。与此相关，进入21世纪开始提"国家治理体系和治理能力现代化"，这可以说是现代化的又一次明确重启。

从未来的发展看，在"基本实现现代化"的道路上，法治化应当成为中国现代化的基本内容，国家治理体系和治理能力的现代化包含国家治理体系和治理能力的法治化。具体来说，中国的现代化和法治化，特别需要注意三个方面的发展。

第一，客观化。这涉及法治兴起与国家富强之间的紧密关系。中国历史上，秦国主要是依靠法家法治强大起来的，直至统一六国。从欧洲列强的近代崛起，其实也可看到法治与国强之间的相关性。中国几十年经济的持续增长与法治兴起之间，也有类似的联系。就法理而言，形成一套客观规则体系，对社会的客观发展尤为重要。这最终会形成国强民富的局面。马克思在《资本论》中，把法律规则视作生产方式摆脱偶然性的社会固定形式，特别注意到法律与社会发展之间的内在联系。梅因在《古代法》中，注意到法律与社会快速发展之间的缺口，对缺口的弥合主要依靠的是法典化。韦伯、哈耶克等人也都注意到普遍而一般的形式法律与经济和社会发展之间的紧密关系。中国未来发展，需要特别充分发挥形式法律对于社会发展的这种客观促进作用。

第二，权利化。从世界历史看，现代社会的核心和基点在"自然权利"。因为每个人都享有自然权利，"自然状态"最终变为"战争状态"，为逃避这一混乱局面，人们通过达成社会契约，形成政治国家。现代政治理论基本上是按照这样一种线索来的。近代政治文明是典型的权利文明。在中国的社会现实中，权利因素、道德因素和功利因素是并存的，纠缠在一起。在朝着现代化的发展道路上，中国要注重基于权利打造法治大厦。在现代社会，公民之间主要是权利和义务关系，国家与公民之间主要是权力与权利的关系。在朝权利化方向发展过程中，一方面，公民权利会受到法律和国家权力的更有力保障；另一方面，政治权力在国家层面也会有所强化。近代崛起的西方国家就同时表现出权利保障体系的完善和综合国力的提升。中国未来发展，需要特别注意权利发展、法律发展与国家发展之间的内在一致性，既强化公民的权利保障体系，也强化国家的权利保障能力。

第三，国家化。这方面，特别需要重视和加强国家的司法职能。法治化主要包括立法化和司法化。立法化，在2010年基本形成法律体系后，尽管还有很重的继续完善任务，但可以说已基本完成。而司法化的步伐，看上去要迟一些。发达国家的很多政治和社会问题，经常通过司法转变为法律问题。而有些法律问题，在我国之前的实践中反倒容易变为社会乃至政治问题。这映衬出完善有力的司法体制对于国家稳定的重要性。黑格尔区分了家庭、政治国家和市民社会，而将司法放在市民社会中，这在理论上很值得琢磨。一些学者对中国的立法化和司法化提出批评，认为还应重视其他的社会规则和处理方式。其实，这二者未必矛盾。现代司法并不排斥多元的替代性纠纷解决机制，但打造国家层面独立、刚性、有效的司法体制，对于国家现代化而言却是基本而首要的。司法救济体制是国家把国家与公民整合成一个整体的最后的重要环节，中国在这一环节还明显需要进一步加强。就国家建设而言，提升司法的现代性、国家性和正义性应成为司法改革的基本目标。

总之，在现代化道路上，中国的法治建设，第一要形成客观的社会规则体系；第二要形成完善的权利保障体系和政治权力制约体系；第三要形成足以保障公民权利和制约政治权力的国家机构体系，特别是要在国家层面形成强有力的司法。

[本文原为2014年11月19日在华侨大学法学院的讲演稿，收录于《法治的布道者：法学名家华园讲演录》（中国法制出版社2015年版）]

作为国家治理深刻革命的法治

将全面依法治国称作国家治理的深刻革命,是党的十八大以来中央关于依法治国的一种新提法。《中共中央关于全面推进依法治国若干重大问题的决定》指出,"全面推进依法治国是一个系统工程,是国家治理领域一场广泛而深刻的革命"。在《关于〈中共中央关于全面推进依法治国若干重大问题的决定〉的说明》中,国家主席习近平重提了这一判断。党的十九大报告也延续了相同表述:"全面依法治国是国家治理的一场深刻革命。"在2020年11月16日中央全面依法治国工作会议上,习近平总书记再次谈道,"推进全面依法治国是国家治理的一场深刻变革"。这一新表述,在措辞上使用"革命"或"变革",并且以"广泛""深刻"予以强调,突显出中央对全面依法治国重要性认识的日益加强,以及对深化全面依法治国实践紧迫性和艰巨性的高度重视,同时也表达出中央推进法治中国建设的坚强决心。从依法治国基本方略,到依法执政基本方式,再到国家治理深刻革命,体现着法治理论认知和依法治国实践的不断进步。基于历史、现实和未来看,在社会主义现代化新征程上,全面依法治国这场国家治理的深刻革命,对于中华民族的复兴、中国人民的幸福和中国社会的发展殊为必要,意义重大。

一　现代化进程中的法治和国家治理

"全面依法治国是国家治理的一场深刻革命"中的"国家治理",从近些年出现的"国家治理体系和治理能力现代化"这一表述看,是现代化的基本内容或要素。历史地看,现代化可谓中国近代史特别是中华人民共和国成立以来历史的一条主线,其内容经历着变迁,越来越丰富。

中华人民共和国成立初期,我国就将"四个现代化"确立为历史任务,并制定了"两步走"战略规划。可惜的是,这一进程被"文化大革命"打断。"文化大革命"过后,党的十一届三中全会作出把党和国家工作重心转移到社会主义现代化建设上来的战略决策,中国的现代化进程自此接续前行,后来更是自觉而连贯地按照"三步走"战略部署不断得以推进。按照现行《宪法》序言的规定,"社会主义现代化建设"是国家根本任务,"社会主义现代化强国"是国家发展目标。时至今日,我国仍然处在朝着"基本实现现代化""全面建成社会主义现代化强国"战略目标迈进的现代化进程中。

总体看,中国的现代化进程呈现出三个特点。其一,现代化始终是国家发展长远目标。其二,现代化进程时起时落,有断有续,但终究作为主轴得以贯穿坚持。其三,现代化内容不断调整充实。起初的"四个现代化"涉及工业、农业、交通、国防和科技现代化,侧重在国家"富强"和物质层面。到20世纪80年代,现代化建设增加了"高度民主""高度文明"内容,逐渐深入国家发展的政治和精神层面。进入21世纪,现代化进一步扩展到社会建设和生态建设领域,而且出现了"国家治理体系和治理能力现代化"这一新提法。"逐步实现工业、农业、国防和科学技术的现代化,推动物质文明、政治文明、精神文明、社会文明、生态文明协调发展,把我国建设成为富强民主文明和谐美丽的社会主义现代化强国",现行《宪法》关于国家根本任务的这一表述,清晰而完整地记载着中国现代化建设的变迁内容。

沿着这样的历史线索看,"全面依法治国是国家治理的一场深刻革命"这一判断中依法治国与国家治理的关系,可以更为宽泛地置于法治化与现代化的关系背景中审视。简而言之,现代化是总目标,法治化是总要求。也就是说,包括"国家治理体系和治理能力现代化"在内的现代化是总体目标,全面依法治国则是现代化的必然要求。当然,就推进全面依法治国有一个很长的实现过程而言,全面依法治国也是战略目标和任务。而且,要是将法治视作一种与传统治理方式不同的现代普遍治理方式,那么,法治化其实也是现代化的题中之义。在中央全会报告中,法制或法治时常作为现代化的基本保障和必然要求看待。例如,党的十三大报告指出,"现代化建设面临着复杂的社会矛盾,需要安定的社会政治环境,决不能搞破坏国家法制和社会安定的'大民主'";党的十四大报告指出,"没有民主和法制就没有社会主义,就没有社会主义的现代化";党的十五大报告指出,"没有民主就没有社会主义,就没有社会主义现代化。……发展民主必须同健全法制紧密结合,实行依法治国"。

关于依法治国与国家治理,《中共中央关于全面推进依法治国若干重大问题的决定》除提到"国家治理领域一场广泛而深刻的革命"外,还有三个具体判断。其一,"依法治国……是实现国家治理体系和治理能力现代化的必然要求"。其二,"同推进国家治理体系和治理能力现代化目标相比,法治建设还存在许多不适应、不符合的问题"。其三,"全面推进依法治国,总目标是……促进国家治理体系和治理能力现代化"。从这些判断可清晰看到,"国家治理体系和治理能力现代化"是"依法治国"的总体目标,"依法治国"是"国家治理体系和治理能力现代化"的必然要求。此种关系在党的十九大报告中也有体现。按照党的十九大部署,"法治国家、法治政府、法治社会",要在2035年之前"基本建成",而作为"全面深化改革总目标"之一的"国家治理体系和治理能力现代化",要在2035年至21世纪中叶最终实现。

在习近平总书记关于全面依法治国的重要论述中,"法治""国家治理""现代化"是联系密切的概念。关于法治与现代化,习近平总书记指出,"全面推进依法治国是……加快推进社会主义现代化的重要保证。"对此,他特别谈到了现代化进程中的"法治不彰"问题及其严重后果。他说,"法治和人治问题是人类政治文明史上的一个基本问题,也是各国在实现现代化过程中必须面对和解决的一个重大问题。综观世界近现代史,凡是顺利实现现代化的国家,没有一个不是较好解决了法治和人治问题的。相反,一些国家虽然也一度实现快速发展,但并没有顺利迈进现代化的门槛,而是陷入这样或那样的'陷阱',出现经济社会发展停滞甚至倒退的局面。后一种情况很大程度上与法治不彰有关"。关于法治与国家治理,习近平总书记指出,"法治的精髓和要旨对于各国国家治理和社会治理具有普遍意义","法治是国家治理体系和治理能力的重要依托","法治体系是国家治理体系的骨干工程","坚持全面依法治国,是中国特色社会主义国家制度和国家治理体系的显著优势"。关于法治与"国家治理体系和治理能力现代化",习近平总书记指出,"全面依法治国……是实现国家治理体系和治理能力现代化的必然要求","全面推进依法治国是……推进国家治理体系和治理能力现代化的重要方面","全面推进依法治国,必须……同推进国家治理体系和治理能力现代化相适应","推进国家治理体系和治理能力现代化,必须坚持依法治国"。这些论述,突显出以法治方式推进现代化,或者,将包括国家治理体系和治理能力现代化在内的现代化纳入法治轨道稳步向前推进的重要性和必要性。

二 作为革命性变革的全面依法治国

关于现代化,邓小平曾提道,"实现'四个现代化'是一场深刻的伟大的革命。"就"国家治理体系和国家治理能力现代化"也是现代化的基本内容而言,这一句话与"国家治理的一场深刻革命"看上去是相通的,其间通过"革命"语词所体现出的法理尤其值得琢磨。

"革命",通常指通过暴力取得政权,打碎旧的国家机器,建立新的社会制度。"全面依法治国是国家治理的一场深刻革命"这一表述,显然不是在此意义上使用"革命"一词。在革命取得成功之后的建设和发展时期,"改革"也被提升到革命层面,作为"革命"意义使用。这在邓小平理论中比较常见。邓小平时常将"改革"称作"革命"。他说,"改革是中国的第二次革命";"精简机构是一场革命","精简是革命,选贤任能也是革命","总之,这是一场革命。当然,这不是对人的革命,而是对体制的革命。"邓小平在建设时期所讲的革命意义上的改革,在语义上实为一种"革命性变革"。他说,"改革是社会主义制度的自我完善,在一定的范围内也发生了某种程度的革命性变革。""全面依法治国是国家治理的一场深刻革命"中的"革命"语词,看上去采用的是这种"改革"或"革命性变革"意义上的"革命"用法。

"改革"之所以也能被称为"革命",源于"改革"与"革命"一样,同处于生产力与生产关系、经济基础与上层建筑之间的关系原理中。按照《现代汉语词典》的解释,革命破坏旧的生产关系,建立新的生产关系,解放生产力,推动社会的发展。同样,改革也是调整和改变不合时宜的旧生产关系,建立新的生产关系,以图达到解放生产力的实际效果。对此,邓小平讲得很清楚。他说,"革命是解放生产力,改革也是解放生产力。"从解放生产力看,改革有时是主动的,有时是被动的,这取决于特定条件下生产力与生产关系之间的现实状况。要是生产力的发展长期受到生产关系的束缚和阻碍,就必定引发生产关系的变革乃至革命。对这种改革或革命性变革的紧迫性和必要性反应迟钝,会带来不利的政治、经济和社会后果。对此,邓小平指出,"经济体制改革每前进一步,都深深感到政治体制改革的必要性。不改革政治体制,就不能保障经济体制改革的成果,不能使经济体制改革继续前进,就会阻碍生产力的发展,阻碍'四个现代化'的实现。"这是基于生产力标准而对改革或革命性变革的现实动因的深层把握。

基于解放生产力这一根本动因审视,"全面依法治国是国家治理的一场深刻革命"这一判断中的"革命"一词,适合放在生产力与生产关系、经济基础与上层建筑之间的关系原理中予以理解和把握。在此关系原理中,依法治国乃至国家治理处于生产关系和上层建筑的改革层面,与经济基础和生产力发展水平休戚相关。法律史家梅因曾指出,"法律限制着文明"。历史地看,法律制度对于公民自由和社会发展，有时会产生限制作用，有时又会起促进作用。到现代社会，法治之所以被普遍确立为基本治理方式，与其为公民自由和社会发展提供最好保障形式有着重要关联。通过一般而普遍的确定法律形式，充分保障人的自由个性，由此调动人的积极性和创造性，促进自由而广泛的经济和社会交往，带来物质财富的积累和增长，满足人的物质文化需要，这是现代法治的基本原理。将依法治国确立为基本治国方略，并进一步将全面依法治国视作国家治理的深刻革命，看上去与法治的现代发展趋势是一致的。通过包括法治在内的国家治理方式变革，消除不合时宜的观念、体制和生产关系，自觉适应经济基础的客观需要，积极推动社会生产力向前发展，由此带来社会生产和生活的高度繁荣，可谓"全面依法治国是国家治理的一场深刻革命"这一判断的内在法理。

与此相关，《中共中央关于建国以来党的若干历史问题的决议》（以下简称《决议》）明确提到了现代化建设时期"伟大的革命"的基本原理。《决议》指出，"社会主义不但要消灭一切剥削制度和剥削阶级，而且要大大发展社会生产力，完善和发展社会主义的生产关系和上层建筑……这是人类历史上空前伟大的革命。我们现在为建设社会主义现代化国家而进行的斗争，正是这个伟大革命的一个阶段。这种革命和剥削制度被推翻以前的革命不同，不是通过激烈的阶级对抗和冲突来实现，而是通过社会主义制度本身，有领导、有步骤、有秩序地进行。这个转入和平发展时期的革命比过去的革命更深刻，更艰巨，不但需要很长的历史时期才能完成，而且仍然需要许多代人坚持不懈、严守纪律的艰苦奋斗"。这段话，清楚讲出了现代化建设时期、和平发展时期的革命，这种革命比以往的暴力革命更为深刻，适合作为准确理解"全面依法治国是国家治理的一场深刻革命"的基本理论参照。

如果进一步将法治、国家治理与现代化贯通起来看,那么,这场深刻革命使全面依法治国得以与中华民族的复兴、中国人民的幸福紧密结合起来,意义深远。历史地看,中华人民共和国初期曾长期受到"无产阶级革命专政"的过渡时期理论影响,法治建设因此难以顺利展开。后来,在"初级阶段"理论引导下,国家工作重心转向中国式的现代化建设,特别是小康社会建设。这一建设重启解放生产力标准,使得中国的现代化成为社会主义初级阶段的"一场深刻的伟大的革命",一如邓小平所说,"革命的目的就是解放生产力,发展生产力。离开了生产力的发展、国家的富强、人民生活的改善,革命就是空的。"这样一种革命性变革必然要求国家治理方式上的法治转向,以不断调整革除僵化陈旧的治理体制和生产关系,适应人民意愿和社会发展需求,充分调动人的积极性和创造性,实现生产力的跨越式发展。这对于中华民族的复兴和中国人民的幸福关系重大。在此意义上,全面依法治国是国家治理的一场深刻革命。

三 通过依法治国实现三大历史任务

"革命""革命性变革"这些措辞不仅表达出改变之大,也表达出变革之需、变革之难。关于变革的紧迫性和艰巨性,邓小平曾指出,"再不实行改革,我们的现代化事业和社会主义事业就会被葬送","这场革命不搞……不只是'四个现代化'没有希望,甚至于要涉及亡党亡国的问题";习近平总书记也指出,"党面对的改革发展稳定任务之重前所未有、矛盾风险挑战之多前所未有,依法治国在党和国家工作全局中的地位更加突出、作用更加重大。"就此而言,"全面依法治国是国家治理的一场深刻革命"这一命题,不仅蕴含着作为现代化重要内容和根本要求的法治化对于中国发展乃至世界的重大意义,也透显出全面推进依法治国在实践层面所面临的现实问题、严峻挑战和艰巨程度,以及由此所致的系统性、长期性和艰巨性。

从历史看,法治建设在我国有深刻的历史教训,也有沉重的历史包袱。对此,邓小平曾指出,"旧中国留给我们的,封建专制传统比较多,民主法制传统很少。新中国成立以后,我们也没有自觉地、系统地建立保障人民民主权利的各项制度,法制很不完备,也很不受重视","长期缺乏政治民主"。《中共中央关于建国以来党的若干历史问题的决议》也有这样的反思:"中国是一个封建历史很长的国家,我们党对封建主义特别是对封建土地制度和豪绅恶霸进行了最坚决最彻底的斗争,在反封建斗争中养成了优良的民主传统;但是长期封建专制主义在思想政治方面的遗毒仍然不是很容易肃清的,种种历史原因又使我们没有能把党内民主和国家政治社会生活的民主加以制度化,法律化,或者虽然制定了法律,却没有应有的权威。这就提供了一种条件,使党的权力过分集中于个人,党内个人专断和个人崇拜现象滋长起来,也就使党和国家难于防止和制止'文化大革命'的发动和发展。"

从现实看,法治实践仍然存在法治不彰、法治废弛现象,也存在意识淡薄、徇私枉法等问题,厉行法治任务繁重而艰巨。党的十九大报告指出,"人民美好生活需要日益广泛,不仅对物质文化生活提出了更高要求,而且在民主、法治、公平、正义、安全、环境等方面的要求日益增长","社会矛盾和问题交织叠加,全面依法治国任务依然繁重"。这些话语表达出法治中国建设所面临的严峻现实。在有关依法治国的论述中，习近平总书记反复提到我国法治实际中存在的很多具体问题。习近平总书记指出，"市场经济应该是法治经济，和谐社会应该是法治社会"，"一个现代化国家必然是法治国家"。迄今看来，尽管中国在近几十年取得了举世瞩目的法治建设成就，但离"法治经济""法治社会""法治国家"目标仍有相当的距离。习近平总书记说，"由于历史和现实的多方面原因，目前立法、执法、司法、普法方面还有不少薄弱环节，有一些人民群众不满意甚至意见很大的地方。随着中国特色社会主义事业不断发展，法治建设将承载更多使命、发挥更为重要的作用。全面推进依法治国是一项长期而重大的历史任务，也必然是一场深刻的社会变革和历史变迁"。

　　从长远看，结合国家发展的基本任务和战略目标，法治化可谓实现"三大历史任务"的重要途径和基本保障。中国发展的三大历史任务，是邓小平晚年长期萦怀并反复琢磨筹谋的主题。1982年，邓小平概括地指出，"加紧社会主义现代化建设，争取实现包括台湾在内的祖国统一，反对霸权主义、维护世界和平，是我国人民在八十年代的三大任务。这三大任务中，核心是经济建设，它是解决国际国内问题的基础"。此三大任务，后来也成为中国在21世纪上半叶的发展目标。"推进现代化建设、完成祖国统一、维护世界和平与促进共同发展这三大历史任务"，反复出现在中央全会报告中，也被写入党章。将三大历史任务与法治联系起来看，法治化与实现三大历史任务大致处于同一发展进程，而且，三大历史任务中的每一任务都需要通过法治得到保障，甚至通过法治予以实现。实现三大历史任务，必须将现代法治坚固而完善地建立起来，这是中国近代以来未竟的现代化使命，也是中国成功走向民族复兴的基本步伐。

（一）法治化是现代化建设的基本制度保障形式。一如马克思所说，"规则和秩序本身，对任何取得社会固定性和不以单纯偶然性与任意性为转移的社会独立性的生产方式来说，都是一个必不可少的要素"。法律既为经济和社会交往提供明确稳固的预期保障，也为经济和社会发展提供持续有效的规范形式。在众多关于法律现代性的论述中，具有一般性、稳定性、明确性、普遍性、可预见性的现代法律体系对于经济发展的保障和促进作用，得到了广泛认同和阐释。当代中国的法治崛兴，充分表现出商品经济大潮和市场经济体制对于形式规则的内在需要。反过来，法治也从市场经济那里最终找到安身立命的深厚根基和作用施展的广阔空间。在此意义上，市场经济又被称为法治经济。改革开放以来中国经济和社会不断进步的经验还表明，不仅经济发展，国家的政治建设、社会建设以及其他各项工作，也都需要得到法治化的保障才能稳步向前持续推进。

（二）法治化是完成和维护国家统一的重要途径。当今中国，因为台海问题，仍然肩负着实现国家统一的历史任务。同时，因为"台独""港独""藏独""疆独"势力的干扰，当今中国也实际承担着维护国家统一的现实任务。在新的历史条件下，着眼长远考虑，实现和维护国家统一，需要更多地倚重法律功效的发挥，采取以国家刚性法律体系深入扩展的法治化方式向前推进。从香港基本法、反分裂国家法的制定，以及依法治藏战略的提出，都可看出法治化与国家统一和国家安全之间的紧密联系，也可看出依法治国基本方略与反"港独"、反"台独"、反"藏独"、反"疆独"之间的内在机理。如果说，毛泽东时代的"民族区域自治"、邓小平时代的"一国两制"，都体现出当时的政治智慧，那么，进入新时代的中国则日益迫切地需要以刚性法律体系构建统一国家的法治化方式,由此实现国家统一任务,并从根本上构筑起维护国家统一的刚性政制和法律体制。

(三)法治化是实现世界和平与发展的必要方式。"中国的前途是同世界的前途紧密地联系在一起的",这一宪法叙述表达出现代中国与世界难以割舍的关系。历史地看,中国的近代,可以说是从了解与世界列强打交道所接触到的国际公法开始的。时至今日,国际法则越来越成为中国发展不可避免的外部条件,也是中国在全球治理体系变革和建设过程中需要进一步熟悉和充分利用的重要方面。从2001年加入世界贸易组织,到2010年宣布中国特色社会主义法律体系形成,可以明显看到世界规则对于中国法治建设的影响。改善国内的国际投资法律环境,积极参与全球治理规则的制定和实施,通过双边条约机制、多边条约机制和国际公约机制,形成国际交往和贸易的稳定法律形式以及国际争端的法律解决方式,并以此在世界范围反对霸权主义和强权政治,维护世界和平,促进人类进步,是中国发展不能不注重的长远方向。

(本文原载《理论视野》2021年第4期)

全面依法治国　坚持依规治党

2017年10月24日，党的十九大通过对《中国共产党章程》的修改。修改后的党章增加了一些新的与法治相关的表述。例如，"全面依法治国""法治体系""依法治军"首次写入党章，与此不无联系的"国家治理体系和治理能力现代化""依规治党""政治规矩"也出现在党章中。这些新增表述进一步深化了党章的法治内涵，显示出法治在党的活动和国家治理中的作用日渐加强。整体上，目前的党章已积淀丰富的法治内容。综合这些内容看，依法治国基本方略经历近二十年的发展，在党、国、法的关系上形成了至少这样三个特点。

一　国家建设与依法治国全面展开

改革开放以来的中国发展，在很大程度上建立在对"文化大革命"的彻底否定和批判反省的基础上。与"文化大革命"将政治力量完全凌驾于国家和法律之上，导致国家机器和法律制度遭受破坏形成鲜明对照的是，国家建设和法治建设成为中国近四十年发展的持续着力点。而且，从发展过程和趋势看，国家建设越来越全面，法治建设也越来越深入，延伸至国家建设的方方面面。

在国家建设和发展布局上,党章新增了"五位一体"和"四个全面"。"五位一体"是"总体布局",具体包括经济建设、政治建设、文化建设、社会建设、生态文明建设。从党章修改的历史看,这些建设内容并非一开始就被全部提出,而是随着时代发展不断得到补充和跟进。就像"富强民主文明的社会主义国家",在表述上逐步变化为"富强民主文明和谐美丽的社会主义现代化强国"一样,国家建设布局也有一个从经济、政治、文化建设发展到"五位一体"的进步过程。社会建设和生态文明建设是后来逐渐新增内容,在 21 世纪初期成为国家建设的重要方面。此外,从党章内容安排看,紧接"五位一体",军队建设、民族团结、国家统一、和平发展、党的建设,也是长期得以坚持的重要建设内容。总起来看,这十个方面构成了改革开放以来国家建设的基本和主体框架。

"四个全面"是"战略布局","全面依法治国"属其中之一。将国家建设与依法治国结合起来看,依法治国既是政治建设的重要内容,也贯通于国家建设的各个方面。法治在国家建设中的全方位实施从党章可明显看到。这在政治建设上,表现为人民当家作主与依法治国相统一;在文化建设上,表现为"依法治国和以德治国相结合";在社会建设上,表现为以"民主法治"为总要求;在生态文明建设上,表现为新增的"实行最严格的生态环境保护制度";在军队建设上,表现为"依法治军";在国家统一上,表现为以宪法和基本法为基础的"一个国家、两种制度";在党的建设上,表现为"依法执政"和"制度建设贯穿其中"等。尽管党章在经济建设、民族团结、和平发展方面看上去没有专门提及法治,但就实践而言,法治在这些方面同样有强烈显现。特别是在经济建设上,市场经济与依法治国实际发生着难分难舍的密切联系，市场经济甚至可说是依法治国最具成效的作用领域。

总体看，国家建设日渐得到全面铺开，而法治也愈益全面地贯彻于国家建设中，依法治国的体系化特征更趋明显。此种趋势，与党章修改所强调的"更加注重改革的系统性、整体性、协同性"是契合的。

二　党的领导与依法治国有机统一

不仅国家建设是全面的，依法治国是全面的，在新修改的党章中，党的领导也是全面的。"中国共产党的领导是中国特色社会主义最本质的特征，是中国特色社会主义制度的最大优势。党政军民学，东西南北中，党是领导一切的"，党章以这一新增表述替代了原来的"党的领导主要是政治、思想和组织的领导"，显示出党的领导的深化和强化。党的领导看上去全面而深入地融进中国社会。

党的十九大对党章的修改，既强化了依法治国和制度建设，也强化了党的领导。除法治内容的增补外，党章对巡视和巡察制度、纪律检查组、中央军委主席负责制等的新规定，都体现出制度建设的规范化和强化。而党章关于"四个意识"、党的代表大会"审查"而不再"听取"同级纪委的报告、党组对党建的领导、社会组织中党的基层组织等的增改，则明显体现出对党的领导的进一步强化。

在党的领导得到强化、依法治国全面落实的过程中，党的领导与依法治国也更为紧密地结合在一起。从依法治国被党的十五大确立为基本方略之初，"党的领导、人民当家作主、依法治国有机统一"就是基本原则,也是依法治国的基本内涵。按照党的十五大的表述,依法治国指"广大人民群众在党的领导下,依照宪法和法律规定,通过各种途径和形式管理国家事务,管理经济文化事业,管理社会事务,保证国家各项工作都依法进行,逐步实现社会主义民主的制度化、法律化,使这种制度和法律不因领导人的改变而改变,不因领导人看法和注意力的改变而改变"。此种政治表述,与宪法的规定是一致的。按照宪法规定,"中国各族人民将继续在中国共产党领导下……","人民依照法律规定,通过各种途径和形式,管理国家事务,管理经济和文化事业,管理社会事务"。

近几十年来,这一原则在中国法治实践中得到长期维护和发展,如何处理好党的领导与依法治国之间的关系也成为中国法治理论不断需要回答和阐释的问题。从党章内容看,党的领导与依法治国有机统一主要表现在这样几个方面。一是依法治国要"坚持党的领导"。二是"党必须在宪法和法律的范围内活动",党要坚持"依法执政",保证国家机关"积极主动地、独立负责地、协调一致地工作",以此"加强和改善党的领导","加强党的长期执政能力建设"。三是党要推进"全面依法治国","建设中国特色社会主义法治体系,建设社会主义法治国家","完善中国特色社会主义法律体系,加强法律实施工作,实现国家各项工作法治化",党还要推进"国家治理体系和治理能力现代化"。

三 依规治党与依法治国齐驱并进

党的领导与依法治国有机统一,主要涉及的是党与国家、党与政权、党与法律的关系。而就规范层面而言,党规与国法也是一组需要认真对待的重要关系。相比而言,党规是党内的规范体系,约束的对象是党的组织和全体党员；国法则是国家的法律体系，约束的对象是公民、团体和政党等。对于党的组织和全体党员来说，无论是党的章程和党内法规，还是国家法律，都要遵守。从内容看，党章既对党组织遵守宪法、法律和党的纪律作了规定，也对党的干部和党员遵纪守法作出明文要求。"自觉遵守党的纪律"，"模范遵守国家的法律法规"，学习法律知识，都是党章规定的党员义务。除此之外，党的领导干部还要"依法办事"。

"坚持依规治党"，是党的十九大对党章新增的内容。随着党的十八大以来反腐败斗争的推进，党内法规日渐成为实践关注的一个焦点，"依规治党"也越来越成为时代发展的需要。"加强和规范党内政治生活，增强党内政治生活的政治性、时代性、原则性、战斗性，发展积极健康的党内政治文化，营造风清气正的良好政治生态"，这些党章新增内容，体现出对"依照党的章程和其他党内法规""规范党内政治生活"的进一步重视。

就目前的党章内容而言，"依规治党"业已基本形成体系。其一，"依规治党"作为"坚持党要管党、全面从严治党"的治本措施，从党章新增内容看，既是全面的，也是根本的。"把严的标准、严的措施贯穿于管党治党全过程和各方面"，这涉及的是"依规治党"的全面性。"坚持依规治党、标本兼治，坚持把纪律挺在前面，加强组织性纪律性"，这涉及的则是"依规治党"的长期性和根本性。其二，以党章为根本依据，"依规治党"可以形成日趋完备的"党内法规"体系。国有国法，党有党规，依规治党，首在"遵守党的章程"。如同宪法在国家法律体系中的根本地位一样，党章在党内法规体系中也处于根本地位。按照《中国共产党党内法规制定条例》的规定，"党章是最根本的党内法规"，这既是对党章在党内法规中所处根本地位的确认，也为党内法规的充实和完善设定了根本依据。其三，在检察机关、规范形式、纪律内容、执纪程序、惩处方式等方面，"依规治党"也已形成较为完善的制度。党的十九大对党章的修改，于纪律、纪律检查等内容多有涉及，明显完善了"依规治党"的程序机制。总体看，在国家层面，有一个日趋完备的依法治国体系正在形成；在党的层面，也有一个日趋完备的依规治党体系正在形成。这可谓当今中国社会两个并行的规范治理体系。

（本文原载《中国社会科学报》2017年12月7日）

坚持民主与法治相结合

把社会主义民主与社会主义法治结合起来，是邓小平理论的一个基本观点。邓小平多次指出，"政治体制改革包括民主和法制。我们的民主同法制是相关联的"；"社会主义民主和社会主义法制是不可分的"；"民主要坚持下去，法制要坚持下去。这好像两只手，任何一只手削弱都不行"；"一定要把……民主和法制……结合起来"。

把社会主义民主与社会主义法治结合起来，也是社会主义民主理论的一个重大发展。曾经一段时期，社会主义民主与法制被对立起来，抛开法制搞政治运动、实行"大民主"，致使"我们吃够了动乱的苦头"。政治动荡使得社会主义民主实践重新回到法制轨道，直至将依法治国确立为基本治国方略。

现实中，在依法治国被确立为基本治国方略、法制建设取得很大成绩之际，理论和实务界仍然存在着某些将社会主义法制与社会主义民主割裂开来的看法。这些看法要么过于强调法制，认为实行社会主义法治不一定要同时推进社会主义民主，要么忽视或否定民主与法治之间共同推进、相辅相成的紧密联系。这要求我国高度重视社会主义民主与社会主义法治之间不可分割的密切关联。

如果说，我国以前在社会主义民主实践中因为忽视法制而带来了政治动荡，那么，在建设社会主义法治国家的今天，特别需要强调社会主义民主对于社会主义法治的重要性。在社会主义民主与法治实践中，要努力把社会主义民主与社会主义法治结合起来，既避免只讲民主而不讲法治，也避免只讲法治而不讲民主。

从历史经验看，法治不能脱离民主，民主也不能脱离法治。在中国古代，历朝历代都有法律制度，但一直没有建立民主政制。非民主政制下的法制，不可能成为人民用以约束政治权力的有力手段，而只能成为政治权力用以惩治人民的强制工具。因为长期缺乏民主政制，中国古代被一些人认为有法制而无法治。中华人民共和国成立初期的一段时间，我国法制不够健全，而且遭受严重批判和忽视，这一方面形成了国家"重大问题往往是一两个人说了算"的局面，另一方面，由于很多问题法制管不了，政治和社会出现了剧烈动荡。鉴于此，邓小平在谈到如何防止或避免"文化大革命"时指出，"我们这个国家有几千年封建社会的历史，缺乏社会主义的民主和社会主义的法制。现在我们要认真建立社会主义的民主制度和社会主义法制。只有这样，才能解决问题。"此外，从西方发达国家的历史看，法治与民主也是紧密结合在一起的。

从理论逻辑看，法治是民主下的法治，民主是法治中的民主。民主，既是产生政治权力并制约政治权力的重要方式，也是蕴含人民当家作主的现代价值。人民当家作主，意味着国家权力由人民产生，属于人民，依照人民的意愿行使，并受到人民的监督和制约。在社会主义民主政治前提下，保证国家权力依照人民的意愿行使、受到人民有效监督和制约的重要方式是实行社会主义法治。使产生出来的政治权力得以合理存在和合法运行，同时使政治权力受到有效的监督和制约，这是民主和法治的共同特征。不能首先通过民主实现人民对政治权力的有效制约，政治权力依照法律规则行使就难以落实，就仍然会出现人民依照法律管不了的事情。就此而言，民主是法治的政治前提，实行社会主义法治必须坚持和发展社会主义民主。反过来，如果政治活动特别是民主实践不在宪法和法律框架下展开，就可能导致秩序混乱、破坏法制、妨碍生产和生活的"大民主"局面。就此而言，依法治国是人民民主政治的制度形式和理性方式，是现代民主政制下的安邦定国之道。

从发展趋势看，民主和法治需要在经济和社会发展过程中逐步共同推进。民主和法治是人类文明的共同成果，但是，在不同的历史时期和不同的社会，各个国家和地区的民主和法治发展的形式、途径和水平受着经济社会发展水平、历史文化传统等条件的影响和制约。这使得世界各国在其民主和法治进程中，既要通过经济、社会和文化发展来为推进民主和法治创造条件，也要均衡协调地积极推进本国的民主和法治建设。过快地推进民主和法治进程，或者只注重发展民主而不强调法治，都可能因为不能维持稳定的政治秩序而反过来影响经济和社会的平稳发展；在依法治国进程中不注重同时推进民主，则有可能步入历史上法制工具主义的误区，严重损伤法律在国家政治生活中的价值正当性。就我国而言，一方面，要根据自身需要有选择地借鉴吸收世界先进的政治、法律文化和制度，开创和发展中国特色社会主义民主政治和法治；另一方面，在经济和社会发展过程中，要谨慎稳妥地推进政治体制改革和法律制度改革，促使民主和法治共同发展、相互支持。

发展社会主义民主，健全社会主义法制，是完善社会主义制度的内在要求,也是我国宪法规定的国家任务。制约和规范包括国家权力和社会权力在内的政治权力,是民主和法治共同的着眼点和着力点。把社会主义民主与社会主义法治结合起来,要紧紧围绕对国家权力和社会权力的制约和规范,特别加强和完善人民代表大会制度、基层民主制度和选举制度。一、加强社会主义民主和法治建设,最重要的是坚持和完善人民代表大会制度,特别是进一步加强人民代表大会对行政权、审判权和检察权的监督,促进各个国家机关严格依法行使职权,从法律和制度上保证党和国家政治生活的民主化。二、进一步完善以居委会、村委会和企业职工代表大会为主要内容的基层民主自治制度,在各种社会团体内部尝试开展民主实践,赋予居民、村民、工人等基层群众以更大的自主权,形成对各种社会权力的民主控制、群众监督和法律约束,促进经济管理和社会生活的民主化。三、逐步完善选举制度,切实增进选举的实效,特别是进一步完善直接选举,并随着经济、社会和文化的发展逐步扩大直接选举的范围,使经过选举产生出来的公职人员真正感受到选民的制约力量。

(本文原载《学习时报》2007年9月10日)

法治与改革

改革与法治是邓小平理论的两个重要内容,而且,这两个内容在邓小平理论中有着紧密的内在联系。当前,在围绕改革再次出现某些争论的情况下,进一步明确邓小平理论中的改革和法治思想具有重要的理论和现实意义。

一、邓小平理论中包含着极为系统的改革思想。邓小平理论是在新的历史条件下对毛泽东思想的最好继承和创造性发展。如果说,毛泽东思想的形成主要是在革命时期,那么,邓小平理论的成熟则主要是在改革时期。邓小平理论涉及了改革的各个方面。例如,在动因上,改革主要是因为过去搬用苏联模式阻碍了生产力的发展,在思想上导致僵化、妨碍了人民和基层的积极性,而长期的"左"的错误又影响了国民经济发展和人民生活改善;在目的上,改革是为了解放和发展生产力,巩固社会主义制度,发扬社会主义民主,巩固党的领导;在性质上,改革是社会主义制度的自我完善,也"是中国的第二次革命",会在一定范围内发生某种程度的革命性变革;在内容上,改革是全面的改革,包括党和国家的领导制度改革,包括农村改革、城市改革,也包括经济体制改革、政治体制改革以及科技、教育等其他各个领域的改革;在方向上,改革"是个很大的试验",有风险,有困难,改革过程中会出现争论,甚至会犯错误,但改革"这件事必须坚持干下去",不能因噎废食,不能停步不前。邓小平理论中的这些系统的改革思想对于我国当前和今后的改革开放实践具有极为重要的指导意义。

二、邓小平理论中包含着相当丰富的法治思想。对制度和法律的高度重视是邓小平理论的一个重要特点。一如邓小平所指出的,"制度是决定因素";"还是要靠法制,搞法制靠得住些"。如果说,毛泽东思想奠定了人民民主的政治理论基础,那么,邓小平理论则在此基础上进一步开辟了民主制度化、法律化的现实途径。1945年6月,针对黄炎培提到的历史上"人亡政息"的"周期率"现象,毛泽东指出,共产党人已经找到了跳出历史"周期率"的新路,那就是民主。然而,这样一条民主新路因为没有很好地制度化、法律化而遭受到大大小小的政治运动的严重冲击。1980年8月,在回答意大利记者法拉奇提出的如何避免或防止"文化大革命"这一问题时,邓小平指出,"要认真建立社会主义的民主制度和社会主义法制。只有这样,才能解决问题。"针对斯大林严重破坏社会主义法制的事件,毛泽东曾指出,这在英、法、美这样的西方国家是不可能发生的。尽管有这样一种认识,但由于在实际上并没有很好地解决领导制度问题,中国仍然发生了"文化大革命"。正是鉴于"文化大革命"教训以及中国几千年民主法制传统的缺乏,邓小平一再强调"民主制度化、法律化"。

三、改革与法治在邓小平理论中是密切相关的。1978年12月,邓小平在《解放思想,实事求是,团结一致向前看》的报告中同时提出了"改革"和"民主制度化、法律化"。这表明改革与法制是在共同的历史条件下产生的,有着共同的历史动因,也表明制度化、法律化本身即是改革的重要要求之一。此后，刑法、刑事诉讼法、新宪法、民事诉讼法等相继出台，改变了过去"好多年实际上没有法"、把领导人的话当作"法"的现象。改革开放以来各项法律制度的建立及其修改和完善，与改革开放以前比较起来，在一定程度上都可以视为法律改革。从 20 多年的改革和法律实践看，改革与法治是相互促进的，改革越来越需要法律保障，也越来越获得法律保障，法治在改革进程中也不断走向深入。1993 年 3 月，"坚持改革开放"被明确写入宪法，改革由此有了宪法保障；随着改革的深入，特别是市场经济体制改革的深入，"依法治国"于 1997 年 9 月在党的十五大上作为"基本方略"被明确提出，到 1999 年 3 月，"发展社会主义市场经济"与"依法治国，建设社会主义法治国家"同时被写入宪法。历史表明，改革是宪法和法律得以充分实施和不断完善的重要推动力，同时，宪法和法律为改革提供了可靠的制度保障。

综合起来看，法治是改革的重要成果，也是今后改革的重要目标；改革是法治的重要推动力量，在今后也日渐成为法治的规范和保障对象。在改革问题上，邓小平看到了改革的风险，更看到了改革的现实必要性。改革的风险以及改革过程中出现的一些新的社会问题是改革引发争议的主要原因。要消除和避免改革的风险、合理解决由改革带来的新问题，最好的办法是通过法治来保障和规范改革。在"两会"期间，胡锦涛参加上海代表团审议时指出，"要毫不动摇地坚持改革方向，进一步坚定改革的决心和信心"；温家宝在《政府工作报告》中也指出，"改革开放是决定中国命运的重大决策。当前改革正处于攻坚阶段，必须以更大的决心加快推进各项改革"。因此，对于改革与法治的关系，应当从两个方面来看。一方面，应当坚定不移地继续推进改革，依法治国基本方略只有在改革的不断深化中才能得以全面落实；另一方面，也应当把改革逐步纳入法治轨道，在通过法治保障改革的同时，也通过法治规范改革，在保障改革的同时努力避免和防止改革出现大的失误。

(本文原载《社科党建》2006年)

法治、政治与德治

现代中国的治道主张在理论提法上至少有三种：法治、政治、德治，亦即"依法治国""讲政治""以德治国"。这三种形态在大力发展社会主义市场经济、建设社会主义法治国家的背景下同时出现多少有些出人意料，因为三种形态一般与特定的时空相联系，从而在传统与现代、中国与西方的时空交织中彼此常常表现出一定的矛盾。比如，中国古代的德治每每与"人治"相联系，这不仅与古中国的法治主张冲突，也与现代法治尖锐对立。如果在理论上不能澄清这三者之间的关系，有可能带来实践的混乱，就此而言，如何处理好三者之间的关系是对中国特色社会主义实践具有重要意义的问题。总体看，问题的关键不在于这些提法之间的紧张冲突，而在于中国法治、政治、德治实践的实际目标与切实效果。

从历史分期上看，比较典型的"法治"实践先后出现于中国先秦、西方近现代和中国当代，而在理论上人们一般只区分了法治的两个种类："以法治国"与"法律之治"。前者视法律为首要的治理手段，着意于以法律强权获得统一的社会秩序和社会行为，因之，国家和政府在此实践中担当主要使命。先秦法治大致属于此类。后者则主倡"法律至上"，强调任何个人、政治组织、国家机构的活动都受法律约束，着重突出人权、自由、平等等价值要素以及法律的民主性，因之，社会成员的"互动"与参与在此实践中扮演主要角色。西方近现代法治大致属于此类。我国现行宪法规定，"一切国家机关和武装力量、各政党和各社会团体、各企业事业组织都必须遵守宪法和法律。一切违反宪法和法律的行为，必须予以追究"。照此看，我国在宪法条文中其实已经明确认可了法律的权威统治。然而，要将我国目前的法治实践纯粹地归入上述模式中的哪一种似乎也很难，毋宁说它是"初级阶段""中国特色的"，这也意味着，它还需要不断改进和完善。

在古代，法律只是一种"治民之具"，"法自君出"每每使得君主超脱于法律。此种法律属性以及君主凌驾于法律之上的状况与现代民主政体显然格格不入。当今中国的法治实践需要进一步摆脱这些传统思维的困扰，突出法律的民主性，尤其要注重调动公民参与法律的积极性。就此而言，我国的法治实践不能忽视两方面的问题。

一方面，要避免单从形式意义上理解法治，而应突出法治的实质内容。对法治不能只从形式意义上去理解，还要考虑法治的价值因素。也就是说，要重视法律的目的以及法律和统治的"正当性"，突出法律的民主性和正义性。单从形式意义上理解法治，容易导致对社会统一秩序的机械规划，将守法简单地等同于对命令的被迫服从，而不顾及公民对法律的自愿认同，忽视公民的基本权利和自由。例如，中国古代历史上的严刑峻罚虽然在特定的历史时期有可能达到"路不拾遗"的效果，但容易导致给人以肃杀印象的苛政乃至暴政。法治并不意味着需要什么样的法律，就通过立法或立法机关的授权，由司法和执法机关强制推行。事实上，它是与法律和规定本身的目的和合理性紧密联系的。"法治"

之法应当是顺乎民意，获得民心认同和拥护的法律。因此，我国的法治实践不能仅仅注重法治的"形式合法性"方面，更应注重法治的"正当性"方面。在立法上，不能从纯粹的"主权者的命令"去理解法律的性质，而应当强调法律的"公意"属性。立法不能只是强权与个人意志或少数人意志的简单相加，而应当以民生的幸福为最终目标。要做到这一点，重要的是要完善有关立法的公众参与方面的制度，建立从公众到立法机关再到法律规定环环相扣的法律监督和互动机制，以避免出现不良的法律在社会中强行推行的情况。

另一方面，要实现从"自上而下"向"自下而上"的转变。这一转变意味着改变法律总是由国家自上而下进行规定和管制的局面，而重视社会成员的作用、参与和积极性。这至少要做到两点：一是立法主要应当是对社会成员在彼此的交往活动中所形成的规则的确认，而不能只是简单地出于立法者的主观意志而对社会生活事实的强行规制；二是在法律的实现上，改变法律完全由国家机关自上而下地强行推行的思路，加强对公民的授权，调动公民参与和利用法律的积极性。在后一点上，尤其要增强法律的可接近性和可利用性，拓展法律救济途径。法律的生命在于其实施，而法律的实施说到底是为了使权力的享有和运行合法化，从而保障公民的权利。权利意味着人的主体性的伸张，在权利受到侵害时如果没有合适的救济途径，权利就会落空。因此，西方有法谚说，"没有救济，就没有权利"。就此而言，保障权利当成为中国法治建设的首要内容。除立法保护外，法律权利主要通过诉讼予以实现。诉讼是实现"自下而上"法治的主要途径，它避免了"自上而下"的强制方式从而增强了法治的民主色彩，同时也有利于缓解社会冲突、促进社会稳定发展。要通过诉讼真正实现法治,就得加强法律的可接近性和可利用性,这要求国家提供适当的权利救济途径,而且这些途径必须简便易行,贴近人们的生活,不致让权利受害人因为麻烦、费用昂贵、不信任、恐惧或者其他原因而远离法律。人们不动用法律大致存在两种情况:不知道怎么利用法律、知道法律但因为利用法律成本太高而逃避法律,前者是因为法律缺乏可接近性,后者则是因为法律缺乏可利用性。要避免这些情况,需要排除诉讼阻碍,并提供相关的激励机制。只有注重微观层面的制度设计,在细微处增强法律的可接近性,降低法律利用的难度,调动起公民利用法律的积极性,才会使法治大厦的基础更加稳固。

与法治的两种类型一样,政治也可以分出两种样式。按照孙中山的说法,政治是"管理众人的事",而管理众人之事在不同历史时期又有不同的方式,既有由君主来治理的"为民做主",也有由人民来治理的"人民当家作主"。在现代社会,不仅君主统治难以为继,即便是"精英统治""少数人统治"也常常遭到非议。现代民主要求的是"以人民管理政事"的民权、民治。然而,由于民众数量众多、地域辽阔以及其他一些原因,社会直接由人民来治理仍将只是一种理想,因之,选举制、代议制乃至官僚制仍然是现代社会的一种常态,社会契约论也仍将是西方国家治理的理论基石。这意味着"人民当家作主"仍将长期需要国家或政府的中介及其相关的代表机制,也意味着民众参与将是民主政治的重要内容。

从历史看,由"自上而下"的强权政治到"自下而上"的民主政治是人类社会发展的必然趋势,其间民众对政治的参与程度也日益提高。一般而言,古代社会盛行的多是上位者对下位者的强权统治,在此统治下,国家权力不仅不受法律约束,而且还有可能利用法律肆意妄为，民众参与几无可能；而在现代社会，作为"利维坦"的国家被套以法律的枷锁，权力的享有和运行日趋制度化、正规化、法律化，民众对政治的参与程度也日渐深入。此种参与主要通过法律实现。这既表现为宪法和法律对公民选举、言论等政治权利与自由的保障，也表现为一系列法定的民主参与程序。由此可以说，法律的地位和作用决定了古今政治的不同性质。现代社会要真正做到"人民当家作主"，必须使政治屈从于法治，实现民主的制度化、法律化。换言之，民主政治必须与现代法治相联系。我国现行宪法所规定的"一切国家机关和武装力量、各政党和各社会团体……都必须以宪法为根本的活动准则，并且负有维护宪法尊严、保证宪法实施的职责"事实上已经将一切政治活动纳入到了宪法的框架之内，这既是民主制度化、法律化的集中体现，也为我国的宪法政治提供了规范基础。要真正实现"国家的政治生活民主化"、法制化，必须尽量使法治摆脱政治和"人治"的破坏，树立和维护宪法和法律的威严与信用。

据《论语》记载，子贡问孔子："要把国家治理好应当注意哪些方面？"孔子回答了三点："丰衣足食、武备修整、人民信任政府。"子贡又问，"当这三项迫不得已而必须舍弃一项时，应该首先抛弃哪一项呢？"孔子说"应当首先舍弃武备。"子贡又问，"若再迫不得已，要在余下的两项中舍弃一项，又当首先抛弃哪一项呢？"孔子说："民无信不立"，宁可舍弃丰衣足食，也要存留百姓对政府的信任。后来司马光在评价商鞅"徙木立信"时也重申了"国保于民，民保于信，非信无以使民……善为国者不欺其民"这一重要政治思想。由此可见"政治声望"对一国政治的重要性。我国的政治实践尤其要注重在法律的执行与运作中捍卫和维护政治权威,不能以人废法,不能让少数执法者的贪污腐化和粗暴执法毁损政府形象。至为关键的是,要发挥法律和制度在政治生活中的作用,尽量避免以政治运动的方式替代法律来解决社会问题。

完整地读过《邓小平文选》的人都会发现其中一个反复申明的观点:"任何政党和任何个人在自己的活动中,都不会没有缺点和错误。"同时,《邓小平文选》还告诉人们,"发现错误,要赶快纠正,不要掩饰,不要回避","第一不能犯大错误,第二发现不对就赶快改","小错误不要变成大错误"。从《邓小平文选》对错误以及错误的纠正的不断重申,不难看到纠正政治生活中的错误正是挽回人民对政府的信任、捍卫政治合法性和政府声望的重要方式。同时,要在政治生活中尽量少犯错误、避免错误,重点应当加强民主的制度化建设,真正树立宪法的至上地位。这尤其要提防以"人治"破坏"法治",在政治运动中忽视乃至抛弃法律的做法。"文化大革命"时期"砸烂公、检、法"的"无法无天"局面在这方面为我们提供了深刻的教训。促进社会的稳定发展是法律的一项重要功能,这一功能的发挥在很大程度上依赖于对法律权威的维护,因此,严格依照法律程序文明执法,"避免乱打人、乱抓人、乱杀人的现象",不仅能够增强人民对法律的信任,也能防止国家权威向社会的流失,维持政局的稳定。

与法治和政治比起来,德治是一个更古老,也更中国化的概念。自先秦时代起,德治即是与人治紧密联系并与法家的法治相对立的范畴。概括而言,传统的德治论至少包含两项内容。一是由有德者治理天下,正所谓"为政以德,譬如北辰,居其所而众星共之"。二是以道德教化天下,正所谓"道之以政,齐之以刑，民免而无耻；道之以德，齐之以礼，有耻且格"。相对而言，由有德者治理天下总比无德者治理天下好，但是，德治论不可避免地导致将国家安危寄系于一人的危险，亦即"一人贪戾，一国作乱""一言偾事，一人定国""其人存，则其政举；其人亡，则其政息"。此种人治状态给政治带来了巨大的随机性和任意性，从而使得社会发展总是难以跳出王朝兴替的"周期率"。

而且，察之于古代社会，"德治"实践总是与"政""刑"糅杂在一起，从而最终以纲常伦理、名教网罗消灭了主体的道德自决，束缚了人的个性发展。秦以后，经由贾谊"兴礼义"、汉儒"为章句"、董仲舒"春秋决狱"、汉武帝"罢黜百家，独尊儒术"，儒学正统地位逐渐确立，古中国由此走上了以道德伦理融合法律的道路。瞿同祖在《中国法律与中国社会》指明了这一状况："除秦、汉律外，历代的法典都出儒者的手笔，并不出于法家之手……""曹魏而后……法典的编制和修订落入儒臣之手，……他们把握此时机……将儒家之精华——礼——糅杂在法律条文里，一直到法律全部为儒家思想所支配为止。此种程序……""始于魏、晋，成于北魏、北齐，隋、唐采用后便成为中国法律的正统"。这一状况虽然不无使政治道德化从而产生"仁政"的可能，但它在另一方面却严重限制了个性的自由发展，其极致是所谓的"礼教吃人"。总体说来，传统德治走了一条由道德入伦理的道德泛化路线，其失败之处在于政治、法律与道德伦理的同构，以及在以政权、法律为后盾强行道德伦理的过程中抑制了个人的权利与自由，也阻碍了社会发展。凡此都是中国德治实践的经验、教训。

不可忽视的是，当前有中国特色社会主义实践都是在现代化、全球化的大背景下展开的,在此背景下,中国与国际社会有着频繁的交往与合作,更存在着激烈的竞争,就此而言,现代民主与法治建设是不应该被放在次要地位的,因为在法治与社会客观发展之间存在着至为密切的联系。明确这一点,中国的德治实践就不应该再走由道德入伦理的道德泛化路线,而应当着意于"权利"与"德性"的双重人格构造——张扬公民的权利意识、重建个人的"道德自我"。具体而言,现代法治背景下的"以德治国"适合从社会、个人和共同体三个层面展开。

在社会层面,通过法律保障和张扬人和公民的权利的同时,也应当通过法律涵容基本的社会伦理,以为个体的道德自决创造良好的外在环境。将基本的伦理涵容于法律之中,这在一定程度上既有利于增强法律在道德上的说服力,也有利于基本社会秩序的维持。由于法律的国家强制性以及适用对象的普遍性,法律的道德基准不宜定得过高,而应当以一般人所能遵守的"底线伦理"为限。

在个人层面,挖掘传统的道德资源,真正在民众尤其是治理者中,重建"为仁由己""反身而诚"的精神态度。"权利"与"道德"都意味着人的主体意识的觉醒和主体性的伸张,但权利一般与利益奋争相联系。现代化建设如果一味强调权利,必定导致人与人之间你死我活的争斗,也可能将社会变为"每个人反对每个人"的私利战场。因此,中国现代法治在张扬权利意识的同时,如果不注意延续和转化传统道德资源,势必会走入"形式合理性"的困境。然而,鉴于古中国由道德入伦理的强制路线对人的权利的忽视、对个体道德空间的压抑,现代社会不能也不宜再重建古代的那种蕴含纲常伦理的社会政治秩序,而是应当利用传统的"修己以安人"的"为己之学""挺立道德主体",重建个体的"道德自我"。

在共同体层面,加强职业伦理建设。随着社会分工的发展,盛行于古代社会的"集体意识"在现代社会会越来越淡薄,由此所导致的道德沦丧不可能再像古代社会那样通过在全社会形成统一的道德秩序来克服,要提高社会成员的道德水准,一种重要的方式在于在各种职业团体内部形成职业伦理。具体就法律领域而言,有必要在法律家之间形成一个法律职业共同体,这一共同体的基础既在于法律家的专业知识技能,也在于其职业伦理。在一个有着共同的伦理背景和荣誉机制、视枉法违法为共同耻辱的法律职业共同体内,违背法律原则和精神的行为无疑会被降到最低限度。

综上所述,在现代社会,不管是"讲政治",还是"以德治国",都不能不讲法治,都应当遵循宪法明确规定的"法治"。而且,不管法治、政治、德治之间是否存在紧张,也不管这种紧张有多么激烈,只要该实践真正以兴民权、行民治为皈依即为可取。

(本文原载《国家行政学院学报》2002 年第 2 期)

法治的政治意义

　　法治在中国历史上曾经是遭受道德贬抑的政治话语。然而，时至今日，无论是在中国还是在全球，法治越来越成为一种时代潮流和世界共识。法治境遇的古今变化，在很大程度上体现出现代政治的成长和成熟。现代政治不是专制的或仁慈的君主政治，而是理性的民主政治。这一政治在性质上决定了必须充分发挥法律和制度在国家政治和社会生活中的主导作用。在"依法治国，建设社会主义法治国家"作为治国方略正式提出很多年后，仍有必要回过头去进一步思考和明确法治的政治意义。

　　从发展背景看，法治作为政治方略提上中国历史进程，与我国改革开放以来对"文化大革命"等政治动荡践踏法制的反思、实行社会主义市场经济以及实现"富强、民主、文明"的现代化目标等有着较为明显的联系。由此，大体可从人民主权、国家政制、社会发展、个人道德四个方面来审视和分析法治的政治意义。

　　一、法治是实现民主制度化和法律化的理性方式。现代法治与古代法治的一个关键区别在于民主政制。中国古代有通过施行仁政获得政治认同的民本治道，但长期缺乏民主政制。这不仅造就了长期重视民本而忽视民主的价值偏颇，也在很大程度上导致了"一治一乱""一离一合"的循环往复。克服传统治国方式的不足，首先在于建立和完善民主政制。民主政制下的政治不是把国家和天下寄托于一人、受制于一人的政治，而是以法律确立人民当家作主地位并设定稳固政治架构以求长远发展、开万世太平的政治。因此，民主政治高度重视宪法和法律在政制设定以及政治实践中的积极作用。宪法和法律对政治的基础作用在于，使各种政治活动依照既定的规范统一在国家体制下以理性有序的方式开展。从政治组织的角度看，法治可谓执政党合法融入国家体制进而从国家层面获得执政权威的理性方式。同时，民主政制下的政治也不是大打大砸、恣意妄为的政治，而是一种以理性方式开展政治活动的政治。大打大砸、恣意妄为的政治只会导致人身财产无从保障、社会混乱不堪的状态，这有违民主的初衷和理想。欲求平稳有序地持久开展，人民民主政治必须诉诸理性方式和法律制度形式。就此而言，民主与现代法治、制度形式是不可分的。民主是法治中的民主，法治是民主下的法治。或者说，依法治国是人民民主政治的制度形式和理性方式，是现代民主政制下的安邦定国之道。

二、法治是约束和规范政治权力，保障人权和公民权利的重要方法。人权价值是现代法治与古代法治的另一个关键区别。古代法家侧重于君主集权，正所谓"权断于主""治民一众"；现代法治则重在保障人权和公民权利、约束和规范政治权力。约束和规范政治权力与保障人权和公民权利，是依法治国的两个联系紧密的基本方面。使政治权力的享有和运行都有明确的法律依据，这说到底是为了保障人权和公民权利；而要保障人权和公民权利则必须约束和规范政治权力。从政治的角度看，现代法治的崛兴正始于对政治权力的属性和运行规律的深刻认知。对于社会的维持和存续而言,政治权力是必要的;然而,在不受规制的情况下,政治权力又是容易侵害人权、产生危害的。因此,政治权力必须受到约束和规范。政治权力受到约束和规范,这既是保障人权和公民权利的需要,在很大程度上也是政治权力在现代政治条件下获得"正当性""合法性""合理性"的需要。在现代民主政制下,法律是约束和规范政治权力的最主要方式,政治权力必须合法存在、依法运行。依法治国,至为重要的方面就在于为政治权力设定宪法框架、约束机制和规范轨道。在中国古代,由于皇权被赋予了一种天然合法性,皇权的正当性在几千年里很少遭受质疑;而且,尽管皇权一直受到道德劝诫,但对皇权的法律约束机制极不健全。对此,梁启超在《先秦政治思想史》中批评"法家最大缺点,在立法权不能正本清源",谭嗣同也极端地批评"二千年来之政,秦政也"。民主政治以及现代法治正在于克服传统治道在政制上的这一不足。民主政治在政制层面表现为政权为全体人民所享有,在治理层面则具体表现为人权和公民权利受到法律保障,在这两个层面,法律对政治权力的约束和规范都显现出很强的政治意义。

三、法治是促进社会有序发展的有效途径。从历史上看,无论是先秦法家的"以法治国",还是西方近代的"法律之治",都与社会发展和国家富强休戚相关。春秋战国时期强盛的诸侯国,大多采用了"垂法而治""以法治国"的方略;秦国更是以此奖励耕战,最终统一了六国。近代西方各国依靠"法律之治",有效地保障了工商农业的自由发展,直至在世界体系中成为强势的民族国家。古今中外的法治尽管在性质和内容上多有不同,但在促进社会客观发展这一点上,则具有较为明显的相通之处。就此而言,"依法治国"在中国现代化进程中被提升到基本治国方略的高度,很大程度上既与中国近代落后挨打的屈辱历史相关,也与富强、民主、文明的现代化目标紧密联系在一起。从长远背景看,独立和富强是中国近代历史的重要使命,在当前发展尚不均衡的国际政治中,它们仍然是中国需要进一步巩固的基本方面。国富民强既是为了免遭欺凌,也是为了解决民生问题,满足人民日益增长的物质和文化需要。从近期背景看,法治作为治国方略是在改革开放特别是社会主义市场经济体制改革之后提出的,这表明了法律与经济发展之间的内在关联。法律对于经济发展的重要作用在于,一方面,通过规范和制约政治权力来防止经济发展受到政治权力的不当乃至非法干扰;另一方面,为社会交往和经济发展提供稳定的预期和固定的规则形式。这正如马克思所说,"规则和秩序本身,对任何取得社会固定性和不以单纯偶然性与任意性为转移的社会独立性的生产方式来说,都是一个必不可少的要素。这种规则和秩序正好是一种生产方式的社会固定的形式,因而是它相对地摆脱了单纯偶然性和单纯任意性的形式。"就法律与经济发展的联系而言,"依法治国"方略与"以经济建设为中心""发展这个党执政兴国的第一要务"实际上是息息相通的。总体而言,法律对于经济和社会发展的促进作用,在国际和国内层面都显现出相应的政治意义。

四、法治是维护公民道德生活的必要条件。同样,从历史上看,无论是先秦法家的"以法治国",还是西方近代的"法律之治",最终都遭受到一定的道德批判。法家的严刑峻法、刻薄寡恩在中国社会被批评了几千年;"法律之治"下的西方社会后来也遭遇到"生活世界"受政治和经济过度渗透的现代性问题。无论是从历史还是从经验上看,法律通常并不能用来直接解决人的道德问题。道德源于人心向上的一种积极力量,虽然法律通过命令和制裁在一定程度上可以触动人心,也可以维护基本的社会伦理,但源于人心的积极力量并不能仅仅依靠外在法律的消极强制调动起来。不过,这并不意味着法治与道德生活毫不相关。其实,中国古代诸如设立政府是为了"全生""养性""全德"之类的政治智慧,早已蕴含了在政治和法律体制下为人的道德生活存留广阔自主空间的想法。说到底,政治清明、社会发展、法律公正、权利保障,其实都是在为人的道德生活、为人的自由而全面发展创造条件。毕竟,能够在伦理意义上成为政治目标的只有人的道德生活本身。现代法治在人的道德生活上显现其政治意义,主要在于通过约束和规范政治权力、促进社会秩序和发展、保障人权和公民权利来为培育公民责任和个人美德创造良好的外在条件,而不在于一味片面地如法家所主张的那样立基于人性恶而"以刑去刑""以杀去杀"。现代法治的立足点与其归结为人性恶,不如归结为人类对于政治权力属性的科学认知。立足于人性恶的法治在很大程度上堵塞和弱化了人追求道德生活的可能,从而使得国家治理经常表现出治标不治本的效果。这一点屡见于古代和近代历史。而通过制约和规范政治权力来为人的道德生活创造条件,这才使得法治在目的论和价值论上具有了伦理意义和道德价值。就此而言,现代法治在性恶论之外有望为政治和道德提供一种互为条件、相辅相成的合理机制。

在依法治国基本方略推行几十年后,重新思考法治的政治意义,有助于进一步从目的论和价值论上明确实行法治究竟是为了什么。这在很大程度上直接决定着法治的发展方向。几十年之后回顾和展望中国的法治,人们已不再如起初那样需要处心积虑地去论证为什么一个国家应当实行法治,不过,在历史和实践经验的基础上，我们仍然需要追问实行法治最终是为了什么。如果缺乏一种终极意义的价值观照，而仅仅将法治视为获得一种稳定社会秩序的功利手段，那么，法治下的法律并不排除可以简单粗暴地作为维护社会等级秩序、制人治民的刑杀工具使用，法治下的法律也无须以民主政制的建立和完善作为自己的政治前提，从而也无须通过推动民主进程来为法治的深化开辟道路。秩序固然是法治的一个要素，但法治在此之上还有更高的价值追求。法学界长期以来所强调的"法制"与"法治"的区分，无非旨在说明，一种缺乏价值引导的法律制定、执行和实施活动，在现代政治背景下还远远称不上法治。

那么，现代法治究竟需要怎样的价值观照和目的指引呢？从历史上看，这至少包含两层内容。一方面，法治必须直接受到人权价值的指引；另一方面，法治必须为人的道德精神的培育和发展创造良好的外在条件。这两个方面是紧密联系在一起的。法治对于人权的保障是直接的，也是贯穿法律活动的全过程的；相对人权保障而言，法治对于人的道德生活的作用是间接的，它一般并不通过法律直接强制赋予人很高的道德义务，但它通过规范和制约政治权力、促进经济和社会发展以及外在权利保障，为人的道德生活创造良好的政治和社会环境，而且，它不遏制人的道德精神的自由发展。反过来，法治也将因为保障了人权和公民权利、为人的道德生活创造了良好条件而获得足够的精神意蕴和道义力量。这是法治的理想。实现这一理想，至少需要从价值、政制和法律这三个方面做进一步的努力。价值、政制、法律，或者说，道、政、法，这是古往今来立国和治国的三个紧密联系的基本要素。作为治国方略，依法治国也包含着这三个基本要素。现时代很需要在依法治国的长期实践经验基础上进一步构建和完善法治之道、法治之政和法治之法。

一、法治之道。改革开放以来,"实行依法治国,建设社会主义法治国家"和"国家尊重和保障人权"先后被写入宪法,我国也相继签署了《经济、社会和文化权利国际公约》和《公民权利和政治权利国际公约》两个最重要的国际人权公约。这表明我国对法治的认识,特别是对法治的价值的认识在逐步深化。通常,人们多注重从经济发展、社会进步、国家稳定等功利方面去审视实行法治的重要意义,而对法治的道德价值及其对人的道德意义关注不够。围绕社会功利展开法治实践,虽然也可以因为带来社会有序发展而有助于人民生活的改善,但是,历史表明,在单纯的社会功利逻辑中,人也容易受到政治和经济的渗透而沦为或"物化"为社会功利的工具,法治因此可能陷入"工具主义"或"物治主义"的误区。在功利之外,法治更需要一种超越经验和物欲层面的人的哲学和伦理学的深层支撑。近一个半世纪以来,我国一直在经受变革,在与传统发生断裂的现代化进程中,在政治动荡以及后来的经济争逐中,人的尊严、人的价值、人的道德精神在相当长的时期内不断遭受着来自战争、政治和经济的剧烈激荡。目前,我国正处于社会转型时期,在此历史背景下,特别需要平心静气地回到人本身,在对古今中外历史上那些经久不衰的普遍性要素的借鉴中,从道德和价值层面开掘据以长久传承的法治之道。

二、法治之政。法治在很大程度上受着政制的影响和制约。在君主专制政治下,法自权出,法治重在作为强制工具惩治人民,维护君权;而在民主政制下,权自法出,法治的关键在于使政治权力的享有和运行受到法律的规范和限制,保护人权和公民权利。在对政治权力的控制和对人民权利的保障上,现代法治与民主政治紧密联系在一起。要保障人权和公民权利，既需要通过法律约束和规范政治权力，也需要通过民主来控制政治权力的产生及其运行方向。民主是产生政治权力的重要方式，它有力地制约着政治权力循着人民的意愿行使。在现代政治背景下，民主构成为法治的一个基本政治前提。在政治上做不到人民对政治权力的有效控制，政治权力依照规则和法律行使就得不到落实，因此也就难以实现人民依照法律管理国家和社会事务的法治理想。就此，也可以说，民主的发达程度决定着法治的发展水平，能够有效控制政治权力的高度民主是对法治的有力支持。在我国，依法治国基本方略是在"一切权力属于人民"的政治前提下确立的，"发展社会主义民主，健全社会主义法制"也是宪法规定的两项国家任务。因此，推进依法治国基本方略，使法治实践取得更大实效，必须进一步完善我国的人民民主政治，扩大政治的民主程度，努力实现政治权力产生和运行的规范化、制度化和法律化。

三、法治之法。在中国几千年的传统社会里，法律长期处于道德的笼罩下，通常被认为是一种国家不宜崇尚和重用的治理方式，人民也经常被告诫不宜过多地卷入法律纷争。这种长久的传统法律观念在很多程度上与法家将法律简单地作为镇压手段和刑杀工具使用不无关系。在革命阶段和以阶级斗争为纲的时期，法律主要被作为"刀把子"使用，而且，在早期的法学理论中，法律通常被机械地作为经济的附属物和政治斗争的工具看待，而对法律系统的相对独立性和自主性及其对国家治理的重要性认识和重视不够。文化传统以及历史上的某些实践和理论在很大程度上造就了一张法律的灰色面孔，使得法律总是处在道德、经济、政治乃至社会的阴影下而难以获得自主成长。在这样一种境遇下，法治何以成为一种值得推崇的治国方式呢？"法治国家"何以成为一种值得追求的理想呢？实际上，不仅法律如此，在较长的时间里，我们关于"国家"的看法也是如此。在法治日趋走向深入的今天，很需要在理性和现实的基础上，沿着中国文化脉络，重构我们的国家哲学和法律哲学，特别是强化法律与正义、自由、人权以及人的道德生活的内在联系，使法律作为制约和规范政治权力、促进社会交往和经济发展的有效方式，并进而作为民众信赖并主动维护的理性力量树立起来。

［本文原载《依法治国十年回顾与展望》（中国法制出版社 2007 年版），部分载于《法制日报》2007 年 7 月 20 日］

开拓民主法治建设的中国道路

就中国法治进程而言，2010年是尤为特殊的一年。在立法方面，这一年是经历改革开放以来近三十年的努力，中国特色社会主义法律体系终于得以形成的一年。在行政方面，这一年是国务院继2004年《全面推进依法行政实施纲要》提出"十年左右……基本实现建设法治政府的目标"之后，再度推出《关于加强法治政府建设的意见》的重要一年。在司法方面，这一年是人民法院"三五"改革纲要实施一年后，法学界围绕"能动司法""大调解"以及法律职业化议论热烈的一年。这一年，法律体系、法治政府、能动司法、社会管理创新以及"严打""李庄案"、言论和网络自由、看守所非正常死亡、群体性事件、"钉子户"、强制拆迁等法律现象，无不进入法学家视野，理论界的分析评论具体、广泛而锐利。

透过纷繁的理论研讨，相比十几年前依法治国方略的提出，总起来看，这一年的法学思潮还是有章可循、有新意可陈的。如果说，20世纪末法学界的着力点主要集中于论证中国实行法治（依法治国）的必要性和重要性，那么，经历十多年的迅速发展，到中国法治在制度层面更趋成熟，而在实践层面更深嵌入社会现实的2010年，法学界关注的焦点则明显深入中国法治发展的道路和方向上。在法治理想与法治现实、法律制度与法治实践之间近乎潮起潮落的磨合过程中,关于中国法治道路选择及其可能存在的偏失或风险,成为理论思考新的主题。而且,经过改革开放三十周年和国庆六十周年之际的历史反思和经验总结,关于中国法治发展道路的思考和讨论看上去具有更强的历史感、现实感和使命感。

一、沿着近三十年、近六十年、近一百多年乃至上千年的中国历史,更深层次地看清民主法治对于中国发展的历史意义。在很大程度上,法治道路的选择受制于对法治本身及其历史意义的领悟和理解。如果仅仅把法治理解为一种形式意义上的治理民众的方法,那么,现代法治可能始终走不出古代法家所设定的范围。如果仅仅把法治理解为一套达至强制秩序的功利手段,那么,现代社会中的法治实践也可能失掉其本该具有的基本价值内涵和道德意蕴。事实上,由于仍处在一种发展过程中,中国法治发展的样式以及对法治的理解并不总是完全一致的。2010年,学者们注意到,在民主与民生、法条与民意、程序与运动、职业化与大众化、权利保护与社会控制、借鉴西方与自主发展之间,中国法治实践表现出更大的张力并显出对后者的侧重。因此,中国法治发展的路向在这一年尤其受到理论关注,法治建设的民主和权利取向也在法学界得到了更多的强调。把握中国法治发展的方向,我们仍有必要在法治建设新的历史起点上,结合中国的历史经验和教训,去深层思考法治究竟是为了什么。历史地看,在国家层面,我国经历了从"文化大革命"时期的"无政府"到改革开放时期构建"法治国"的明显转型,"国家与法的理论"中的国家打碎论、国家消亡论在改革开放实践中被否弃,国家建设实际成为重要发展目标。由此,明确作为国家权力机构的立法机关、司法机关与行政机关之间的权限，塑造作为国家构成单元的公民就显得殊为基本。往更远看，这也可以说是中国从传统的文化民族转变为现代的民族国家的重要步骤，具有深远的政治意义。就此而言，强化立法机关的审议职能以及司法机关在国家层面的权力审查和公民权利保护职能，构建法治政府和法治国家，正表现为一种历史需要。在政治层面，我国也经历了从中华人民共和国成立初期的"大民主"、政治运动到改革开放时期使政治活动法律化、规范化、程序化的明显转型。由此看，将政治活动严格纳入法律轨道，在法治的框架下推进政治体制改革，在宪法和法律的轨道上实现政治发展，使国家避免发生大的政治动荡，进而获得持续的秩序和发展，实为构建法治国家的政治动因之所在。无论是民主政治实践，还是公民自由权利的保障，都离不得宪法和法律，这是被历史一再证明的，而构建政治的法律结构，其实也为现代政治权力据以安身立命提供了持久依托。应该说，随着改革开放不断取得新进展，法学界对法治的历史解读和学理分析明显加深，民主法治在中国发展进程中的历史意义也更显厚重。

二、沿着中国历史发展脉络、中国文化内在逻辑以及中国社会现实发展，在现代潮流和全球背景下，开拓民主法治建设的中国道路。外来文化的强势影响构成了近代以来中国发展的一个显著特征。中国近一百多年的历程都不难找到欧美、日本、苏联的影子，甚至几度出现照搬外国的情形。自20世纪末以来，"文化自觉"在理论界兴起，逐渐出现了将中国一个半世纪的近代历程接上中国千年史、从中国文化理路和中国历史脉络来开拓中国的政道法理的学术努力。这样一种努力在2010年得以延续。从法治实践看，与前些年致力于法律职业化和正规化相对照，近几年出现了更加注重中国社会现实的转向。这种转向与"中国模式论"在近几年的提出是一致的。奥运会的成功举办、汶川地震的积极应对、金融危机中的卓越表现等，促发了世界对中国独特的政治经济体制或"中国模式"的高度关注。2010年，世博会、自然灾害救助以及亚运会等，继续将这套体制的某些优势突显出来。与此大环境相联系，近几年对大调解、能动司法、大众司法、联动司法、"严打"等的强化，继续出现在2010年的法治实践中。有学者由此捕捉到中国法治发展的某种转型，即从偏重于学习和借鉴西方法律制度为取向的追仿型法治进路，转向以适应中国具体国情解决中国实际问题为基本目标、立足自身发展和自主创新的自主型法治进路。有学者认为，在此转型过程中，全球金融危机所激发的国家自信和民间的民族主义情绪，容易造成对域外法治理论、制度和经验的情绪化排斥，乃至对过去某些实践的否定；而自主型法治进路也可能意味着对法条主义和法律中心主义的扬弃，这又容易被错误地认知为对某些"人治"因素的肯定，或者对法律虚无主义的某种认同；因此，要高度重视法治推进过程中可能出现的偏失，避免局部性、阶段性的始乱终弃。的确，在中国的发展离不开世界、世界的发展也需要中国这种新的条件下，中国既需要充分理解和传承自己的优良文化传统，也需要充分吸收和借鉴世界各国的有益法治经验，立足中国的现实来融会古今中外的一切文明成果，开拓中国的民主法治建设道路。就近代以来的"大变局"而言，这构成了中国在21世纪实现文明重构和民族复兴的历史机遇。

三、沿着从全面建设小康社会到基本实现现代化的战略部署，循序渐进地构建社会主义民主法治国家。建设民主法治国家，是治理国家的基本方略，也是中国近代以来两百年间的宏图伟业。按照战略部署，到党成立一百周年时，我国将建成惠及十几亿人口的更高水平的小康社会，到新中国成立一百周年时，我国将基本实现现代化，建成富强民主文明和谐的社会主义现代化国家。具体就民主法治而言，2010年，中国特色社会主义法律体系形成；2014年左右，基本建成法治政府。由此看，形成法律体系的2010年，可以说是中国民主法治进程中奠定重要里程碑的一年。立处21世纪的头一个十年，法学界既有对法治历史进程的回顾反思，也有对当下法治现实的理性审视，更有着对未来民主法治蓝图的憧憬和筹划。应该说，相对政治体制改革和民主进程而言，我国法治建设的步伐显得更快。这反映了发展中国家在现代化建设特别是民主法治建设过程中，加快推进国家建设、稳步发展民主政治的经验和特点。宪法和法律制度，是国家建设的基本内容和重要基础，也是民主化得以顺利展开的重要保证，因此，"法治要快，民主要稳"在现实条件下更适合作为建设社会主义民主法治国家的思路。2010年，这样一种观点被提了出来。需要注意的是，建设社会主义民主法治国家，要始终坚持法治与民主的有机结合。抛开法治实行"大民主"，会导致政治动乱，而法治失去民主的支撑，政治权力也会因此丧失正当性而引发政治危机。同时，在民主化条件尚未足够成熟之时，加快发展和完善国家的宪法和法律制度，不失为明智之举，因为民主化可以因此获得更加有力有效的制度保障，进而得以依法有序展开。加快发展法治，并不意味着忽视民主，更不意味着放弃政治体制改革，而是强调通过"变法"的方式，把政治体制和政治机制改革的问题转变为法治建设问题，在推进依法治国的"建构主义"的历史进程中，积极稳妥地实现政治体制改革的目标。如果说，我国以前在社会主义民主实践中曾因忽视法治而带来了政治动荡，那么，在加快建设社会主义民主法治国家的未来岁月，特别需要强调社会主义民主对于社会主义法治的重要性。在未来的民主法治进程中，要努力把民主与法治结合起来，既避免只讲民主而不讲法治，也避免只讲法治而不讲民主。

[本文原载《人民论坛·学术前沿》（2011年1月）（总第314期）]

法治的中国道路及其构建原则

　　法治的中国道路,是中国特色社会主义道路在法治领域的具体体现。从长远背景看,这是一条使中国从传统的行政治理大国转向现代民主政治大国,走出历史上治乱相循的王朝更替迷圈,以明确合理的法律形式实现人民当家作主和国家长治久安的现代道路。从现实背景看,这是一条迎合中国和平崛起和民族复兴的客观大势,顺应建设现代化强国的现实需要、保证国家富强统一的合适道路。就内容而言,尊重并捍卫宪法和法律的权威,依法治国,依法办事,是这条道路的基本要求。就目标而言,通过法治实现国家民主富强、人民幸福安康、社会安定有序以及经济和文化持续健康发展,是这条道路的基本任务。在特征上,法治的中国道路体现着中国的现实国情、民族特性和文化传统,从多个层面显示出既有别于古代中国治理,又不同于现代西方法治的品格和特质。

　　一、在理论层面,中国特色社会主义理论体系是法治的中国道路的指导思想。马克思主义在中国的发展,经历了新的阶段,也不断取得新的理论成果。邓小平理论、"三个代表"重要思想、科学发展观和习近平新时代中国特色社会主义思想,都是马克思主义理论同中国发展的具体实际相结合的新成果,共同构成中国特色社会主义理论体系。法治的中国道路，是在中国特色社会主义理论，特别是邓小平理论的指导下逐渐形成的。邓小平理论比较系统地回答了中国特色社会主义法治道路这一重大问题，是指导改革开放以来中国法治实践的基本理论，也促成了中国特色社会主义法治理论的形成。中国特色社会主义法治理论所要表达的主旨在于，中国的法治建设，要符合中国具体实际，适应时代发展需要，体现民族文化特点，既不照搬别国模式，也不封闭僵化，而是要通过不断学习、借鉴和实践走中国自己的法治发展道路。在这样一种理论的指引下，中国形成了既不同于苏联模式，也不完全同于古代中国治理和现代西方法治的法治道路。

二、在制度层面，中国特色社会主义制度是法治的中国道路的制度基础。中国道路，离不开中国理论，也离不开中国制度。社会主义制度，是宪法规定的中华人民共和国的根本制度，包含经济、政治、文化、社会和法律等诸多内容。中国特色社会主义制度，在经济上主要包括以公有制为主体、多种所有制经济共同发展的基本经济制度，以按劳分配为主体、多种分配方式并存的分配制度以及社会主义市场经济体制等；在政治上主要包括人民代表大会制度、中国共产党领导的多党合作和政治协商制度、"一府两院"制度、民族区域自治制度、基层群众自治制度以及"一国两制"等；在法律上主要包括以宪法为核心的中国特色社会主义法律体系以及行政执法体制和司法体制等。这些具有鲜明中国特点的制度，构成法治的中国道路的主要制度基石，也是这一道路不断向前推进的基本制度保障。中国法治因为这些制度而表现出中国特色，这些制度也现实地决定着中国法治道路的性质和方向。

三、在政治层面，党的领导是法治的中国道路的基本特质。

宪法规定，中国共产党的领导是中国特色社会主义最本质的特征。中国法治道路的形成自始没有离开党的领导。从"有法可依，有法必依，执法必严，违法必究"十六字方针，到依法治国基本方略，再到依法执政基本方式和全面推进依法治国，始终都是党带领人民进行国家法治建设。全面推进依法治国，在政治方向上是要有利于加强和改善党的领导，有利于巩固党的执政地位、完成党的执政使命。中国法治建设的显著特点和基本经验，是坚持党的领导、人民当家作主与依法治国的有机统一。如同社会主义民主与社会主义法治需要结合在一起一样，中国共产党长期执政需要依靠社会主义法治，而社会主义法治的建立和长足发展也依靠中国共产党的领导。在中国特色社会主义法治道路中，依法治国与中国共产党的领导高度统合在一起。这种一致性，在《中共中央关于全面推进依法治国若干重大问题的决定》中被总结为"三统一""四善于"。同时，人民主体地位与全面依法治国也是高度统一的。全面依法治国最广泛、最深厚的基础是人民。坚持以人民为中心，是全面推进依法治国的重要政治原则。推进全面依法治国的过程，也是积极回应人民群众新要求新期待，系统研究谋划和解决法治领域人民群众反映强烈的突出问题，依法保障人民权益和公民权利的过程。

四、在文化层面，依法治国与以德治国相结合是法治的中国道路的民族特点。法治是人类文明的重要成果，法治的精髓和要旨具有普遍意义，因此，中国的法治建设实际吸收借鉴了世界上优良的法治经验。同时，中国是一个有着悠久历史和灿烂文化的国度，这又为中国法治道路提供了可资利用的丰厚传统文化资源，特别是道德资源。道德与法律自古以来就是两个相辅相成的规范系统。法治建设属于政治建设和政治文明范畴，道德建设属于思想建设和精神文明范畴,二者相互促进,对于国家治理来说,不可或缺,也不可偏废。从历史上看,古代法家法治和近代西方法治都在一定程度上表现出道德空洞和缺失。中国法治实践汲取历史经验和教训,一直强调依法治国与以德治国相结合。道德精神是中国传统文化的精髓,在法治的中国道路中,发掘和弘扬传统道德资源,不仅可以提升执政者、执法者的道德觉悟以及公民的精神风貌,也可以在很大程度上减少违法、犯罪、争端、诉讼的发生。将法治与道德结合起来,并不是要通过法律重建纲常伦理,而是要使法律和道德在各自的适用领域充分发挥其功用。大体而言,兼顾依法治国与以德治国,需要在价值层面寻求现代权利与传统道德的结合之道,在围绕规范政治权力和保障公民权利开展法治实践的同时,重视从法律义务、职业伦理、个人美德三个方面培养人的道德精神,实现道德精神与民主法治的现代融合和衔接。

五、在现实层面,改革发展稳定是法治的中国道路的长期目标。从时空方位看,中国特色社会主义法治道路主要是在社会主义初级阶段、在改革开放进程中形成的。中国处于并将长期处于社会主义初级阶段,是中国最大的实际。改革开放,是当代中国最鲜明的特色。正是在改革开放历史阶段,形成了符合中国实际、具有中国特色、体现时代特点的中国法治道路。回顾历史,中国特色社会主义法治道路的开辟和形成,其直接推动力来自改革开放。展望未来,在中国特色社会主义法治道路继续向前延伸的过程中,法治与改革发展稳定也需要结合起来,在法治下推进改革开放,在改革开放中完善法治。既运用法治思维和法治方式深化改革、推动发展、化解矛盾、维护稳定,也坚持法治领域改革,破除束缚全面推进依法治国的体制机制障碍,以改革创新精神推进中国特色社会主义法治广泛而深入发展。既立足当前,以法治方式解决经济社会发展面临的深层次问题,又着眼长远,筑法治之基、行法治之力、积法治之势,促进各方面制度更加成熟更加定型,为国家事业发展提供长期制度保障。历史地看,推进现代化建设、完成祖国统一、维护世界和平与促进共同发展是仍待实现的三大历史任务,坚持和拓展中国法治道路与实现三大历史任务处于同一发展进程。实现三大历史任务,尤需通过进一步改革将现代法治坚固而完善地建立起来,这是中国近代以来未尽的现代化使命,也是中国成功走向民族复兴的基本步伐。

依法治国被确立为基本治国方略后,我国法律体系已经形成,法治实践积累了丰富经验,为今后民主法治国家的实现打下了厚实基础。如同行文做事需要章法一样,在基本实现现代化、形成民主法治国家的道路上,全面推进依法治国也需要遵循必要的合理原则,以使改革发展稳中有序,序中有进。总体考量,这些原则至少包含以下六个"相统一"。

一、人民民主与依法治国相统一。党的领导、人民当家作主和依法治国的有机统一,已实际成为中国民主政治的基本特征,也是实施依法治国基本方略的政治原则。这在宪法中既有概括体现,也有具体表述。人民民主,主要体现在宪法第二条。这一条突显了作为国家根本准则的人们当家作主及其国家制度和法律形式,其中"人民……依照法律……管理国家事务"直接涉及人民民主与依法治国的有机结合。此外,宪法中有关"公民的基本权利和义务""国家机构"的内容,也是对人们当家作主的法律内容和制度形式的进一步规定。依法治国,在宪法中集中体现在第五条"中华人民共和国实行依法治国,建设社会主义法治国家"。实践表明,抛开法治搞"大民主",只会导致秩序混乱、法制破坏、妨碍生产和生活的政治动荡局面；而抛开民主搞法治，或者在依法治国进程中不同时推进民主，则会步入法制工具主义的误区，由此严重损伤法律在国家政治生活中的价值正当性。如果说，我国以前在社会主义民主实践中曾因忽视法治而带来了政治灾难，那么，在21世纪上半叶加快建设民主法治国家的进程中，特别需要强调民主对于法治的重要性，努力把民主与法治结合起来，既避免只讲民主而不讲法治，也避免只讲法治而不讲民主。

二、依宪治国与改革开放相统一。实施依法治国基本方略，首先要全面贯彻实施宪法。这是建设社会主义政治文明的一项根本任务，也是建设社会主义法治国家的一项基础性工作。从"市场经济"入宪、"依法治国"入宪、"人权"入宪的变革历史看，宪法和法律得以充分实施和不断完善的重要推动力来自改革开放。一方面，改革开放得到宪法和法律的保障和规范，宪法和法律为深化改革、扩大开放、促进发展提供坚实的法律保障；另一方面，宪法和法律本身在改革开放的历史实践中也成为改革的对象，依法治国基本方略只有在改革开放的不断深化中才能得以全面落实。中国目前处在一个经济、政治、法律、社会、文化全面发展时期，也仍然处在重要的改革时期。几十年来取得的历史性成就靠的是改革开放，中国未来的发展也必须靠改革开放。在进一步的改革开放实践中，宪法的修改和完善仍将是难以避免的。全面深入推进依法治国基本方略，要把宪法和法律制度与改革开放的社会实践结合起来。应借助宪法和法律形式，以及宪法规定的全国人民代表大会及其常委会的职权，启动和展开社会改革和实践，避免发生违宪行为和大的政治动荡，同时通过社会实践进一步促动法律变革和制度创新，完善维护宪法和法律权威的体制机制，寻求制度与实践的结合之道，使依法治国基本方略的实施在变中有稳，在稳中有变，由此不断向前推进。

三、依法治国与保障人权相统一。依法治国与保障人权紧密联系在一起，这既表现在价值层面，也表现在规范层面。在价值层面，全面实施依法治国基本方略，既是使国家各项工作法治化的过程，从人本的角度看也是因此使人权和公民权利得到更好保障和实现的过程。在规范层面，"国家尊重和保障人权"与"中华人民共和国实行依法治国，建设社会主义法治国家"同为宪法规范，二者需要结合起来理解，彼此不能脱离。就此而言，人权同时在价值和规范层面为依法治国指出了方向，设置了约束。在现代社会，人权和公民权利构成现代政治和法治的价值基点，而法治则为保障和实现人权和公民权利提供了重要途径。在构建社会主义民主法治国家的进程中，应坚持以人为本，遵循《世界人权宣言》和国际人权公约的基本精神，进一步完善人权和公民基本权利的法律保障和救济机制，加强人权保护的法律法规的制定和实施工作，全面保护公民的身体、生命、财产以及政治、经济、社会、文化等权益。应建立健全人权保障和救济机制，依法保障人民依法直接行使民主权利，加强刑事司法程序中的人权保障。应完善社会保障制度，保障群众基本生活，实现公民的社会权利。应牢牢把握发展这个党执政兴国的第一要务，通过推动经济和社会发展，为人权和公民基本权利的实现创造良好的经济和社会基础。应着力解决人民最关心、最直接、最现实的利益问题，为中国人权事业开辟新的前景。

四、政治文明与精神文明相统一。法律与道德自古以来就是两个相辅相成的规范系统。法治建设属于政治建设范畴，属于政治文明；道德建设属于思想建设范畴，属于精神文明。二者相互促进，对于国家治理来说，不可或缺，也不可偏废。将法治与道德结合起来,并不是要通过法律重建纲常伦理,而是要使法律和道德在各自的适用领域充分发挥其功用。从历史上看,古代法家法治和近代西方法治在很大程度上都存在着道德空洞和缺失。建设社会主义法治国家应汲取其中教训,将法治与道德很好地结合起来。道德精神是中国传统文化的精髓,在实施依法治国基本方略过程中,开掘并弘扬传统道德资源,不仅可以提升执法者、执政者的道德觉悟和公民的精神风貌,也可以在一定程度上减少违法、犯罪、争端、诉讼的发生,显示社会主义精神文明建设的优越性。"人民享有更加充分民主权利、具有更高文明素质和精神追求"作为小康社会的奋斗目标之一,体现了一种把公民权利与公民美德结合起来的发展思路。实施依法治国基本方略,要兼顾依法治国与以德治国,在价值层面寻求权利与道德的结合之道,在围绕规范政治权力和保障公民权利开展法治实践的同时,也重视从法律义务、职业伦理、个人美德三个层面培植人的道德精神,实现道德精神与民主法治的现代融合或衔接。

五、依法办事与社会和谐相统一。社会和谐是中国特色社会主义的本质属性。依法治国与社会和谐是有机统一的,二者既有不可分割的紧密联系,又有各自的特殊领域和规律。全面深入落实依法治国基本方略,应将依法办事与社会和谐、社会公平正义协调起来,避免法理社会中成员彼此严酷冷漠、极度自私自利,或通过法律制造不必要的冲突,也避免社会出现公民不依照法律而只凭借各自的关系人情或社会资源来解决争端或败坏法律的非法治局面。依法治国可以为社会和谐营造坚实基础,社会和谐可以为依法治国提供重要条件。实施依法治国基本方略,既要通过社会主义民主和法治建设来不断加强和谐社会建设的政治和法律保障,又要通过和谐社会建设来为依法治国创造有利的社会条件。"各方面制度更加完善、社会更加充满活力而又安定团结"作为小康社会的奋斗目标之一,体现了一种把法治建设与社会和谐结合起来的发展思路。实施依法治国基本方略,要寻求法律与社会、依法办事与社会和谐的结合之道。这要求,在重视使政治权力运行制度化、法律化和程序化的同时,不放松对客观事实和实质正义的追求;在建立健全保障人权和公民权利的政治和法律体制的前提下,注重在行政和司法活动中贯彻以人为本和民本理念;在建立健全正式司法体系和救济渠道的前提下,有效发挥调解和社会自治机制的作用,兼顾司法的法律效果和社会效果。

六、传承借鉴与实践创新相统一。从文化角度看,与历史上相比,近一个半世纪以来的中国文化相对处于弱势,对欧美、日本、苏联等外来文化的学习、模仿乃至照搬,构成了近代中国发展的一个显著特征。如果说,中国近一百多年是外来文化大势涌入的"低谷"时期,那么,经历20世纪90年代以来的文化相对平稳发展乃至以后更长的时期,中国文化可望以其择善处下、兼收并蓄而重现"百谷王"的态势。自改革开放以来,中国特色社会主义实践日益呈现出更大的开放性。这种开放性不仅表现在对西方发达国家的学习、交流与合作上,也表现在对中国文化传统的挖掘、传承和弘扬上。在法治方面,无论是中国传统社会的法治思想和实践,还是西方近代以来的法治思想和实践,对于当代中国都有可资借鉴之处。同时,历史上的以及域外的法治思想和实践,无论多么完善,要是不切合中国的实际,最终也会不得其用或用非其功,因此,在"古今中外"的大背景下,中国也需要沿着中国历史发展脉络、中国文化内在逻辑以及中国社会现实发展,在现代化和全球化潮流下,实事求是地探索适合自身的发展道路。将古今中外的法治文明成果融会起来,并结合当代中国的具体实践来实现理论和实践创新,开创适合中国社会现实和持续发展的民主法治,是中国在21世纪构建民主法治国家的可行途径,中国因此也可望对人类的民主法治文明做出新的历史贡献。

[本文原载《中国特色社会主义法治发展道路》(中国法制出版社2017年版)]

宪法与传统文化

赋予宪法以"传统文化"内容，不仅在世界宪法史上早有成例，而且对于国家和民族的长远发展具有重要意义。在民族复兴、强国建设的新征程上，在"第二次结合"的新条件下，"国家促进传统文化的继承和发展"适合写入宪法。

从历史与现实看，是否以及如何继承和发展传统文化，是近代以来长期影响中国发展的一个关键问题，在现阶段亟待也有条件得到妥善解决。中华民族有悠久的文化传统，无论是就精神实质还是历史典籍而言，在世界民族林中都可谓罕见独到。近一个半世纪，在全球现代潮流的冲击下，中国传统文化遭受严重损毁。20世纪出现的"新文化运动""文化大革命"以及"文化热"，无不将矛头指向传统文化。历史地看，传统社会确实存在必须破除的陈规陋习，但祖国文化也包含适合在现代乃至全球推广的宝贵精神元素和思想价值，不能以偏概全、全盘否定。改革开放特别是"冷战"结束以来，传统文化在相对安定的社会环境中得到了持续发展，文化建设也被提升到党和国家全局工作的重要战略高度。中央《关于深化文化体制改革，推动社会主义文化大发展大繁荣若干重大问题的决定》，对中华民族伟大复兴与中华文化繁荣兴盛之间的必然联系作出清醒判断，提出文化自觉、文化自信和文化强国，意义深远。党的十八大报告对建设社会主义文化强国作了进一步的具体部署，强调"建设优秀传统文化传承体系，弘扬中华优秀传统文化"，适时而重要。经历百年动荡以及"冷战"结束后的经济持续增长和社会持续平稳，中国需要也有可能从千年文化传统与百年新文化的长期对立中走出来，继承和发展传统文化，利用古今中外优秀文明成果，开拓中国特色社会主义文化发展道路。

从传统与现代的关系看，促进传统文化的继承和发展，是全面深化改革开放和实现现代化的现实要求。改革开放，不宜单纯理解为在地域上打开国门向世界开放，还应理解为在文化上对古今中外知识体系的开通和开放。知识渠道的开放，尤其是对传统文化的开放，在中国还需要进一步深化。以文化的角度审视，近代中国总体上处在一个文化低谷或转折时期。这是一个传统文化萧条破败、外来文化强势涌入的历史时期，既显现出前所未有的挑战，也蕴藏着对古今中外文化精华融会创新的时代机遇。国家对于传统文化的传承态度和宪法立场，是能否抓住历史契机、重振民族文化的一个关键。世界特别是东亚一些国家和地区的现代化历史表明，在从传统向现代的转型过程中，不管是抛弃传统文化的现代化，还是抵制现代性的现代化，都不是现代化的成熟表现。传统文化，是现代化不可或缺的要素。合理的现代化，要求在传统文化与现代性之间的关系上，达成融通协调，要求在古今中外具有普遍性的知识体系的借鉴和交流渠道上，保持开通和开放。中国目前还是一个发展中国家，有足够的时间和空间在包容古今中外文明成就的基础上实现民族文化创新。这是中国的后发展优势，中国的发展需要有效利用这种文化优势。

从中国文化的独特性看，促进传统文化的继承和发展，是实

宪法与传统文化

现民族复兴和文化强国战略的必经之路。传统文化之所以需要继承和发展，不在于它是民族的、历史的，而在于其所承载的足以穿透古今的普遍价值。中华文化是世界文化史上一种独特文化，有其无可替代的功用。然而，一百多年间，中华传统文化的普遍价值和积极作用受到较大堵塞，未能得到充分彰显。由于遭遇20世纪不断的文化运动、政治革命、内外战争、经济浪潮，中国传统文化一直处境艰危，难以生发。甚至，在中华人民共和国成立初期特别是"文化大革命"时期，一度出现轻视文化的发展思路。在无文化、低文化水准上谋求建设和发展，此种思路至今仍需警醒。建设和谐社会、实现民族复兴，应高度重视发挥文化的构建和改造作用。立处21世纪，中国亟须从文明重构的高度来衡量自身发展，也就是说，从由传统文化"转"向新文化，发展到将传统文化与新文化"合"起来，重新形成中国文化传统。在此过程中，不同于西方文明乃至其他世界文明的中华传统文化，应作为当今中国发展的优势看待。传统文化生发渠道的不畅通，事实上导致了道德失范、信义缺失、唯利是图、权力腐败等社会扭曲现象，不利于中国的长远发展。提升文化软实力和中华文化国际影响力，建设文化强国，离不开传统文化的继承和发展。而且，在现代化进程中融入传统文化因素，中国也可能因此对世界文明做出新的贡献。

从传统文化与宪法的关系看，将"促进传统文化的继承和发展"写入宪法，有助于中华优秀传统文化的规范化发展，也有助于夯实包括民主法治建设在内的现代化事业的文化根基。赋予"传统文化"以宪法形式和地位，并非世界各国的通例，而是一些有着本民族文化和传统文化的国家的做法。这些国家在现代化进程中通常面临本民族文化、传统文化与现代西方文化的协调问题。在宪法中明确写入"传统文化"或"民族文化"内容,是这些国家妥善处理传统与现代之间关系的一种方略。例如,韩国宪法第9条规定:"国家要致力于传统文化的继承、发展和民族文化的兴隆。"泰国宪法第72条规定:"国家应保护和发展民族文化艺术。"这些国家在发展中也因为此类规定而让世界切实感受到其文化力量。就传统文化的历史和现实处境而言,中国在21世纪的发展,值得特别注意的不是现代文化的不流行,而是传统文化知识体系的生发受阻。当前,即使受过高等教育的知识阶层,对于中国的传统文化经典,也存在很少接触或只识其字而难明其义的现象。这妨碍了国家整体建设从丰富的传统文化中汲取精神财富和价值源泉。"传统文化"入宪,有利于改变这种局面,使传统文化和民族文化能够依循法律途径得到更加自觉、广泛而深入的培育和发展,进而为政治、经济、法律和社会体制提供更加充沛合理的人文素养、精神动力和智力支持。在措辞上,"促进传统文化的继承和发展",包含"民族文化"内容,既能表明国家支持扶植传统文化和民族文化的立场,也能表明国家取其精华、去其糟粕、推陈出新、保护利用与普及弘扬并重的态度,与现代文化并不冲突。在位置上,相关内容适合嵌入宪法文本第二十二条第二款。

(本文原为一篇研究报告)

作为道德品格和法律义务的爱国

爱国,既是人的道德品格,也是国民的法律义务。这是一个古今适用的命题。一方面,叛国和分裂国家,无论是在历史上还是在现实中,都是各国要施以刑罚的重罪;另一方面,爱国作为人类共同的道德品格,在世界各民族皆得以代代传承。到现代社会,爱国有时会被视为意识形态色彩浓厚的"高调大词",似乎是离个人平常情感比较遥远的虚伪宣传舆论。而事实上,爱国不仅作为古老德性不是空洞虚渺的,在现代国家亦是实实在在的公民美德。即使在美国、法国这些现代国家,爱国也一直都是道德和政治上的强势话语。"我唯一的憾事,就是没有第二次生命献给我的祖国",这是美国民族英雄内森·黑尔讲的话。"不要问你的祖国能为你做什么,要问你能为你的祖国做什么",这是美国总统肯尼迪的一句广为流传的名言。法国的拿破仑、孟德斯鸠等政界和学界名人,也将爱国看作现代文明人的道德品性和政治美德。无论是在过去、现在,还是在未来,爱国都可谓人类普遍的道德品格和法律义务。

一、爱国,是古圣言行所充分体现出的人之为人的天然正义情感。佛陀,是释迦族的圣人,虽然出家,但在故土家国面临战争危险时也挺身救护。据文献记载,流离王三次率军队攻打佛陀的故国迦毗罗卫,都因为佛陀坐挡在进军路上而被劝退。佛陀对流离王所讲的"亲族之荫,故胜外人",显示出佛陀对故国的眷念和爱护,亦道出了人类对于亲族的一般情感。佛陀也以此言行,深远地影响着后世,中国佛教界因之形成了根深蒂固的爱国护教传统。孔子,是古中国的圣人,虽然成道,但对故土家国同样始终抱有眷顾爱护之心。据《史记》记载,在听说故国鲁面临外军入侵时,孔子对弟子说:"夫鲁,坟墓所处,父母之国,国危如此,二三子何为莫出?"最终,孔子让弟子子贡,巧妙地解除了鲁国的危难,对故国表现出与佛陀不谋而合的做法。孔子长年游走于外国,但对故国鲁始终存有留恋之心。据《孟子》记载,"孔子之去鲁,曰:'迟迟吾行也,去父母国之道也。'去齐,接淅而行,去他国之道也。"孔子对于"父母之国"所显现出的此种依依不舍,实属人之常情,并非圣贤独有;而这一常情在圣贤言行上亦得到自然流露,足见此常情的可贵。从时人的称呼看,即使"去鲁",长期身在外国,孔子也始终是"鲁孔丘",而非齐国、卫国或他国的孔丘。孔子晚年,得以"归鲁",在故国离世,这与"叶落归根""月是故乡明"的民族心理亦是十分契合的。总体看,佛陀和孔子,都以质朴的言行,为后世树立起需要追随也值得效仿的正当爱国心态和护国行为典范。而且,这两位圣人虽然看上去超凡脱俗,但对国事却并非完全漠不关心。就国家治理,佛陀讲过"七不衰法",孔子也讲过"为国九经",都透显出对国家安定的期望。而对扰乱国政、干犯国法、兴兵掠杀、灭人国族之类的行为,佛陀和孔子也一致表现出鲜明的谴责态度。"通国使命,军阵合会,兴师相伐",这是佛陀对佛教徒所立的禁戒。对于个别弟子辅助犯上作乱、横征暴敛等行为,孔子也是要么"耻之",要么教育其他弟子"鸣鼓而攻之"。千载之后，古圣先贤的这些道德言行，仍不失为宝贵精神财富，值得现代人深思省察。

二、爱国，是中华文化传统中作为民族精神传承的高尚道德品格。从根本看，佛家的终极关怀在"众生"，儒家的终极关怀在"天下"，并不能因为佛陀和孔子表现出爱国情怀，就认定他们是国家至上主义者。不过，无论是在佛家教义还是在儒家教义中，国家都是从个人到"众生"、从自身到"天下"之间的中间道德形态。换言之，爱自己的国人民族，是普度众生、平治天下首先要达到的道德要求。相对普度众生、平治天下而言，爱国是更为基本的道德水准；而相对自私自利而言，爱国又是更为高尚的道德心态。儒家所讲的修身、齐家、治国、平天下，尤为清楚地表达出人道德进步的这种次第结构。基于爱国角度审视，蕴含在此结构中的一个基本原理是，爱天下人，需要先做到爱国人，而做到爱国人，又需要先做到爱族人和家人。明显的是，在此道德次第结构中，国家处在人的道德修为境界程度比较高的层次；爱国属于人类高尚道德品格，呈现出人的爱心或道德情怀向外更大范围、更大程度的扩展。"大学之道，在明明德，在亲民，在止于至善"，比照《大学》开篇的这句话看，爱国实为"亲民"的一种表现，是最终达至"止于至善"需要经历的道德阶段。可以说，在中国文化传统中，爱国既是一种有着天然亲族基础的正义情感，也是人的一种道德能力和道德责任，是人生的重要道德实践，有着人格完善的明确道德路向。这一道德实践，在中国历史上，通过"精忠报国""苟利国家生死以，岂因祸福避趋之"等爱国话语，以及很多人誓死抵御外来侵略、不惜舍弃身家性命而不选择反叛背离祖国的爱国行为，不断得以充分展现。也因此，爱护国家、捍卫国土、救济国民，最终成为融入中华血脉的民族大义。从文化层面看,作为民族大义的爱国,不仅有世代相传的民族精神基础,也深深植根于中国文化的道德理论中。诸如"天下归仁""万物一体""民吾同胞,物吾与也"之类的世界观念,以及"为仁由己""仁以为己任,不亦重乎"之类的道德观念,都可谓中华民族爱国道德实践的深厚文化土壤和学理根基。在现代语境下,自觉传承和发展中国文化传统中的这些道德理念,构成爱国意识进一步延续扩展的重要文化条件。

三、爱国,是中国现行宪法规定的社会公德和公民基本法律义务。对于作为人内在情感与外在行为统一的爱国,法律不能强制要求人产生爱国情感,但法律对人的外在行为可以从正向和反向作出规定。从中国现行宪法条文看,爱国既是社会公德,也是法律义务。宪法第二十四条规定,"国家提倡爱祖国……的公德,在人民中进行爱国主义……的教育"。在此条款中,"爱祖国"是国家予以提倡的公民美德,是公民道德教育的内容。不仅此,宪法还在"公民的基本权利和义务"这一章,从行为角度对公民的爱国义务作了刚性规定。相关内容包括:"公民有维护国家统一……的义务","公民必须遵守宪法和法律,保守国家秘密……尊重社会公德","公民有维护祖国的安全、荣誉和利益的义务,不得有危害祖国的安全、荣誉和利益的行为","保卫祖国、抵抗侵略是中华人民共和国每一个公民的神圣职责。"与此相应,中国刑法对"煽动、组织、策划、实施分裂国家,破坏国家统一",也作了更为具体的罪刑规定。此外,结合宪法有关根本法、国旗等的专门条款而言,公民的爱国行为还包括维护宪法尊严,尊重国旗、国歌、国徽等。将这些内容放在整个宪法文本中综合起来看,爱国并非消极强制义务,而是体现着公民主体性的积极道德责任。《宪法》第二条规定:"中华人民共和国的一切权力属于人民。……人民依照法律规定,通过各种途径和形式,管理国家事务,管理经济和文化事业,管理社会事务。"第四十一条又规定:"中华人民共和国公民对于任何国家机关和国家工作人员,有提出批评和建议的权利;对于任何国家机关和国家工作人员的违法失职行为,有向有关国家机关提出申诉、控告或者检举的权利。"这些规定,将国家事务与公民责任紧密联系起来,为公民的爱国热情向国家治理层面深入扩展提供了广阔道义空间,也为公民基于爱国热情而使国家治理更趋完善设置了程式保障、制度途径和实现形式。"天下兴亡,匹夫有责",持久绵延于中国文化传统中的这种包括爱国在内的道德情愫,在民主时代特别需要沿着法律渠道得到更进一步的维护、培育和发展。

(本文原载《西藏日报》2017年7月28日)

法典编纂与格律

历史地看,中国既是道德国度,也是文学国度、诗的国度。中国诗取得很高成就,进入鼎盛时期,当在唐宋,而这也是格律兴起之时。格律与诗的繁荣、诗的文明,呈现出较为明显的正相关关系。法典与格律很相似。格律形式促成了诗的文明,正在现在中国兴起的政治和法治文明,则特别需要法典或一般法律这种形式。

一、法典编纂的现实背景。党的十八届四中全会出台了《关于全面推进依法治国若干重大问题的决定》。这个决定制定了一百多条法律举措,包括编纂民法典,很具体。从党和国家领导人的著作和讲话看,其实还有与此相关的对法治的宏观思考。大体而言,中国法治目前处在传统、现代与现实之间,传统、现代与现实这三个方面都需要处理好。传统方面,对中国传统文化的厚爱,看上去是习近平总书记的重要讲话中十分具有个性的突出特点,他甚至讲中国特色社会主义植根于中国文化。现代方面,习近平总书记曾从人类文明的角度,讲到法治精髓和要旨具有普遍意义,中国要借鉴世界优秀法治文明成果。现实方面,坚持和深化改革开放,其实是中央全会和领导人讲话,包括"七一"讲话,一再强调和释放的信息。中国的法治建设,直接推动力在改革开放,主要是改革开放以来的事情。改革开放对于法治建设,既可说是基本背景,也可说是坚强的意识形态。接续传统,深化现代,协调现实社会中各种反传统、反现代性、反改革开放话语,都要靠改革开放。沿着改革开放往前看,中国的发展目标是要在21世纪上半叶"基本实现现代化"。编纂民法典,应该放在这样一种现代化、全球化的背景下作长远筹划。在此背景下,可以说,中国是世界的大市场,世界也是中国的大市场,民法典应成为中国与世界自由交往、自由贸易的一种畅通便利的普遍形式。

二、法典编纂的学理基础。讲现代化,需要特别留意现代性。现代性,在伯尔曼的《法律与革命》中,首先是从法律讲起的。所谓近代或现代,其标志在于独立法律体系、独立司法体系、独立法律知识体系以及独立法律职业群体的出现。这些,在改革开放以来的中国法律界其实也有较为明显的反映。卢曼讲现代性,也是从这个独立体系的角度讲。他提到现代社会是分化的社会,分出很多的子系统,政治和法律系统不再像传统社会那样,受到道德理论或宗教的束缚,而是作为自治体系独立存在。这是现代性特点。梅因在《古代法》中专门谈到法典,也是从这一角度讲。在他看来,传统社会是受宗教和道德束缚的社会,现代社会则是一个进步的社会,法典摆脱道德理论和宗教的束缚后,通过弥合法律与社会之间的缝隙,促进了社会的发展。可以说,现代法理论,主要是从人、人的理性或自由意志出发,而不再从道德理论或宗教出发。所以,现代化在韦伯的理论中与祛魅化和理性化紧密联系。就像格律采取的是艺术路径而不是道德路径一样,现代法典适合主要采取理性路径,而不是道德路径或宗教路径。

三、法典编纂的基本观念。法律现代性,除了自治体系特点之外,还有一个特点,就是现代法主要表现为形式体系,越来越成为一种形式。在法理学中,关于法律与自由、法律与社会发展之间的关系,存在针锋相对的观点。有人认为法律制约自由、限制文明,有人则认为法律保障自由、促进文明。这些看法,实际上与法律的古今不同性质有关。在性质上,现代法有不同于传统社会的法律的特质。这集中表现在,现代法主要成为抽象的普遍形式或规则,而不再是受到实质理论主导的规定。哈耶克对"法"与"立法"的区分,讲出了这层意思。他曾提到,在"小群体"或"部落社会"中,规则通常受到本能的道德观念束缚,很难普遍适用于群体之外的成员,由此限制了社会向外扩展;而在"大社会""开放社会"乃至全球社会中,秩序是向外持续扩展的,与之相联系的规则是抽象的、普遍的、形式的,现代法的这些属性有利于不同陌生人之间客观的相互交往。在这一点上,现代法典也像格律那样,走的不是道德化或实质化路径,而是形式化路径。格律并不规定诗的实质内容,而是赋予诗的内容以一种生产形式,这种形式能够促进诗的内容的广泛生产。现代法典的功能与此其实很相似,它要通过自身一般形式,促成基于自由意志的社会内容的持续多元生产。法典与格律,都旨在通过一种形式而达成内容的丰富和扩展。格律这种形式促成诗的文明和诗的体系,法典这种形式则促成现代政治文明、法律文明和商业体系。格律,在现代人看来可能有点难,但在古代它其实只是一种七八岁小孩即会灵活运用的小技巧。同样,现代法典,虽然不可避免地要包含专业知识,但在基本方面它也需要具备如格律那样的小技巧。也就是说,民法典应有可能让普通民众形成一种便利可用的基本观念,简捷地知道民法典究竟是干什么用的。在现代语境下,这种原则或观念可简要归结为,只要无害他人,或者,只要不伤天害理,都可去做。民法典最前面的总则部分,应有助于人们形成这样一种简单易行观念。如此,民法典才会更易形成自由的意志体系、自由的交易体系和自由的生活体系。

四、法典制定的传统衔接。传统文化自"冷战"结束以来逐渐出现出复兴态势。法治建设在中国看上去也有一个文化传统维度。只是，中国的建设和发展究竟该怎样讲传统？一般而言，传统在现代的生发大致存在三种情形。一是在现代难以再被接受的传统观念或民族形式，如君主政制、纲常礼制等。二是在现代仍可能作为选择的传统内容或民族形式，如治理方法、建筑式样等。三是既与传统体系相容，也与现代体系不矛盾的道体或心体。从后两方面看，民法典与文化传统适宜有所区分，采取先分后合的路径。也就是说，民法典在社会环境上宜有一个道德、宗教、民俗、学理等外围，公民在民法典与这些外围之间可自由出入，既可选择民法典的行为方式，也可在法律容许的条件下自由选择民法典之外的行为方式。这就犹如人可以利用格律作诗，也可选择不作诗一样，公民既可以民法典规定的方式从事民事行为，也可选择像理学家、宗教徒那样以道德或宗教情怀自行其是。就法典与其外围的这种格局看，法典编纂可考虑通过一些措辞，为司法官在法律与道德、习俗、学理等之间的边缘地带处理实际问题留出足够裁量空间。例如，立法可故意在立法目的上采用"老有所养，幼有所教，家族和睦，邻里友善，人际和谐"等措辞，在具体规定中采用"孝养父母"等措辞，为"家""孝""和"等传统观念在社会和文化层面的自觉自主传承留出余地和可能。

［本文原为会议发言，载于《学习时报》2016年9月8日，收录于《民法典编纂的历史之维》（北京大学出版社2017年版）］

法律体系在民主法治建设中的
地位和作用

形成和完善社会主义法律体系,是改革开放以来国家法制建设的一条主线。从党的十一届三中全会提出要"把立法工作摆到全国人民代表大会及其常务委员会的重要议程上来",到1987年党的十三大公告"以宪法为基础的社会主义法律体系初步形成",到2007年党的十七大宣布"中国特色社会主义法律体系基本形成",再到2010年形成中国特色社会主义法律体系,三十年间,我国在立法快车道上,制定现行有效法律200多件,现行有效行政法规、地方性法规、自治条例和单行条例8000多件,国家法制从无到有,国家工作基本做到有法可依,这在立法史上是极为罕见的。

法律体系,在构建民主法治国家的历史进程中处于基础地位,正所谓"律令者,政事之经,万机之纬"。从国家制度建设的角度看,由"无法无天""砸烂公、检、法""大民主"转向加强法制建设称得上是历史性转变,三十年间形成中国特色社会主义法律体系也称得上是历史性成就,有着重要历史意义。建构中国特色社会主义法律体系,首先体现出对国家与法的理论中"国家消亡论"和"法律消亡论"的摈弃。它表明国家与法律,同作为历史现象，在现阶段不仅不会消亡，而且是制度建设的首要对象。它也表明，法律在性质上从单纯的阶级斗争工具转变为安邦定国、立本经远的重器，作为国家制度的基本形式，法律体系是国家建设的重要组成部分。就法律体系与国家的一致性而言，构建法律体系，实际上是建设民族国家这种政治努力的外在表现。从这一点来看，通过形成法律体系来建设民族国家，正是中国经历了战争和革命后从传统向现代转型必须迈出的重要步伐。

鉴于此，法律体系的历史地位和作用适合从民族国家建设的高度来认识。可以说，三十年的立法进程，既是使政治、经济和社会生活法制化的过程，也是使政治、经济和社会生活国家化的过程。在改革开放的背景下，这样一个历史过程有着双重的历史作用和特点。一方面，它在改革进程中对政治、经济和社会生活起到了很强的推动和变革作用，由此呈现出较大的现实必要性，也在开放进程中因为有发达国家的法律文本和历史经验可资借鉴，而呈现出较大的后发优势和现实可行性。另一方面，法制化、国家化并不等于民主化，由于中国近三十年的发展并不是像拉美和印度那样在首先民主化的条件下展开的，我国形成中国特色社会主义法律体系的过程因此表现出较为明显的地方经验和时代特点。概括地讲，这些特点主要表现在四个方面。

一是强立法、弱司法。在我国，立法主体包括全国、省（自治区、直辖市）以及较大市的人大及其常委会、政府。司法机关虽然可以做出司法解释，但司法机关并不是形成法律体系的主体，司法解释并不能在法律之外创制新的原则和规范。也就是说，在我国只有立法机关和行政机关才可能成为形成法律体系的主体，"法官造法"在理论上和实践中都是完全不被认可的。从国家权力的实际配置看，司法权弱于立法权，不能审查立法，也不能审查违宪。尽管有行政诉讼制度，司法机关因此可以对行政行为做出司法审查，但司法权在事实上也明显弱于行政权。在这样一种体制下，我国形成法律体系采取的是强规定式的立法模式，这使得我国法律实践中理性"逻辑"的分量重于日常"经验"的成分。

二是强国家、弱社会。从理论上讲，规则的产生有多种途径，立法和司法活动能产生规则，社会或共同体成员通过长期互动也能自发形成规则，因此，在法理上有"国家法"与"活法"、"立法"与"法"、"书本上的法"与"行动中的法"的区分。在强规定式的立法模式主导下，不仅司法在法律规则形成过程中的作用受到抑制，而且，短短三十年间，社会或共同体成员通过互动而自发形成规则也是不充分的。在法律体系的形成过程中，立法机关和政府居于明显的主导地位，立法活动更多地表现为法律移植以及基于国家立场对社会的变革和改造。这可能导致法律规则与社会对规则的实际需求不一致，或者说，法律规定与社会实际发生一定脱节。由此，法律实践中时常会出现法律快速而频繁地修改，而社会生活中那些没有得到有效规范的领域的法律秩序往往通过"治理"色彩浓厚的社会管理来实现。

三是强制定、弱执行。法律制定是一回事，法律是否得到切实执行是另外一回事。改革开放初期，在法制建设初见成效之时，法律执行问题其实已经显现出来。1982年，党的十二大就此曾专门指出，"现在的问题是，不但有相当数量的群众，而且有相当数量的党员，包括一些负责干部，对法制建设的重要性还认识不足，有法不依、执法不严的现象在一些方面仍然存在，已经制定的法律还没有得到充分的遵守和执行。"此后，在诸多法律纷沓而出的同时，维护法制的统一以及宪法和法律的权威，也一而再、再而三地被强调。尽管如此，违法甚至违反宪法的行为，例如某些地方的乡、镇长直选，地方和部门保护主义，"执行难"仍然存在，宪法和法律规定的一些权利和原则在事实上并没有得到完全落实。就实践而言，不定期的执法检查、专项整治、"严打"等也在一定程度上反映出，我国严格执行法律的常规机制仍有待进一步健全。

四是强政治、弱法律。就政治与法律的关系而言，政治需要受到法律的规范和约束，法律在很大程度上也需要政治的支持和维护。在政治与法律的关系上，一方面，尽管与中华人民共和国成立头三十年相比，中华人民共和国成立后三十年政治和行政越来越转入法治轨道，但政治对法律实践仍有过大的主导作用和实际影响。例如，宪法虽为国家根本大法，但它仍是一部需要修改，而且事实上也是可以时常被修改的、改革时代的宪法；一些法律的制定和修改受到部门、行业等利益的影响和干扰；立法、司法活动的专业化程度还不够高，特别是司法机关在司法职能之外还承担着大量政治、行政乃至社会职能等。另一方面，立法和法律实践在有些方面需要受到的常规化的政治影响还不够有力，例如，民主立法、立法的公众参与、立法监督等。

上述特点在一定程度上反映出我国法律体系在当前的历史处境。它们只具有相对意义，并不是一成不变的。尽管这些特点整体上显现出"法制主义"的意蕴，但就其现实条件而言，它们未必尽是缺点，相反，它们有时因为对政治秩序、经济发展、社会稳定等的积极作用而获得很大的认同。结合发展中国家的后发优势来看，三十年间致力于国家制度建设，直至形成法律体系，不失为一种明智的政治选择。尽管如此，着眼长远而言，其中很多方面还是有待进一步改善和发展的。这就好比国家化、法制化与民主化的关系。尽管致力于法制化的国家建设能够带来秩序和发展,但民族国家最终仍需要通过民主化来植根社会,争取民众认同,从而获得据以长久存续和发展的正当性基础。如果说,在改革开放的头三十年,通过形成中国特色社会主义法律体系,国家建设取得了重要进展,那么,在未来朝向"基本实现现代化"的道路上,特别是在全面建成小康社会之后,法律体系和国家政制的进一步民主化就势必成为时代的历史任务。

总体而言,在从"全面建成小康社会"到"基本实现现代化"的历史进程中,法律体系要在民主法治建设中更有效地发挥基础作用,重要的是实现从法制主义到立宪主义的历史转变。立宪主义旨在形成保护公民权利的制度化权力控制体系,其要义在于,国家权力源于人民,它不是无限的,而是受制于宪法和基本法,特别是受到宪法和基本法所设定的程序限制。与法制主义相比,立宪主义具有更强的民主性,它强调对人权和公民权利的法律保障和对政治权力的程序限制,强调政治权力严格在宪法和法律范围内运行。就此而言,中国的法治体系其实还可向民主法治化的方向进一步深化。应该说,在过去三十年间,立宪主义的很多要素在我国法治实践中其实已有所显现,随着社会的发展和改革开放的加深加快,特别是政治体制改革的深化,已经形成的法律体系必定还会发生很多修改和改变,立宪主义因此也会得到更多彰显。

沿着从法制主义到立宪主义的发展线索看,进一步完善中国特色社会主义法律体系,至少需要从权利保障、程序限制和扩大民主三个方面努力。将保护人权和公民权利作为基本价值取向植根于法律体系,从程序上加强对国家立法权、行政权以及司法权运行的有效规范、限制和监督，在选举、民众参与等方面切实扩大人民民主并在法律体系中为此提供强有力保障，这三个方面，是巩固和提升法律体系以及国家政制的价值正当性、程序正当性和政治正当性的基本途径。

（本文原载《学习时报》2010 年 7 月 12 日）

迈向现代司法国家

改革开放以来的司法改革,经历了从审判方式改革到政治体制改革的发展变迁。这大致以 2002 年党的十六大将"司法体制改革"作为"政治建设和政治体制改革"的重要组成部分为过渡节点,体现出司法改革的逐步深化。在作为政治体制改革组成部分的司法体制改革和建设阶段,特别是在"基本实现现代化"的道路上,中国有必要从现代政治和国家的角度来审视司法,从政治文明构建的高度来筹划司法改革,而不宜使司法改革局限于机构改革、方式改革和工作改革。

从长远历史看,中国仍处在从行政国家到宪制国家、政治国家和司法国家的现代转型过程之中,构建现代司法国家仍是有待实现的历史任务。在传统中国,司法未从行政中分化出来,缺乏自下而上有效的常规性政治表达和诉求机制,也缺乏制约皇权的宪法。就此而言,古中国可谓以自上而下治理为主的行政大国,尚不能说是民权意义上的政治大国。这附带着历史上"一治一乱"的王朝兴替现象。与之相应,立宪、赋予民权活动以常规法律形式、设定独立的国家司法体制,成为现代中国摆脱王朝翻覆格局、达至由行政大国向政治大国转变的历史步骤。在此进程中,国家独立司法系统的特别政治意义在于,通过审查权力、赋予公民以国家层面中立而权威的最终救济渠道，使政治和社会分歧获得确定而合理的消解形式，实现民主活动与法律制度、政治机构与国家公民的有机整合，从而使国家因之具有据以长期平稳发展的整体性。司法的这种政治审查和国家整合功能，在我国仍是需要通过改革使之得以提升的现代化目标。

从近期背景看，中华人民共和国成立以来，司法实际受到政治的影响，在争端解决方式上一直存在政治解决方式对司法解决方式的取代或竞争，处理社会纠纷和政治问题的司法化或法治化方式仍待进一步形成。在相当长的历史时期，"治"在中国事实上先在于"法"，这容易形成重"治"不重"法"，乃至以"治"代替、压制"法"的治理思维和习惯做法，司法因此时常被作为屈从于政治活动或势力的治理手段看待。这影响了现代司法的政治审查和国家整合功能，也不利于民主政治活动的形式化开展。"人民法院独立进行审判，只服从法律"，曾先后出现于1954年《宪法》和1979年《人民法院组织法》，但两次都被取消或替换。这表现出中国司法与政治活动或势力的一种特殊关系和现实处境。在改革开放以前的政治实践中，国家消亡理论削弱了国家、法律乃至司法形式对于政治或治理的基础地位，最终导致民主活动或政治势力全然凌驾于国家、法律和司法之上的局面。在改革开放以来的建设实践中，赋予包括民主在内的政治活动以法律形式、使政治活动严格遵从国家框架和法律程序展开成为基本共识，民主国家、文明国家、法治国家以及国家司法和法制也重新成为社会主义建设的目标内容。结合历史审视，如果说毛泽东思想开启了中国的人民民主进程，那么，邓小平理论则在"文化大革命"教训基础上重启了民主的国家化和法律化进程。这一进程，一方面通过民主和政治活动保障法律和国家的民主性，另一方面也通过国家和法律形式严格设定民主和政治活动的轨道和范围。就此两方面而言,形成独立而权威的国家司法体制,使社会纠纷或政治冲突最终通过司法在国家层面得以解决而避免解决方式的政治化或社会化,实乃达成法律与民主、国家与政治的理性融合的关键所在。

从理论发展看,在中国法理学从"国家与法的理论"到20世纪80年代"法学基础理论"再到90年代以来"法理学"的更新过程中,国家理论经历了从作为"国家与法的理论"的主导,到被"法学基础理论"剔除出去,再到被"法理学"重新吸纳的发展变化,以司法国家为重要内容的国家哲学或理论对于中国目前和未来的发展仍显现出现实必要和广阔延展空间。在"国家与法的理论"主导下,中华人民共和国成立以来的国家理论一度长期停滞于"无产阶级的革命专政"这一政治上的过渡时期,由此导致了"无产阶级专政下继续革命"的"文化大革命"动荡。"文化大革命"一方面使国家和法制完全受制于"大民主",另一方面也使得法制主要作为肃杀的阶级专政工具使用;而对"文化大革命"的拨乱反正,一个重要表现正在于扭转国家和法制的这种被动政治处境,包括司法在内的国家法制建设因此明显成为党的十一届三中全会公报的重要内容。在理论上,以公民权利为基点构筑中国法制和法学的知识和价值体系,成为"国家与法的理论"之后"法学基础理论"的明显特征,保障公民权利、审查政治权力的现代司法功能因而也得到更多强调。尽管"法学基础理论"基于学科的科学性和专门性而将国家理论剔除出去,但后来特别是21世纪以来的"法理学"实际又开始思考和研究国家理性以及国家构建问题,这与"建设社会主义法治国家"的政治实践相对应。从政治挂帅、破坏国家机器、砸烂"公、检、法",

到建设"富强、民主、文明的""社会主义法治国家",体现出中国国家理论和国家建设的转向。在此转向中,从现代政治文明角度将司法置于国家层面、作为安邦定国的基本环节予以审视显得殊为必要。

从现实状况看,中国司法实际处在传统、现实与现代之间,既存在诸多促进和制约因素,也存在多种发展可能,而就国家建设而言,提升司法的现代性和国家性应成为司法改革的基本内容。法律或法治的现代性,在历史上首先表现为独立的法律知识体系以及独立的法律体系和司法体系。为现代政治、经济和社会生活中发生的纠纷或冲突,从国家层面提供专门、客观、刚性而权威的最终解决渠道,避免社会矛盾或冲突政治化,是司法现代性的主要特点。在现代国家体制下,如果立法机构是法律产生之前的最终决定机关,那么,司法机构就是法律产生之后的国家最终决定机关。对于现代社会的纠纷解决,司法裁决并非唯一机制,也总非必选机制,但却是基本的和最终的。基本意味着纠纷出现后选择司法裁判的始终可能性,最终意味着终审裁判对于纠纷解决的终极性。一些政治和腐败案件,在经过党内处理后最终提交国家司法机关依法审判,诸如此类的做法正愈来愈体现中国司法的这种基本性和终局性。这其实也是现代司法的国家性的重要体现。现代司法并不排斥多元的替代性纠纷解决机制,但打造国家层面独立而刚性的司法体制,对于国家现代化而言却是基本而首要的。因此,在传统、现实与现代的关系上,更适合以现代司法体制作为司法传统和现实做法的基本框架和前提。作为发展中的后现代化国家,中国在司法改革过程中,可以充分利用后发展优势,在本国实践和世界经验基础上规划合理的现代司法理论,以作为形成优质司法体制的指导。最后,就司法化与民主化的关系而言，一些国家和地区的发展历史表明，独立而刚性的司法体制的形成未必以民主化为前提，这一经验亦可被用来提升中国司法国家化的进度。尽管作为国家化基本内容的司法化并不以民主化为前提，但经过国家化后的独立司法体制，适可成为保障民主政治有序开展和稳步推进的形式条件。总而言之，在"国家治理体系和治理能力现代化"语境下，司法化和法治化应是现代化的基本表现。

(本文原载《法制与社会发展》2014年第6期)

司法与替代性纠纷解决方式

第二次世界大战以来,司法改革在西方乃至整个国际社会形成一股潮流。尽管在改革方式上,各国不尽相同,但其间也透露出明显的共同趋向。在这些共同趋向中,有两点最值得注意。一是越来越多的"替代性纠纷解决办法"。二是法院或法官诉讼指挥权的加强。这样两点对于我国的司法改革不乏参照意义。

一 诉讼与替代性纠纷解决办法

随着人口的增长和经济的发展,当今西方社会出现了一些明显的法律现象,如讼费昂贵、办案拖延、法院拥挤等。这有时也被称为"诉讼爆炸"或"法律爆炸",带来了司法上的两种后果。一是在法律诉讼之外出现了大量的替代性纠纷解决办法。二是大部分法院工作变为"常规行政"。

对争端的解决,历来存在两种办法。一是法律诉讼,二是非诉讼纠纷解决方式。后者有时又被称为替代性纠纷解决办法,专指正式诉讼之外用来解决纠纷的各种非正式方式。它们一般与诉讼共存于同一社会之中。大木雅夫曾说,"世上没有无纠纷的社会。但各社会处理纠纷的方式却明显不同。一种是发展法律理论、有组织地培养法律家并建立完备的法院，另一种则缺少这些要素，而代之以发展通过非专业人士而进行的协商式的调解制度"。这两种争端解决方式时常被人视为东、西方法律文化的重要差异，亦即现代西方社会是诉讼的社会，而东方社会则追求"无讼"。

这种差异的界限其实变得越来越模糊。在西方，虽然诉讼的价值仍旧相当重要，但在新的情势下，非诉方式也有加强的趋向。由于诉讼或国家法院体系的一些局限，如浪费金钱和时间、激化当事人的冲突、复杂性以及程序的刚性，美国出现了大量的替代性纠纷解决办法。这些办法包括谈判、调解、国内仲裁或国际仲裁、"小审判"、"简易的陪审团审判"、"租用法官"等。而在中国、日本这样的东方国家，诉讼的价值在现代化进程中被抬高的同时，诉讼体制也始终存在着一个大的"非诉"外在环境。

就我国的现状而言，在诉讼意识日渐增强的同时，传统的调解方式仍然很普遍。一方面，案件数量随着社会的进步与发展日渐增多，诉讼中调解结案率不断下降，诉讼中的裁判结案率则相应上升。但在另一方面，法院审案过程中以调解结案的比例仍然很高。而且，从一些数据看，诉讼外调解的数量非常庞大，民间调解的数量与诉讼的数量也相当悬殊。20世纪90年代以来我国法院审理和裁判的案件不断上升，而且法院裁判的增长率大大超过了法院调解的增长率，法院审理的案件与民间调解的比例也在逐年递增。这表明我国法院体系的作用在法治进程中正在不断加强。同时，民间调解案件虽然随着诉讼的加强有所下降，但其绝对数量仍然相当之大，每年都在500万件以上。而且，法院裁判的案件数量一般只占法院调解和民间调解的4%—26%。这又表明我国还有绝大多数的纠纷不是通过正式审判，而是通过调解解决的。

在法院体系的作用不断增强的同时,非诉纠纷解决方式仍然大量存在,这在一定程度上映衬出公民权利意识在我国有所上升,但还不普遍。有观点认为,"权利意识与诉讼行为之间势必存在着正比例关系;诉讼率可以作为法和权利的意识发达程度的衡量指标。"在欧美国家,法律与权利本就具有一定的同一性。这不仅表现在法与权利常常同用一个语词,还表现在从古罗马开始,权利就与诉讼紧密联系在一起。在古罗马人看来,权利必须有诉权保障,否则形同虚设。在马克思所说的"诉讼……是法律的生命形式"意义上,没有诉讼,就没有法律权利的实现。调解以及其他非诉讼方式的大量存在,可能表明一个社会没有建立起合适有效的诉讼机制,没有很好地实现公民的正当权利。

尽管诉讼途径的堵塞在一定程度上导致公民的恬退隐忍、逆来顺受,但从社会学的角度看,诉讼之外的其他纠纷解决方式却也有其独立价值。各种替代性纠纷解决办法虽然不属于国家的正式法律体系,但却具有和诉讼相同的纠纷解决功能,同样可以缓解社会冲突。而且,诉讼在张扬公民权利的同时也产生了大量问题,如讼累、使当事人的利益冲突对立化等,而各种替代性纠纷解决办法则不仅缓解了诉讼负担,也带来了一定的社会稳定和秩序。布莱克在《司法社会学》一书中即以法社会学家的眼光提到了自助、逃避、谈判、第三方调停以及容忍这五种冲突处理模式。它们都是法律诉讼的替代方式,并且或多或少地存在于各个社会。诉讼和各种替代性纠纷解决办法,都可谓纠纷解决的方式,如果从法律家的视野转到社会学家的视野,问题的关键就只在于这些方式能否真正达到纠纷的解决并适当兼顾正义的实现。一如有人所指出的,"社会每个角落是否能得到适当的救济,正义的总量——也称整体正义,是否能达到令人满意的标准,这才是衡量一国司法水准高低的真正尺度。"

就此而言,我国在推进"权利取向"的司法改革时并不一定要彻底消除其他替代性纠纷解决办法。相反,适当维持、完善乃至发展一些替代性纠纷解决办法,对社会稳定发展不仅是必要的,也是有好处的。只不过,出于张扬人和公民权利的考虑,这些代替性纠纷解决方式同时应当受到法律的适当规范,而且,即使在社会成员选择这些方式之后,法律也不应该堵塞其进一步求诸诉讼来实现其权利的途径。

二 中立与法院或法官的积极主动

对于"诉讼爆炸",学者表现出不同看法。1974年,西班牙学者托哈雷尔研究发现,1900年至1970年西班牙的诉讼率在主要中心城市有所下降,经济发展与正式诉讼的数量恰成反比例关系,即法律体系的高度发展并没有表明诉讼率的增长,相反,面对迅速的经济增长,诉讼率趋于平稳,乃至下降。1976年,弗里德曼和帕西佛对1890年至1970年加州城乡两个初审法院的工作的研究表明,虽然两个法院的家庭和侵权案件率在急剧增长,但财产和合同案件率却也在急剧下降。这两项研究都得出了与"诉讼爆炸"论者相反的结论。尽管"诉讼爆炸"在今天还显得有点似是而非,但需要法院处理的案件数量越来越多,而且新的领域正不断被纳入法院管辖范围却是事实。这也是中国的法院系统所面临的问题。

面对法院沉重的诉讼负担,人们提出了两种解决思路。一是通过法院的昂贵、拖延、拥挤以及其他弊端,促使或者鼓励当事人更多地利用替代性纠纷解决办法处理争端。这一思路采取"小司法"模式，以日本为代表。二是以美国为代表，采取"大司法"模式。这一模式与个人主义和权利意识密切联系，强调加强法律、法院和法官的作用。然而，面对越来越多的案件，法院如果仍然主要采用原有的审判方式，势必会力不从心。既想利用法律和法院，又要处理大量案件，就必须提高法院效率。这正如小岛武司所说，"世界各国共同面临的首要问题并不是诉讼率的高低，而是法院能否迅速、公正地处理案件"。对此，许多国家在设立调解组织和调停机构的同时，也建立了简易法庭、小要求法院、治安法院、警察法院、"专业庭"（如家事庭、交通庭、劳动庭等）、"治安审判官"之类的诉讼机构。这些机构对大量涉及金额较少、比较轻微的案件拥有裁判权，但在程序上有所简化，一般适用各种简易的特殊程序，而不适用昂贵、缓慢和技术性强的正式审判程序。在美国和意大利等国家，据说只有5%—10%的案件是以普通程序的庭审方式进行的。

此外，在审理方式上，世界各国还出现了有别于严格诉讼程序的新特征。一是大量存在着民事案件审判中的调解与和解、刑事案件审判中的"控辩交易"或"辩诉交易"。二是"现代法院工作的常规化"。亦即，伴随相关案件的大量产生，纠纷解决模式日趋确定，在此情况下，法院解决纠纷的功能有所减退，法院越来越变得和行政机关一样，更多只是"例行公事"，"执行"或"实施"法律。对此，有学者指出，审判法院已经由"一般的争端解决者"变成了"行政机构"。三是法院或法官的诉讼指挥权加强。出于提高诉讼效率的需要，法院或法官对案件的管理得到强化，法官对审判程序的控制和干预主要表现在审前介入和积极控制庭审进程，例如，举行"法律地位听证会"、审前会议，控制质证和辩论,主动向当事人指出庭审处理的关键性法律和事实问题等。1991年美国制定《民事司法改革实施法令》,其目的即在于仿照德国模式加强法官的诉讼指挥权。英国、新西兰等其他普通法国家也正朝同样的方向努力。为了实现始于1994年由伍尔夫勋爵倡导的民事司法改革的目标,对案件进行有效管理在英国被认为是一种重要的有效手段。《英国司法改革报告》提到,英国社会出现司法危机,即高额的诉讼费用和漫长的诉讼使得接近正义变得很困难,其症结在于英国沿袭几个世纪的当事人主义的对抗性诉讼文化,因此必须对之进行改革。相关举措包括加强法官对案件各个阶段的控制,法官主动鼓励当事人寻求诉讼外纠纷解决方式,帮助当事人和解等。此外,大陆法系国家的独立法官制度也在加强。

"常规化"和法院或法官的诉讼指挥权的加强,无疑向"司法非行政化"的现代观念提出了挑战。近代以来,司法与行政的区别与划分在"三权分立"的理念下不断得以强化。司法一般被认为应当是消极的、中立的。而从国际趋势看,对分别作为英美法系和大陆法系诉讼模式的对抗制和纠问制,两大法系都表现出相互借鉴。当事人主义或对抗制在20世纪90年代的我国也曾风靡一时,职权主义或纠问制则因为其积极主动倾向而遭到批评。而且,这种批评还常伴随有对我国传统社会的审判方式、原苏联的审判制度以及大陆法系的诉讼模式的批判。事实上,由于各种现实和历史原因,我国朝对抗制方向努力的审判方式改革并不成功。单一的司法模式看上去不足以应对当今的法律发展状况。消极司法、司法中立以及对抗制虽然有其积极的一面,但是,如果无视传统和现实基础,改革势必难以顺利推行。司法改革最终是为了提高司法公正和效率,在此方面,法官适当的积极主动也能起到很大作用。

　　提"常规化"以及法院或法官的诉讼指挥权加强，未必主张重新回到传统社会司法与行政不分的局面。对司法与行政不分，梁漱溟在《东西方文化及其哲学》中曾作过这样的描述："无论大事小事，没有专门讲他的科学，凡是读过四书五经的人，便什么理财司法都可做得，但凭你个人的心思手腕去对付就是了。"这种方式显然难以适应现代社会的精细分工要求。鉴于社会事务的繁杂，现代社会对司法与行政人员的专业素养都有强而高的要求，传统中国的那种行政和司法在机构和人员上不作分开的审判方式看上去难以应对纷繁的现代事务。其实，所谓"常规化"以及法院或法官的诉讼指挥权加强，不过是司法和行政在处理方式上彼此吸收了对方的特点，从而使得司法具有行政简捷的特点，行政则具有一定的准司法功能，凡此都是为了提高解决纠纷的效率。

三　"两点论"与"重点论"的结合

　　诉讼与替代性纠纷解决办法、司法中立与法院或法官的积极主动事实上是任何社会都存在的两种方式，它们具有各自的独立功能，在社会中相辅相成。对此，应当坚持两点论，不宜极端地彻底抛弃某一方式而完全采用另一种方式。然而，这并不意味着一个社会应当毫无重点地对两种方式同时用力。事实上，不同社会依据其不同的发展状况，常常存在着其当前的发展中所应当着力应对的法律问题，这些问题构成一个国家在进行司法改革时着重要解决的主要问题。就我国而言，司法改革应当以张扬人和公民的权利、增进诉讼、增强当事人对司法的参与为重点，同时适当存留替代性纠纷解决办法、法官和法院的积极主动的发展空间。

中国的司法改革是在中国的特定情境和全球化背景下展开的,既要汲取西方国家法治化进程中"诉讼爆炸"的教训,也要注意改良当前中国社会仍然存在的一些传统因素,如社会上的官本位、权大于法、畏讼、耻讼观念。鉴于历史传统和现实局限,人和公民的权利是亟待进一步张扬的法治主题。司法改革的重心应在张扬人和公民的权利,弘扬现代法治精神,而不是倡导所谓后现代主义的解构。日本法学家小岛武司曾就日本民事司法改革的经验指出,必须小心避免引起"前现代"诉讼理念和"后现代"理念的混乱;在诉讼解决纠纷都未完全成功的情况下进行非正式的替代性纠纷解决方式只会带来得不偿失的恶果;要避免减少正当程序或自然正义在诉讼中的过度。

任何国家司法改革的最终目标都在于如何使司法制度能更有效地被国民利用,更有利于保护国民合法权益,让公民更容易接近正义,让公民权利得到更充分有效保障。在以完善国家正式法律体系、建构现代法治为重点的同时,我国的司法改革也要留意世界潮流的动向,在保障权利和厉行法治的前提下适当存留替代性纠纷解决方式和法院的积极主动,并结合现实与时俱进地不断予以优化和完善。

(本文原载《中共福建省委党校学报》2002年第2期)

法治与民族治理

进入 21 世纪,国家开始实施西部大开发战略。自 2008 年以来,除对西藏、青海的发展规划外,国务院对宁夏、广西、甘肃、云南和内蒙古逐年出台有关促进社会发展的意见。2011 年 5 月出台的《国务院关于支持云南省加快建设面向西南开放重要桥头堡的意见》,对云南作了五个方面的发展战略定位,其中之一是"把云南建设成为我国民族团结进步、边疆繁荣稳定的示范区"。这一定位显然具有很强的现实针对性。关于云南的民族团结和社会稳定,人们习惯于将其与云南的历史文化传统和民族分布特点联系在一起。这确实是不容忽视的重要因素。不过,在经历了由"文化大革命"所造成的动荡和断裂后,这些可能并不适合作为看待云南社会发展稳定的决定因素,新的社会治理实践视角有必要被纳入进来。在新的条件下,历史文化传统和民族分布特点等起作用及其起作用的程度和方式,事实上需要与社会治理实践结合起来审视。

云南的社会治理实践,既具有本地区的特点,在整体上也与全国政法工作有明显的一致性。云南的民族治理,可被视作当今中国社会治理的一个样本。这样一种治理,在目前的历史条件下,有其独特性。所谓"系统治理""依法治理""综合治理"

"源头治理",其实较为准确地将其独特性表达了出来。此种治理,尽管时常表现出现实有效性,但在"国家治理体系和治理能力现代化"语境下,从作为现代化的法治化角度看,仍有较大的改革和发展空间。

法治,由"法"和"治"两个语词组成,通常指"缘法而治""垂法而治""法的统治",其中,"法"是"治"的前提,甚至,"治"内生于"法","治"就是"法"。然而,历史地看,在中华人民共和国成立之后的治理实践中,"治"实际上是先在的或先行的。这样一种事实状态,容易形成重"治"不重"法"、靠"治"不靠"法"、以"治"代替"法"、以"治"压制"法"的治理思维,特别是在这一状态得以持续、由此被认为对于社会发展和稳定具有实效的情况下。与此相应,在很长时期,"治"并不发源于"法",而是受制于政治实践或领导权,没有"法"并不妨碍"治";而且,"治"强于"法",一些"法"因"治"而生,由此受制于"治"。改革开放以来,此种状况有所调整和变化,尤其是在中国特色社会主义法律体系形成以后,"治"越来越受到"法"的制约和规范。尽管如此,从当前的治理实践以及云南的民族治理中,仍可发现两个有所分化的体系,一个是法律体系,一个是治理体系。其中,治理体系看上去是更具活力、强势、实效的体系,在国家治理实践中依然发挥着无可替代的重要乃至关键作用。

这样一套治理体系,表现为年复一年不断得以重复、调整和优化的,既具灵活性又有一定程式化特征的政策指导和政法工作实践。相比而言,民族团结和社会稳定,与其说依靠的是日益丰富和完善的法律体系,不如说依靠的是这样一套治理体系。中国社会治安和发展,在很大程度上表现出对此治理体系的严重依赖，以致很难想象离开或消除了这样一套体系后中国社会会是什么样子，尽管这一体系并非总是尽如人意。这一治理体系与法律体系存在一定分化，不是完全融合为一，但它未必与法律体系形成对抗。事实上，它看上去对法律体系有着越来越强烈的需求。一方面，在社会上法治意识越来越普及和提升的条件下，这表现为对"治"之"法"的需求。例如，在民族治理实践中，一些工作人员明显抱怨有些法律对于法律责任、惩罚措施、强制手段等的规定，过于笼统模糊，甚至缺乏，这影响了对更强有力有效治理手段的选择和使用。另一方面，鉴于其变动不定的特征以及所附带的政治风险，这也表现为对"法"之"治"的需求，也就是说，将这样一套在实践中也具有一定程式化特征的工作方式通过法律予以明确化和规范化。从"法"与"治"的关系看，这后一方面，可谓中国由"治法"向"法治"转变、实现国家治理体系和治理能力现代化的关键。

具体结合云南的民族法治而言，在作为现代化的法治化视角下，有这样一些分歧或分化最终需要通过法治得以融合。一是民族特殊身份、公民平等身份与个人自然身份。在此方面，有些民族工作被批评为强化了民族身份和民族意识，而弱化了国家公民身份和平等意识。在全球化进程中，民族、国家与世界之间关系的协调，会在中国的治理实践中越发突显出来。二是柔性的特殊政策、刚性的一般法律与自发的社会群体。在此方面，民族治理实践看上去仍带有更多的政策化色彩。寻找到国家政策扶持与民族自身力量之间的平衡点，以及社会自发地充分发展，如民族、宗教文化的充分发展，与法律事后地一般约束之间的平衡点，仍是有待完成的历史任务。三是民族区域自治、地方治理实践与国家统一法治。在此方面，如果说民族区域自治当初得以确立以及后来的实践,的确体现出政治智慧和治理优势,那么,就民族化、地方化和特殊化而言,它在现代化道路上实现与民族国家构建和法治国家构建的统合,无疑还需要付出更大的努力。

[本文原为会议发言,收录于《民族团结云南经验:调研报告》(社会科学文献出版社 2014 年版)]

融入国家战略　促进西藏发展

自 21 世纪以来,西藏在"西部大开发""一带一路"和"面向南亚开放的重要通道"三大规划指引下,实际面临着前所未有的发展机遇。这三大规划,体现着中国改革开放进程的日渐深化,也为西藏的对内对外开放指出了更新更高的发展方向。在新的建设条件下,西藏在立足西部,利用国内资源谋求自身健康快速协调发展的同时,也应着眼长远和全局,提高对外开放水平,打造面向南亚的建设大通道,更为全面深入地融入国家发展战略特别是南亚战略,服务于国家发展的"三大任务"。

一　推进西部大开发和"一带一路"建设,更好更快地实现三大任务

西藏,既属于"西部大开发"战略中的"西部",也处于"一带一路"倡议的范围。在《推动共建丝绸之路经济带和 21 世纪海上丝绸之路的愿景与行动》中,就有"推进西藏与尼泊尔等国家边境贸易和旅游文化合作"的内容。从时间看,"西部大开发"和"一带一路",是进入 21 世纪后相继启动的国家规划。比较来看,"西部大开发"战略主要基于沿海开放与内地发展,或

者,东部发展与中西部开发"两个大局",旨在从优化国内经济发展结构层面加快推进现代化建设这一大任务;"一带一路"倡议则主要基于对内对外"两个开放",更进一步地在世界经济一体化格局下将国内经济建设与各国共同发展衔接起来,同时从国际国内两个层面促进"三大任务"的实现。从2000年的《关于实施西部大开发若干政策措施的通知》,到2015年的《推动共建丝绸之路经济带和21世纪海上丝绸之路的愿景与行动》,显示出"三大任务"在国内国际层面的相继深入展开。

中国发展的"三大任务",是邓小平自改革开放以来长期萦怀并反复琢磨筹谋的主题。20世纪80年代初,邓小平将"加紧社会主义现代化建设,争取实现包括台湾在内的祖国统一,反对霸权主义、维护世界和平",归结为我国在80年代的"三大任务"。这"三大任务"到21世纪得以进一步延续,仍然构成当今中国亟待实现的历史使命。邓小平之后,历代党和国家领导人都强调,要继续实现"推进现代化建设、完成祖国统一、维护世界和平与促进共同发展这三大历史任务"。从纵向看,"三大任务"各有其历史背景。现代化建设与"文化大革命"动荡适成对照,完成祖国统一与晚清和中华民国的历史遗留问题相关,维护世界和平与促进共同发展则具有明显的避免再发生世界大战的战略意图。从横向看,"三大任务"又彼此联系,在国际国内两个层面共同服务于中华民族伟大复兴。

将西藏发展与国家"三大任务"结合起来考量,云南、新疆以及西藏的"南亚大通道建设",适合上升到国家的南亚战略层面。青藏和拉日铁路的开通,从贵港到孟加拉皎漂的中缅天然气管道的建成,以及从喀什到巴基斯坦卡拉奇的铁路建设规划,实际上已经为"内联外接""通边达海"的"南亚大通道建设"奠定了很好的交通基础。总体上，西藏的"南亚大通道建设"，不仅能够统合"中巴经济走廊""孟中印缅经济走廊""中尼自由贸易区"乃至"环喜马拉雅经济合作带"，也可以将对内对外"两个开放"、东部发展与中西部开发"两个大局"，乃至将"西部大开发"和"一带一路"联结起来，具有战略意义。如果把南亚、中亚与东亚合在一起通盘审视，那么，西藏的"南亚大通道建设"就越发显示出其重要的战略通道价值，特别是在国家的国防安全和能源供给方面。

就发展现状而言，虽然西藏天然具有作为中国的南亚门户的地缘优势，但无论是从高原地理环境看，还是从中印边界问题悬而未决的国际条件看，乃至从维护政治稳定和加快经济发展的双重任务看，西藏目前在"南亚大通道建设"上都还面临着诸多需要克服的阻滞因素。尽管如此，就长远而言，西藏发展无疑需要实现与国家南亚战略的有效对接，进而更好更快地服务于国家的"三大任务"。

二 提升西藏的对外开放战略水平，形成内联外接的大发展格局

从战略角度考量西藏的发展，既需要一种东西部地区平衡发展的国内建设框架，也需要一种中国与南亚各国共同崛兴的国际发展视野。2014年9月，国家主席习近平在出访印度时，两次引述了邓小平关于亚洲崛兴的一段话。邓小平说："所谓'亚洲太平洋世纪'，没有中国的发展是形不成的，当然没有印度的发展也形不成"；"真正的亚太世纪或亚洲世纪，是要等到中国、印度和其他一些邻国发展起来，才算到来。"这是一个具有长远战略

高度的简要判断,由此可明显看到南亚发展对于亚洲振兴乃至中华民族伟大复兴的战略意义和战略地位。南亚是中国向西开放的重点地区,也是推进"一带一路"和"中巴经济走廊"以及"孟中印缅经济走廊"建设的重点地区,这是中国目前对南亚的基本战略定位。而云南、新疆、西藏等地的"南亚大通道建设",正是这一战略定位的具体落实。

基于南亚战略审视,西藏在中国未来发展进程中处于十分关键的地位。一方面,中华民族伟大复兴乃至"中国世纪"的到来,需要包括西藏在内的西部的共同均衡发展。另一方面,亚洲崛兴乃至"亚洲世纪"的到来,需要与西藏毗邻的南亚的共同均衡发展,或者说,需要通过西藏的"南亚大通道建设"来联结并促成中国与南亚的共同发展。就此而言,西藏的高度发展及其"南亚大通道建设",可谓中国复兴和亚洲振兴的共同枢纽和标尺之所在。在南亚战略背景下,具体结合国家发展"三大任务"来看,西藏的发展在具体方向上需要着重围绕经济建设、国家统一以及和平发展这"三大任务"尽心使力。

西藏的经济发展,需要将内、外两种力量和内、外两个开放结合起来,既借助外力,也激发内力,既加强对内开放,也拓展对外开放。从持续发展的角度看,在东部发展与西部开发、国内发展与对外开放之间,需要努力形成一种圆融的双增长螺旋结构。也就是说,东西部的交往过程最终能使双方共同受益,国内外的交往过程最终能使双方共同发展,由此在交往与发展之间形成通过交往促发展、通过发展促交往的良性循环,使交往与发展在一种互利结构中都得以持续。在东西部之间、国内外之间构建起良好的互利合作机制,对于西藏的长远持续发展具有重要意义。将"西部大开发""一带一路"以及"南亚大通道建设"总起来看，西藏需要充分利用国际国内两个互利合作机制，通过培育和统合西藏市场、内地市场和南亚市场来获得长远发展，由此好而快地实现"三大任务"中的经济建设任务，同时在国家与南亚之间起"重要通道"作用。

三 全面深入实施"依法治藏"战略，维护国家统一和国家安全

当今中国，因为台海问题，仍然肩负着实现国家统一的历史任务。同时，因为"台独""港独""藏独""疆独"势力的干扰，当今中国也实际承担着维护国家统一的重要任务。在新的历史条件下，着眼长远考虑，实现和维护国家统一，需要更多地倚重法律功效的发挥，采取以刚性法律体系深入扩展的法治方式向前推进。

历史地看，将法治确立为国家治理基本方式，将依法治国确立为国家基本方略，与经济建设、国家统一与和平发展这"三大任务"都有着重要联系。愈是往后发展，依法治国与国家统一之间的联系就愈是明显。从香港基本法、反分裂国家法的制定，以及"依法治藏"战略的提出，都可看出法治与国家统一和国家安全之间紧密的内在联系。应充分认识依法治国基本方略与反"港独"、反"台独"、反"藏独"、反"疆独"之间的内在关联机制，从国家安全和统一的高度深刻把握"依法治藏"的长远战略意义，强化这一战略在西藏的贯彻落实。

自党的十五大将"依法治国"确立为治国基本方略以来，各地相继提出"依法治省""依法治市"之类的主张，而"依法治藏"于2013年重被提出并在2015年中央第六次西藏工作座谈会上

被确立为治藏方略的首要原则，显示出新的战略高度和长远眼光。"依法治藏"上升到战略高度，是对以法治方式维护国家统一和边疆稳定的意识自觉，是依法治国基本方略以及"治国先治边，治边先稳藏"战略思想在西藏治理上的具体实施。西藏在南亚地区乃至国际上经常被"问题化"，境外势力惯于将涉藏问题国际化，以所谓"西藏问题"试图干扰中国发展，就此而言，"依法治藏"的战略意义确需提升到维护祖国统一、国家安全和民族团结的高度，一如香港基本法对于维护国家统一的战略意义。

综观历史，国家治理在方式上经历着从高度政治化向常规法治化的转型，于此过程中，在国家与公民、国家与地方之间建立起刚性法律联系，将国家刚性法律体系延伸到国家各个区域，将越来越成为也应该成为维护国家统一的基本方式。西藏治理从长远看也需要自觉接受和融入这一历史发展规律。此外，就世界交往和国际贸易需要一般法律规则的保障而言，在"依法治藏"战略指引下大力推进西藏的法治建设，加强与国际规则和标准的对接，对于提升西藏的对外开放水平和对外交往能力无疑也具有重要意义。

四 加强西藏的"南亚大通道建设"，打造通边达海的战略通道

按照中央第六次西藏工作座谈会的定位，西藏是重要的国家安全屏障、重要的生态安全屏障、重要的战略资源储备基地、重要的中华民族特色文化保护地和面向南亚开放的重要通道。把西藏打造成为我国面向南亚开放的重要通道，是西藏发展的长远战略目标。西藏的"南亚大通道建设"，不仅具有经济市

场价值，更具有战略通道意义。通道，不只包括运输通道，还应至少包括贸易通道、能源通道和文化通道。通道的形成，需要充分用西藏毗邻南亚的地理优势，加强西藏的交通基础设施建设，促进西藏与南亚的经贸往来和人文交流。一如东西部、国内外经济发展之间的双增长螺旋结构，在"南亚大通道"与经济、交通、文化建设之间也应形成相互促进的关系。也就是说，既以经济、交通、文化方面的交往合作来带动"南亚大通道"的形成，也以"南亚大通道"的形成来促进经济、交通、文化方面的交往合作。

交通方面，构建从内地到西藏、从西藏到南亚的包括公路、铁路、航空等在内的国际国内交通运输网络体系，甚至形成青藏高原与印度洋的陆路连线，推进油气管道建设、区域互联和电网通信建设，对于"南亚大通道"的形成具有基础性作用。经贸方面，坚持以"一带一路"为统领、以口岸互联互通为基础、以开放型产业发展为核心的发展思路，融入并加紧建设"中巴经济走廊""孟中印缅经济走廊""中尼自由贸易区"，打造环或跨"喜马拉雅经济合作带"，提升对外开放水平，发展外向型经济，构成"南亚大通道建设"的基本内容。文化方面，利用历史、人文和地缘优势，将西藏打造成为在南亚地区乃至世界上具有影响力和辐射力的文化高地，发展文化旅游，扩大对内对外文化、艺术、宗教交流，推动西藏文化产品国际化，也是"南亚大通道建设"的重要内容。

"南亚大通道"的形成，需要中国周边南亚地区政治安定的和平环境，而反过来，通过"南亚大通道建设"促成中国与南亚地区的经济相互联系、文化相互吸引和社会相互交往，也有助于中国与南亚国家和地区的政治合作，特别是在边界争端和涉藏问题上。结合东亚和西太平洋的局势看,立足西藏打通"南亚大通道",在南亚战略指引下促成中国与南亚国家战略合作伙伴关系乃至命运共同体的普遍形成,对于中国维护和扩展东亚的太平洋门户也具有重要战略意义。

(本文原载《新西藏》2017年第12期)

通过法治的乡村治理

2006年6月，我们在西北就"建设社会主义新农村"展开国情调研，历时约半个月时间。我们采用的调研方式主要是走村串户、听取汇报并和一些工作人员座谈，也适当发放了一些调查问卷。调研的一个主题是我国基层的治理方式和乡村的法治建设情况。由于走访的地区有限，加之调研的时间短暂，收集到的材料尚不够全面，这篇报告中的某些判断和理论看法可能还需要进一步研究。

从总的调研情况看，乡村法治建设和基层治理方式呈现出三个特点。

一、乡村社会是一个法律相对简单的社会。在社会学理论中，法律的数量以及法律的作用发挥与社会的发达程度之间大致有一种对应关系。一般而言，社会越是复杂，分工越是细密，分化程度越高，法律数量就越多，法律作用也越强；反之，社会越是简单，分工越是粗疏，分化程度越低，法律数量就越少，法律作用也越弱。由于传统社会被认为是一个相对简单的社会，现代社会被认为是一个相对复杂的社会，社会学理论也认为，在社会纠纷的解决方面，从传统到现代的现代化过程将是一个国家法律越来越起主导作用的过程。从走访的县以及几个乡、镇、村来看，相对现代城市社会而言，乡村无论是法律数量，还是法律知识，都是简单稀少的。在司法人员、案件情况、地理空间、法律知识等方面，法律状况看上去都是相对简单的。全县总人口约24万人，人民法院共有工作人员52名。其中，法官35名，书记员8名。全县35名法官在2005年共审理各类案件237件，有一半是离婚案件，经济纠纷案件据说只有14件。而同样作为基层法院，北京市海淀区人民法院共有工作人员352人，法官每年审理各类案件约3万件。这表明，在经济特别是工业经济还不是很发达的贫困县，发案数量相对较少，结构也相对单一，司法工作尚不至特别繁忙的程度。从案件具体情况看，全县2005年案件审理的数量情况是：离婚案件（120）＞刑事案件（65）＞侵权案件（38）＞经济案件（14），其中，经济纠纷案件明显比较少。而全省"十五"时期案件审结的数量情况是：家庭案件（39408）＞经济案件（22535）＞刑事案件（13670）＞侵权案件（6283），其中，经济纠纷案件明显比较多。这在一定程度上表明，在现代工业经济相对不很发达的地区，家庭纠纷案件仍然居于主导；与经济发达的城市相比，乡村经济关系相对简单，刑事案件比重仍然重于经济纠纷案件比重。在我国传统法律文化中，"家"和"刑"的观念比较重，这些传统因素在有些乡村似乎还没有发生根本改观。从地理空间看，全县东西长近100公里、南北宽近50公里、有19个乡镇，县城设在距北约15公里、距东约30公里的地方，周边离县城直线距离近则15公里、远则70公里，全县共设有3个派出法庭，总共4个编制。从法律知识看，在全县所有法律工作者中，虽然35名法官都拥有本科学历，但没有一名法官通过国家司法考试，全县只有一名律师通过了国家司法考试，而这唯一通过国家司法考试的法律工作者改行当了副镇长。在这样一种相对较为分散的地理空间布局下，在这样一种相对不很专门的法律知识背景下，一个县的法律秩序仍然得以比较好的维持，在一定程度上进一步表明乡村社会的法律数量是相对稀少的。

二、法律尚未成为乡民解决纠纷的主要方式。乡村社会的法律相对简单稀少主要在于，法律在乡村社会还没有成为人们有效解决纠纷的经常性机制。总体上，尽管可以明显感受到党的政策和国家法律在乡民心中的权威性和终局性，但运用法律解决纠纷远未成为乡民的习惯性方式。近些年来，各级党委政府通过多种形式的普法宣传和教育，致力于送法下乡、提高乡民的法制意识，但与宗教教义、民族习惯、地方习俗相比，自上而下的法律知识输送还没有达到深入人心的功效，特别是，乡民主动利用法律的意识还不是很强。一般而言，提高人们主动利用法律的意识需要具备两个条件，一是利用法律能够获得可预期的实在好处，二是存在用以解决问题的便利有效的法律机制。就这两个条件而言，近年来，利用法律最主动的人群是进城务工的乡民，因为他们在人生地不熟的城市迫切需要通过法律来维护自己的权益，一些地方党委政府在法律上也比较有针对性地提供有效帮助，如设立"农民工权益速裁庭"、免、减、缓交代理费、公证费，提供无偿法律援助等。除此之外，乡村社会调动乡民主动诉诸法律的机制总体上还很缺乏。这可能有这样一些原因。一是宗教教义、民族习惯、地方习俗对乡民仍然有根深蒂固的影响。例如，受宗教的影响，藏民会因为一个愿望而"五体投地"地虔诚跪拜10万次；也会因为修路破坏了活佛所认为的"神山"而发生群体性事件。有些宗教戒律也比较有效地防止了人们的违法犯罪行为。

二是人口单向外流，外来人员不多，经济和社会关系相对简单、固定，人们的知识水平相对不够高，加之宗教和习俗的影响，纠纷不是很多，纠纷种类也相对单一。此外，也许是最为重要的原因，乡村社会的绝大多数矛盾纠纷是由村民委员会、调解委员会、治安保卫委员会通过非法律的方式化解和平息的。调解是我国传统的纠纷解决方式，在当前乡村的纠纷解决和社会稳定方面仍然发挥着极为重要的作用。据县志记载，1950年10月，全县在乡设调解委员会，在村设调解小组，隶属法院；1951年至1952年，民间纠纷由农会解决；1954年底，各乡设人民调解委员会，1955年全年共受理民事纠纷和轻微刑事案件1198件，调解1143件；1983年底，全县设村调解委员会362个。就全省的情况看，全省已建立各级各类人民调解委员会5350个，拥有人民调解员22017名，每年调解案件3万多件。2005年12月，由省人大制定的《人民调解工作条例》正式施行。应该说，按照"抓早、抓小、抓苗头"的工作思路，纠纷解决的调解方式在预防民事纠纷激化为刑事案件、群体性事件、自杀事件方面起到了重要作用，也因此，国家法律还没有成为乡村社会纠纷解决的普遍方式。

三、基层治理主要致力于解决现实社会问题。总体上，基层维护社会治安和社会稳定的工作任务是比较繁重的，在治理方式上具有发动群众、手段多样、牵涉面广等特点。当前，地方党委政府有关新农村"平安建设"工作主要是按照这样的思路进行的。一是建设社会治安防控体系。农村的治安保卫委员会和调解委员会被称为社会治安防控体系的"第一道防线"，近年来在机构、人员、设施、经费等方面正在逐步朝常规化、制度化方向发展。治安保卫委员会和调解委员会受村党支部和村委会的直接领导，同时受公安派出所的具体指导，专门从事社会治安综合治理工作，维护乡村社会政治安定。一些试点村组建有8—10人的护村队或义务巡逻队，他们接受乡综合治理委员会的监督检查和公安派出所的业务指导，在村里开展巡逻，防火防盗，维护治安。在一定程度上，乡村社会的治安保卫委员会和调解委员会在结构和功能等方面类似于国家层面的公安局和法院，实际起着维护社会治安和解决社会纠纷的重要作用。二是加强矛盾纠纷排查调处。纠纷排查调处较之于治安防控体系具有更强的针对性，而且是乡镇党政领导带头负责的一项经常性工作。乡镇派专人定期摸排群众反映强烈、可能引发群体性事件的热点难点问题，并按照"发现得了、化解得了、控制得住、处置得好"的要求，努力做到一般矛盾纠纷不出村社，重大矛盾纠纷不出乡镇，疑难矛盾纠纷不出县城。乡镇设有领导信访接待日制度，由乡镇领导亲自接待来访群众，当场解决或作出解释，努力防止个别问题转化为共性问题、局部问题转化为全局问题、经济问题转化为政治问题。同时，对摸排出的矛盾纠纷，逐一落实到责任单位、责任人、责任领导，限期调处，努力防止调处不当导致群体性事件或民事案件转化为刑事案件。三是针对突出问题打击防范。例如，对乡村黑恶势力，为非作歹的车匪路霸、村霸或家族势力，盗窃机动车、电力设施、牲畜等犯罪行为予以打击；对非法制造贩卖枪支的犯罪行为从重从快予以严厉打击；从严查处制造贩卖假药、假种子、假化肥等行为；重点整治黄、赌、毒等丑恶现象；加强对流动人口和刑满释放等特殊人群的管理。上述"平安建设"工作对于打击和预防乡村的犯罪、及时发现和解决社会问题、维护社会政治稳定起到了重要作用。不过，这些工作也给基层干部以很大的压力，一些基层党政领导在逢年过节和国家重大会议期间尤其绷着一根弦，唯恐本地区突发治安事件，因此，一些地方流传着"干部难过，群众好过；干部好过，群众难过"的话。从法律方面来看，在基层治理中，法律还只是各种综合治理手段中的一种，而且，法律的作用方式还主要是自上而下的打击、整治和管控。

基于调研中发现的上述三个特点，对乡村法治建设和基层治理方式有这样一些初步的思考意见。

一、进一步增强治理者的法治理念和权利意识。调研中发现，有些基层干部在诸如信访、计划生育等问题的处理上表现出很有经验和办法，但对于依法治理还缺乏很强的认同感，基层干部的法治理念亟待进一步加强。而且，法治观念在基层有待进一步提升和更新，有些基层干部对于法治的认识仍然主要流于把法律当作刀把子一样使用，对打击犯罪与正确处理人民内部矛盾这两者的区分不够，对法律在基本方略和国家治理层面上的深远意义也还认识不足。此外，由于从上到下有目标任务、"一票否决"以及相关责任制度，基层治理在有些方面仍然表现出过于注重社会问题的现实解决，而在一定程度上忽视公民权利，由此给党群、干群关系带来一定的负面影响。

二、在社会实践过程中更加注重法律制度建设。总体上，当前基层治理立足于现实，在化解社会纠纷、维护社会稳定方面起到了重要作用。不过，纠纷解决和社会稳定还主要是通过非法律方式实现的。从长远看，随着现代化的逐步实现，治理方式还是应该转移到法治轨道上来。从政治安定方面考虑，法律是安邦定国的重器，正规的国家法律方式比非正规的、非法律的方式其实更加有助于社会的长治久安。如果人民群众总是习惯于通过信访、群体性事件等方式来解决自身的问题，维护社会稳定工作将总是沉重而具有风险的。就治理而言，一种良好的政治应该是实践论和制度论的有效结合，由此，乡村治理应该在实践的基础上努力朝法治化方向迈进，寻求社会实践与法律制度的结合之道。

三、在现实社会问题的解决过程中更加注重公民权利保障。我国是一个发展中国家，在发展过程中面临着各种历史和现实问题，在改革道路中也出现了一些新的社会问题。这些问题给各级党委政府带来了较大工作压力，因而，维护社会稳定、致力于各种社会问题的解决一直是基层治理的重要政治任务。基于改革发展稳定的大局，有些地方在计划生育、农业税费、工人下岗、房屋拆迁等方面一度采取了一些强制措施，在一定程度上影响了和谐的党群、干群关系。当前，很多历史遗留的重大社会问题已经得到缓解或者有效控制，例如，计划生育政策已逐渐深入人心，农业税被免除，下岗工人也逐步有了较为妥善的安置。在当前以及今后的法治进程中，尤其要把保障公民权利作为一种治理价值贯彻到注重现实社会问题解决的治理逻辑之中，也应注意把"全心全意为人民服务"具体落实为切实保障公民的法律权利。

四、畅通国家正式的法律救济途径，努力引导公民通过法律来解决纠纷。依法治国是党领导人民治理国家的基本方略。在此方略中，广大人民群众是依法参与管理国家和社会事务的主体。而在基层治理中，在一定程度上还存在着把群众简单地视为管制对象的观念和做法。应该说，我国目前国家层面的正式法律救济途径还有待进一步完善，即使存在法院诉讼这样的正规救济渠道，其有效性和便利性也需要进一步改进。在正式法律救济途径还有待完善的情况下，人民群众采取一些非正式的渠道反映问题与表达意愿应该是可以理解、值得同情的。对于这些非正式的权益诉求，不能以表达意愿要合理、公民要守法为由予以"严厉打击"。让群众通过合法的方式表达诉求，关键在于使国家正式的法律救济途径更加畅通、便利、有效，以此把人民群众逐步引导到法律规范轨道上来。具体就基层治理来说，乡村社会在注重调解委员会和治安保卫委员会的建设的同时，也要进一步加强派出法庭和公安派出所建设，以使基层治理向正规化、法律化方向迈进。

（本文原为一篇调研报告）

民主法治进程中的社会管理创新

21世纪初期提出社会管理体制创新，与我国经济和社会发展发生深刻变革是紧密联系在一起的。随着改革开放进程的加深加快，一些新的社会问题和情况呈现出来，例如，"单位人"向"社会人"转变、新的经济和社会组织大量涌现、互联网迅速发展、大量群体性事件发生等。这些新情况对社会管理提出了新的要求和任务，而原来的社会管理模式及其相关制度显得相对滞后，由此就需要创新社会管理体制。就此而言，新出现的迫切需要处理的现实社会问题和事务，构成了社会管理创新的现实动力，而社会管理创新也需要紧紧围绕这些现存社会问题和事务的处理来展开。

不过，仅拘泥于此还是不够的。在"基本实现现代化"的道路上，社会管理创新既需要在过去几十年的实践经验基础上，开拓对解决现实社会问题切实有效的新办法，也需要立足现代发展趋势，放眼未来而作长远考量，提出新的理念和模式。把现实状况与发展趋势结合起来考虑，创新社会管理至少需要理顺政治与行政、权力与权利、国家与社会三种关系。在很大程度上，这三种关系也可以说就是社会管理与民主法治、个人权利、公民社会的关系。

一 形成通过社会管理治"点"与通过民主法治建设治"面"的良性互动

创新社会管理,首先需要辨明社会管理的性质。社会管理,虽然在我国向来具有很强的政治性,并且关系政治大局,但从学理看,它主要是一个治理或行政层面的概念,而不是一个国家政制或政治层面的概念。一般而言,政治主要涉及国家政权、国家权力配置、国家正式机构及相关制度,如立法权、政府、司法制度等;治理或行政则主要涉及国家正式制度下的各种权力行使和管理活动。社会管理具有政治性或政治功能,并不意味着它本身就是一个国家政治制度层面的概念。实际上,国家政治活动与社会管理活动在主体、对象和方式等方面都有重要不同。在国家政治实践中,立法、政府和司法部门之间在法律上有明确的职责分工,彼此不能互相僭越,而在社会管理活动中,则表现出明显的动态性、灵活性以及综合运用各种力量等特点。社会管理,特别是社会治安综合治理,通常可以将公安、检察、法院各个部门协调起来,齐抓共管,运用政治的、法律的、行政的、经济的、文化的、教育的等多种手段以及调解、协商、疏导等各种方法,来解决社会问题和处理社会事务。尽管通过社会管理也经常能够达到政治稳定、社会安宁,但它与通过国家正式制度的建设来达至的政治安定,并不能画等号。社会管理与国家政治制度建设,处在两个不同的层面。

将社会管理与国家政治制度建设区分开,具有实践意义。它意味着,实现国家长治久安,既存在社会管理这样的行政路径,也存在国家政治制度建设这样的政治路径,不能因为社会管理在很大程度上能够带来政治稳定和社会安宁，就忽视国家政治制度建设，或者以社会管理取代国家政治制度建设。例如，人民法院通常被认为具有惩治犯罪、化解矛盾和维护稳定的职能，因此，自改革开放以来，它一直是社会管理的实施主体。而从政治的角度看，司法其实是监督审查其他国家权力的一种重要的国家权力形式，也是公民权利最终也最有力的法律救济形式。就此而言，尽管人民法院的确可以承担一些社会管理职能，但将法院仅仅作为社会管理的实施主体看待是不够的，在构建民主法治国家、"基本实现现代化"的道路上，更需要从国家政治机构的高度来审视司法，更需要从政治体制改革的高度来审视司法改革，既发挥司法在解决纠纷方面的社会作用，又发挥司法在审查权力、保障权利方面的政治功用。

由此来看，创新社会管理需要与推进国家民主法治建设结合起来，形成社会管理与依法治国的良性互动，既通过完善国家民主法治建设来减少由政治权力运行不规范所引发的社会问题，为权利救济提供切实有效的司法渠道，也使长期以来形成的用来解决社会治安问题的独特社会管理方式在民主法治框架下得以充分发挥其积极功效，同时从政治和行政两个层面来解决社会问题和处理社会事务，开拓具有中国特点的民主法治下的"民本"治理道路。

二 遵循现代政治权力运行逻辑的要求在社会管理中坚持权利保护取向

无论是政治层面的国家民主法治建设，还是行政层面的社会管理创新，在发展方向上，都需要朝保护人权和公民权利的目标迈进。这在很大程度上是由政治权力在现代社会的运行规律所决定的。政治权力通常既有消极后果，也有积极后果。消极后果主要表现为生杀予夺、残害身心，积极后果主要表现为保护人的身体和生命，为民造福。按照一些现代理论，政治权力的运行存在古今差异，有一个从消极效果向积极效果转变的历史过程。在古代社会，政治权力主要表现为"消极权力"，它通过对人身体的损害和生命的剥夺、通过威武残酷的刑杀场面来显示其权威，由此，不能"让人死"的权力是无效的、没有权威也没有生命力的。而在现代社会，政治权力主要表现为"积极权力"，它沿着各种精微的渠道，通过保护人的身体不受损害、延长人的寿命、维护人口的健康、提高人的体能和智能等来显示其权威，由此，不能"让人活"、让人健康安乐的权力是无效的、没有权威也没有生命力的。政治权力在现代社会的这种运行规律，决定了它要持续运行下去，必须时刻以保护人的身体和生命、改善人的体能和智能为念，或者说，以保护人权和公民权利为目标，并且能够切实有效地达到这一点。因此，人的"自然权利"通常被认为是现代政治新的起点，而酷刑、肉刑、公开的残酷刑杀场面乃至死刑等也在现代社会逐渐走向衰落。

从现代政治权力的这样一种处境看，对人权和公民权利的保护，实际上是政治权力在现代社会得以持续存在和运行的正当性渊源之所在。这是政治权力得以存续的现代逻辑。按照这一逻辑，政治权力与人权和公民权利在现代社会并不是一种此消彼长的关系，而是一种相伴相生的关系。人权和公民权利为现代政治权力的存续提供正当基础和理由，政治权力也成为实现或保护人权和公民权利不可或缺的重要条件。现代政治权力与人权和公民权利之间的这种相伴相生关系，不仅体现在现代宪法和法律制度中,而且渗透在社会生活的各个领域和行政司法的各个环节,甚至延伸到对犯罪嫌疑人和罪犯的人权保障上。

具体就社会管理创新而言,鉴于古今政治权力运行方式的历史转型以及政治权力据以存续的现代逻辑,社会管理在方式上也需要实现从消极管制到积极的权利保障的历史转变。"在服务中实施管理,在管理中体现服务",与这种历史转变是一致的。从权益、福利、帮助、服务等有利于当事人的角度切入,而不是单纯地从基于强制权力的管制出发,来加强对流动人口、刑满释放人员以及其他特殊人群和区域的管理,更符合现代权力的运行逻辑,也更有利于行政权力有效进入管理领域。保护人权和公民权利、造福于民,可谓社会管理的"牛鼻子",抓住这个"牛鼻子",也就找到了社会管理据以安身立命的依托。通常,人们习惯于从传统的"民本"思想那里寻找沿着保护人权和公民权利实施社会管理的价值根据,而实际上,它也可以从现代权力运行逻辑那里找到科学根据。

三 有效发挥社会组织和社会团体在社会管理和公共服务中的积极作用

创新社会管理不仅要适应现代政治权力的运行逻辑,也要适应现代社会的分工和分化趋势,充分发挥社会的自组织功能,实现职能转变,优化管理模式,形成政治国家与公民社会的良性互动。按照社会学理论,社会团结有"机械团结"和"有机团结"两种形式。在机械团结形式下,集体意识强、社会分工少、人的个性和相互依赖弱,因此,社会主要通过压制性或惩罚性的制裁来实施管理。在有机团结形式下,社会分工高度发达、人的个性和相互依赖强,集体意识淡薄,因此,社会主要通过恢复性或补偿性的制裁来实施管理。随着社会分工更趋发达,社会管理大体经历了从强行的刑事惩罚向民事赔偿或补偿的历史转变。此外,功能分化被认为是现代社会的基本特征。按照功能差异,现代社会日渐分化出政治、经济、法律、宗教等诸多子系统,由此不复存在传统社会那样的高度整合,而各系统及其制度也变得越来越独立化、专门化和技术化,社会管理因此势必从全面管理转向专门管理。

从分工更趋细密、功能日益分化的现代发展趋势看,创新社会管理也需要实现职能转变。亦即充分发挥各类社会组织和社会团体的社会功能,实现政府从全能管理、单一主体强制管理向职能管理、多元主体互动管理的转变。这种转变要求政府从过多过杂的社会事务中摆脱出来,将一部分社会问题和事务转由专业化程度更高或更适合管理的社会组织和社会团体去管理,而把精力更加专注地投到公共服务、法律执行等方面,改变政府部门单打独斗的局面,形成政府、企业、社会组织、社会团体、社区等多元主体共同承担社会管理职能的综合格局。这种转变,使社会领域免受政府权力不必要的强行管制,有助于整合社会管理资源,增强社会的自组织和自主协商功能,扩大公民社会组织参与社会管理和公共服务的空间,形成政府主导与社会组织运作良性互动的管理模式。而且,从长远看,这种转变也有助于社会自发地形成自己的规则和秩序,促进民间习惯和公民社会的良性发育。

从全面管理向职能管理转变,并不必定削弱政府的社会管理,而是使政府的社会管理从不该干预的社会领域退出来,而在需要政府管理或提供公共服务的方面做得更强、更有效。从国家与社会的角度看,政府既需要通过社会管理来维持基本的社会秩序,也需要通过提供公共产品,充分有效发挥公共服务职能,发展社会保险、社会救助和社会福利事业,形成惠及全民的社会保障体系,从社会源头上防范社会矛盾的形成和激化。

(本文原为会议发言,载《学习时报》2010年8月23日)

构建民主法治国家

民主法治,是现代文明的基本特质,也是现代中国亟待实现的历史目标。近现代,时常被称作与"春秋战国"遥相对应的"新战国时代",也被视为"新轴心时代"。这是一个出现"数千年来未有之变局"的艰危年代,也被认为是蕴藏气运和转机,可能产生新法家、新儒家乃至新的孔子,进而形成新的文明根基的开创年代。"处数千年未有之奇局,自应建数千年未有之奇业",就历史和现实而言,形成民主法治、构建民主法治国家,正可谓中国近代两百年间革故鼎新、继往开来的宏图伟业,意义深远。

民主法治,质言之,是达成政治与法律、民主与国家、人权与法治彼此融通并合理互动的现代政治和法治形式。如果将政治不是仅仅理解为自上而下的行政治理形式,而是更主要地理解为自下而上的民权活动形式,或者,受制于自下而上的民权活动的治理形式,那么,古中国尚只能说是行政大国,还不能说是政治大国,至少不能说是民权活动得以理性化、形式化、常规化的政治大国。在很大程度上,通过将选举、言论、集会、结社、游行等政治表达或诉求活动,确定为政治权利形式和常规法律途径,民主法治既使法律受制于民权政治,也使民权政治得以法律化,由此避免政治只是或者只能单一地采取革命或起义这种激烈形式。

近代中国重启"天下为公"、倡导"民权""民主",正表现出从行政大国向政治大国的历史转型。然而,在此过程中,政治与法律、民主与国家之间的合理关系,或者,民权政治与国家、法律之间的良性互动,在相当长的历史时期并未被有效建立起来。近代构建强有力专制国家的意图和努力,事实上阻滞、延缓了民主宪政历程,而后来的所谓"大民主"实践又因为对国家和法律机构的践踏和破坏,使民主脱离了基本的国家和法律形式。如何使民权政治在国家框架下依法有序开展,同时又使国家和法律因为民权政治不受堵塞而在性质上成为民主的,从而达至不以国家和法律遏制民主,亦不以民主毁损国家和法律,这是构建民主法治国家的关键所在。

改革开放,无论是在古今知识传承上,还是在中外联系交流上,都为民主法治打开了更为广阔深厚的生发空间。在此条件下,国家建设、法律治理与民主政治的理性统合,有着更大的历史可能,民主法治事实上随着经济和社会发展也日益成为时代的客观需要。而人权在世纪之交的最终确立,则进一步突显出正义观从群体正义或部分正义向全体正义或普遍正义的转向,这为普适的道德和理性价值融入国家建设和民主宪政,进而使民主法治具备基本的价值内核和政治理性,造就了必要条件。历史地看,经历曲折和累积之后,在从"全面建设小康社会"到"基本实现现代化"的道路上,中国的民主法治实乃大势所趋的政治和法律事业。

一世之政必有一世之学,万世之政必有万世之理,在现代中国开千年民主法治,迫切需要对政道法理的学术拓展。欧风美雨的照搬侵袭、割裂历史的本土实践,使得中国文化在近一个半世纪看上去处于低谷时期，以致一些国人对自身文化传统至今仍有莫大隔阂。如同千年变局潜藏着"不世出之机"一样，文化低谷也蕴含着重为"百谷王"的历史契机。对于发展中的中国来说，利用古今中外优良文明成果，重新形成并彰显中国文化的"百谷王"气度和风范，不仅是中国社会发展的内在要求，也可能是现代世界文明的历史需要。沿着中国文化理路重铸古今智慧，深化经济和社会发展的人文底蕴，提升政治和法律改革的学理品质，寻求和开拓切合中国发展可久可大的根本之道，是现代中国人特别是理论界绕不开的时代课题。

《民主法治评论》（下简称《评论》）（*Law and Democracy Review*），以民主法治为主旨，致力于研究中国在 21 世纪特别是上半叶的政治和法律发展，志在成为探寻中国政道法理的公共学术讨论平台，为中国的民主法治人权事业贡献学理和智慧。作为中国社会科学院法学研究所法理研究室主办的连续出版物，《评论》倡导在现代潮流和全球背景下对中国政治和法律发展具有高度和深度的理论探讨，希望以此促进中国的法理学研究以及政治和法律研究。诸如民主、法治、人权、权利、政治、行政、国家、政党、宪法、选举等主题，皆可为《评论》研究对象；但凡关乎国计民生、世道人心的制度研究和改革建言，亦不在《评论》论域之外。《评论》也期待政治学界以及法律实务界特别是法律家的广泛参与。呦呦鹿鸣可望引得大吕黄钟，涓涓细流终能汇为深谷阔海，"天下兴亡，匹夫有责"，唯愿同道同志共成之。

（本文原为《民主法治评论》2012 年第一卷卷首语）

法治的中国文化向度

"冷战"结束后的几十年来,是中国近代史上特别值得留意的一段相对安定时期。虽然并非事事尽如人意,甚至天灾频发,但近一个半世纪轮番兴起的内外战争、文化运动和政治革命等大规模的人为现象,在这一时期终究趋于平静。与之相应,如同当年亚洲"四小龙"的经济腾飞引发世界对儒学和汉文化圈的高度关注一样,一种所谓的"中国模式"也于21世纪初备受瞩目和争议。

然而,究竟什么是"中国的",何以一定要是"中国的"?这样的问题,仅仅通过政治意识形态或随性的喜好选择,显然尚不足以得到普遍信服的根本回答。历史地看,中国确实始终给人以一种特别印象,而且,近一百多年间,也长期存在着维护中国特点的政治努力。只是,在这些努力中,关于中国特点的政治解说并非总是一致。

19世纪晚期,"中学为体,西学为用"成为政治改革的主要方向。从张之洞的《劝学篇》看,其时的"中学",尽管也指以"道体"或"道统"为核心、用以"治身心"的"内学",但其落脚点仍在于维护君主政制和纲常伦理的名教体系。因之,民权和女权在当时明显受到批判和抵制。

20世纪初，政治改革为政治革命所取代，精神层面的"道体"受到文化运动的重创，而政治层面的君主政体也最终被民主革命摧毁。尽管孙中山有意光大从尧、舜、禹、汤、文、武、周公到孔、孟一脉传承下来的道统，但其顺应现代潮流、以"民权"为目标的"先知先觉"政治道路，看上去已不再有孟子的那种"以斯道觉斯民"的道德意蕴。而且，在学术和文化领域，通向道统、道体、"心体"的传统认知渠道，到现代实际受到堵塞或阻碍。对于众多现代学者而言，切实认知中国传统的道家、禅宗乃至儒家的道德或心性系统，似乎变得越来越难了。

此后中国政治发展的基点，受战乱和时局的影响，似乎既非源于欧美的"自然权利"，也非传统的"仁义道德"。在苏联模式主导下，一条人民民主的政治路线得以形成。"第二次世界大战"结束后，在相当长的历史时期，大陆地区的政治并没有明显朝着权利化、理性化、法律化、形式化的方向发展。改革开放，基于历史经验和教训，重启了中国政治的权利化和法律化道路，也为中国民主法治的发展打开了更宽广的文化汲取途径。

总体看，近代以来的中国政治不断经历着曲折和转向，在文化上并未得到持续浇灌和深厚培育。其间的文化，时而受传统影响，时而受欧美影响，又时而受苏联影响，甚至在一定历史时期出现罕见的文化几近空白或反文化状况。尤其是，中国文化传统，百多年间飘摇破败，虽然自20世纪90年代以来日渐呈现出复兴和重建态势，客观上有助于中国从苏联模式转向中国模式，但要说其对中国现实政治有着积极而深远的作用，则显然为时尚早。"大道之行，天下为公"，当这样一种传统话语在近代中国被用来指引民主实践时，政治上的民主政体框架确实得以初步建立，只是，那种为文化所长久承载的道体，不仅不能说得到了自觉维护和顺畅开通，而且也不能说其所遭受的隔膜、误解、排斥乃至进入的认知难度，至今业已完全消除。

在这样一种文化处境下，中国的发展，与其说已模式化、固定化乃至中国化，不如说正面临着前所未有的融会古今中外智慧、重铸中国政道法理的历史契机。历史上，世界众多民族也和中华民族一样，形成了各具特点的民族形式，但并不是所有的民族形式都值得、都需要也都可能获得普世推广。其实，即使同一民族的诸多生活方式，也不是样样都得以永久持续，而是明显经历着生老坏死。那种超越于具体民族形式、足以跨越古今的虽独特却普适的精神因素，才是文化传承的枢要所在。自始，中国文化即表现出这样一种特质，其在关于人"本性具足""万物皆备"的明确态度上，有别于其他宗教或理性文化，同时又显示出不分南北、无论古今的普遍性。此种独特而普适的文化元素，对于中国乃至世界的未来发展都应是不容割舍的。目前，中国许多方面仍处在成长、重构和发展过程中，在继续广纳优良外来文化的同时，传承道体层面的独特中国文化，并以之厚实民主法治、经济社会的文化根柢，不能不说是开拓中国模式需要特别重视的基本方面。

从文化的角度看，传统中国政治总体上表现出对道德、价值和学理的遵循，正所谓"政者，正也"。不过，其间也曾出现通过"上古""中世""当今"的划分而割裂历史传统，通过对"六虱""五蠹"的批判而非道德、反文化，从而只着眼现实功利和利益的法家政治。上个世纪，还一度出现在一种低文化水准甚至反文化语境下开展国家建设的政治倾向和尝试。这些是中国在21世纪构筑民主法治的文化根基所当尽量避免的。在古今中外背景下，提升中国民主法治的人文品质和学理含量，既需要重新开通传统心性或道德系统的生发渠道,也需要充分吸纳西方近代以来的科学理性知识,以彰显政治德性和政治理性,使政治具有更大的道德正当性、权利正当性和法律正当性,避免陷入单纯的利益政治或功利政治。

(本文原为《民主法治评论》2013年第二卷卷首语)

民主法治与体用哲学

"知止而后有定",在经历"冷战"之后二十多年的持续平稳发展后,如同经济有意放缓一样,中国社会似乎也开始慢慢"止""定"下来。这种"止""定",并非政治、经济、社会停滞不前,而是在一定程度上呈现出中国对自身的回归。例如,"三百千千"以及弟子规等传统启蒙经典在儿童教育中自发兴起,家风家训等传统形式以及汉字听写比赛等日渐多地见于各种传媒,诸如"立足中华优秀传统文化,培育和弘扬社会主义核心价值观"的条幅也悬挂于大街小巷,等等。近一个半世纪以来,中国社会看上去不断忮求动荡,学这学那,东奔西跑,此起彼伏。在内忧外患、文化运动、政治革命、经济浪潮的环境中,人心虽欲求安但实难真正安定下来。只是到"冷战"结束以来的近些年,往昔犹如奔涌大河的中国社会才开始显露趋于更加平缓澄静的态势。与此相伴随的是对中国社会自身和文化传统的内化或回归。"物有本末,事有终始,知所先后,则近道矣",这种回归,不能说是从"开放"倒向"封闭",而更适合作为中国社会日渐平静深入考虑"可久可大"的根本治道或生活之道的开始,一如人到中年对生存意义和生命价值的冷静观察和思索。事实上,正像美国化与全球化的相容不悖,中国化不仅不是全球化的对立面，反而可能是中国参与全球化的必经步骤或全球化加深的现实表现。

"定而后能静，静而后能安，安而后能虑"，尽管日趋安定平静的社会环境，为中国思考其据以长远发展的根本之道或价值基点创造了更多条件和可能，但从现实看，在传统与现代之间，中国实际面临着踯躅交磨的选择困境和价值难题。甲午开年，海南赌场即闪现传媒；在太平洋彼岸，与此遥相呼应的是，有关大麻在美国合法化的广泛争议。"黄、赌、毒"，自中华人民共和国成立以来一直是法律打击的对象。而从世界范围看，这些现象在现实中的法律处境并非只有禁止一种，而与之相关的现代法理也不乏分歧。例如，在《论自由》这本经典的小册子中，密尔就基于现代自由立场，主张消费者有购买、吸食鸦片的权利。此种现代法理在后世得以延续，以至于包括德沃金、沃准在内的一些英美知名法理学家都认定，人有"做错事的权利"。在中国的现代化进程中，实际上也发生着这样的价值纷扰。这主要涉及政治功利趋向的理性范围、经济市场导向的伦理限度以及社会权利取向的德性边界。如同"言必称希腊"一样，一些学者也习惯以"启蒙"为标杆，批评几百年前西方已经如何而中国至今仍旧如何，以致对《论自由》推崇备至。其实，有些外来观念，即使来到中国逐渐被普及，有时看上去还是显得生硬。这也许不是时间问题，而是文化问题。在电影《导火线》中，甄子丹扮演的警察，义愤之下将一名当其面活活摔死孩童的歹徒，并不排除故意地用拳打死；所谓现代人权意识，在稍纵即逝的电影快节奏中为人强烈的道德憎恶所遮蔽殆尽。而在电影《新警察故事》的最后，成龙扮演的警察，在打伤一名残忍杀死许多警察并让其一度愤恨至极的凶犯时，竟

民主法治与体用哲学

然呼叫救护车；由于与开头的凶残画面间隔太久，这样一种有意被突显的现代人权意识，实际也被拉得几乎完全失去了弹性。在中国，权利话语与伦理话语、人权话语与道德话语之间，依然透显出内在的价值张力。

从价值角度审视，大体而言，中国传统建制以仁义道德为基点，现代西方建制则以自然权利为基点。世界范围的近代化过程，在价值基点上，通常表现为自然权利对道德伦理或宗教教义的置换。与之相应，传统的君主政制、纲常礼教、宗教统治终究为从人权和公民权利出发的民主和市场体制所取代。尽管如此，近代化过程中诸如"做错事的权利"之类的"现代性"问题，其实在晚清国门大开时就一直被注意，以至于权利和自由起初在话语体系中处于被批判的境地，而中国政治也没有完全走向与西方相同的现代道路。历史地看，在此过程中，无论是复辟帝制，还是复辟礼教，都未获成功。看上去，一方面近代中国总觉得自身有需要或值得调动起来的因素，而另一方面，这种或这些因素在近代化过程中又总难以被准确地调动起来。这需要或值得调动起来的因素，究竟是什么？这样的问题，至今并不能说已完全找到答案。抛开帝制、礼教不论，如果能够从中国传统中重新发动起道德力量或因素，那么，这些因素能否与市场导向和权利取向相容，如何与之相协调？在学理上，中国是否必定滑向密尔的现代自由理论？

回答这些问题，辨清文化的层次或许是重要的。《中庸》有言，"天命之谓性，率性之谓道，修道之谓教"。这里，"道"与"教"之间，其实有着明显的间隔。简言之，"道"为"教"之体，"教"为"道"之用；相比玄微的"道"，"教"实际处于更为显表的次级层次。然而，因为"道"更为幽隐，难为人所普遍

· 155 ·

认知，中国文化的主体经常被认定为"教"或"礼"，由此使得在文化复兴过程中试图被调动起来的也往往是难合时宜的传统形式。对中国文化的此种把握和认定，影响并伤害了中国文化在现代的生发。"千万世之前，有圣人出焉，同此心同此理也。千万世之后，有圣人出焉，同此心同此理也。东南西北海，有圣人出焉，同此心同此理也"，这里所谓不分古今、南北皆同的因素，正是作为中国文化根本的"心体"或"道体"。凡人皆有心，古人有心，今人亦有心，这不存在古今南北差别。而相比不变的"心体"或"道体"，作为"用"的"名教"或"礼教"，则是可以变革的，而且需要因时制宜，与时俱进。以体用关系而论，现代民主法治和自由权利体制其实也可被视作经历变革后的现代名教体系，亦不过是"道体"或"心体"的另一种显用而已。"大学之道，在明明德"，中国文化及其传统学术的精髓正在于明确作为根本的"道体"或"心体"。在此根本意义上，中国文化实为道德文化。

经历长久发展后，中国文化的确包容万千，内涵丰富，而重新开启其所蕴藏的"道体"或"心体"，则可谓中国文化在世界化进程中重现生机直至贡献全球的关键。鉴于中西文化差异，无论是以传统礼教或伦理观念抵制现代文明方式，还是纯粹以"西学"来进入、研究或改造"中学"，都可能是需要避免的。价值分歧，仅从处于"用"的层面的传统形式与现代形式的交锋争斗，可能始终难以找到答案。传统与现代的协调、仁义道德与自然权利的衔接、道德与政治经济的融合，最终只能在不变道"体"与现代新"用"之间达成。在这一点上，作为传统核心的"道体"或"心体"，与现代体制并无丝毫的不相容。古人有言，"一切世间，治生产业，皆与实相，不相违背","虽终日做买卖,不害其为圣为贤",正道出了这种相容性。中国文化值得向全球扩展的、独特而又具有普遍性和包容性的根本在这里。这也许是中国在未来的发展中特别需要深入思考和求索的。

(本文原为《民主法治评论》2014年第三卷卷首语)

迈向法治的中国理论

2014年10月23日通过的《关于全面推进依法治国若干重大问题的决定》，在中国法治发展进程中推起了不小的波澜，也激发了法律理论界的关注和热情。这一决定，提出了180多项新举措，显露出推进法治的务实态度。对于仍处于发展之中、仍在寻求现代化的中国来说，法治大厦的构建，既需要此种一石一瓦的务实累积，也需要总体而长远的宏观思量。也就是说，中国法治的形成，既要讲"一时之权"，也要讲"万世之利"。

关于中国法治的宏观考虑，自然也是有的。这从国家领导人的一些话语中，似乎可以直接看到或推导出来。例如，"法治是人类文明的重要成果之一，法治的精髓和要旨对于各国国家治理和社会治理具有普遍意义，我们要学习借鉴世界上优秀的法治文明成果"，这主要涉及中国法治可资借鉴的现代方面。再如，"中华文化积淀着中华民族最深沉的精神追求……中国特色社会主义植根于中华文化沃土"；"抛弃传统、丢掉根本，就等于割断了自己的精神命脉。博大精深的中华优秀传统文化是我们在世界文化激荡中站稳脚跟的根基"，这主要涉及中国法治难以割舍的传统底蕴。又如，"改革开放以来历次三中全会都研究讨论深化改革问题，都是在释放一个重要信号，就是我们党将坚定不移高举改革开放的旗帜,坚定不移坚持党的十一届三中全会以来的理论和路线方针政策",这主要涉及中国法治必须坚持的现实原则。

总体看,中国法治正处在传统、现实与现代之间,既需要延续中国文化传统,又需要在现实层面沿着改革开放路线向前开拓,还需要遵循现代法治原理努力实现现代化。鉴于此种思考,中国社会科学院法学研究所法理研究室编选了这样一部关于中国法治的论集,作为《民主法治评论》2015年的特辑。所选论文,各自从传统、现实和现代等视角,对中国法治作了观察、分析和阐释,适可被解读为一种正在形成中的"法治的中国理论"。论集按照一定逻辑顺序编排,作者不分先后排名。最后,谨向各位作者的应允和参与致以谢忱!

(本文原为《民主法治评论》2015年第四卷卷首语)

法治建设与文化复兴

这个时代，需要文化复兴。有朋友说，学者应倡导恢复繁体字。而问题也许不在文字，而在文化。"道生一，一生二，二生三，三生万物"；"天命之谓性，率性之谓道"；"尽其心者，知其性也，知其性，则知天矣"……这些文字，孩童能识，无关繁简，只是，现在真正通晓字后的究竟道理，似乎越来越难了。

此种文化处境，不只发生在中国。事实上，"启蒙"以来浩浩荡荡的现代潮流，已将人们深深卷入经验和理性世界。其中，万物看上去日益"光明"，政治和社会也被建构得更加合乎经验和理性，但同时，一些因素却也愈易受到经验和理智的遮蔽，甚至武断堵塞，以致日用而不知，日见而不觉。诸如"道心""明德""大体"，长期是传统经论万变不离的核心，而从现代学术知识体系，已难觅其踪影。

在此古今知识变迁过程中，所谓"文化复兴"，并非由现代回到传统，或者，以传统文化抵制现代文化，而是旨在开启使传统道德认知与现代世俗体系圆融无碍的不二智慧。中国文化传统中的"内圣外王"，很大程度上蕴含此类智慧。这本书，尝试沿着中国文化理路，依循人文视角，在"内圣外王"框架下，探寻中国政治和法律发展的方向。

扭转历史上"理"与"欲"的针锋相对，平行开通人的经验认知、理性认知和道德认知，兼容人的生理本性和道德本性，于本书看来是可能的，也是必要的。本书认为，在按照经验规律和理性考量筑建民主法治的理性基础的同时，通过重启人的"德性之知"将这一现代体系涵容于道德系统，坚实民主法治的道德文化根柢，这是中国民主法治可供选择的人文道路，也是适合"内圣外王"重新展开的现代形式。

［本文原为《内圣外王：法治的人文道路》（华东师范大学出版社 2013 年版）自序］

法治与新人文主义

从人出发，以人间事务为中心，以人的道德、能力、尊严和自由发展为价值准轴，重人力和人事而轻宗教，通常被认为是人文主义的基本特质。从文化比较的角度看，人文主义在其历史发展过程中表现出一定程度的中西之别。当今中国需要一种融合西方人文主义与中国人文主义的新人文主义，世界以及这个时代也需要这样一种新人文主义。此种新人文主义，对于现代政治和法治亦具有现实意义。

西方人文主义构成了自文艺复兴以来经过宗教改革、"启蒙"运动之后形成的现代西方文化的主流。如果把古希腊、古罗马文化作为西方文化的第一个发展阶段，中世纪的希伯来宗教文化作为西方文化的第二个发展阶段，那么，西方人文主义可被视为西方文化的第三个发展阶段，它至今已经历近五百年的发展。在很大程度上，西方人文主义是对中世纪宗教文化的一次否定。尽管它也表现出对古希腊、罗马文化的回归，但它与古希腊罗马文化也存在很多差别。对于近一个半世纪以来的中国来说，西方人文主义可谓对近代中国社会转型产生重要影响的文化形态。

归纳起来，西方人文主义主要表现出这样几个基本特点。一是摆脱宗教和神的束缚，从人出发并以人为中心来观察、思考和界定世界。二是承认意志自由，充分认可人的自主选择和责任承担、人的能力和尊严。三是扎根自然世界和人的自然本性。四是在认知上，以人的经验和理性为判断根据。在西方人文主义的影响下，宗教文化逐渐走向衰落，历史上以宇宙秩序以及宗教、道德或自然义务为基点的伦理政治，最终转变为从"自然权利"出发的自然政治，旨在保护人权和公民权利的自由民主政治因此得以建立。与以往古希腊、罗马文化以及中世纪的宗教文化对照起来看，西方人文主义实际促成了自然权利与"自然法"以及神法的断裂、"意志自由"与"自然道义"的断裂、权利主体与德行主体的断裂、道德精神与民主法治的断裂。可以说，在造就现代政治法律文明的同时，西方人文主义附带着与之相关的"现代性"问题，例如，"自由帝国主义""做错事的权利"等。它因此也需要探寻新的出路，并不足以被视为一种终极的、更高级的乃至最高级的文化形态。

如果说，西方人文主义主要立足于人的身体、生理本性以及认知理性，那么，与之相对照，中国人文主义则一直表现出以人的道德精神、道德本性以及道德理性为基础。立足点或出发点的不同，使得中西人文主义呈现出发展路径的差异，这种差异并不能因为西方在现代的一时强势而被简单地归结为发展层级的高低之别。中国人文主义大致形成于周代，一直持续至今，但在一百多年里受到西方人文主义的巨大挑战。

大体而言，中国人文主义表现出这样几个基本特点。一是非宗教性。在以儒教、道教、佛教为主体的中国文化中，缺乏作为"第一主宰"的上帝观念，人自身一直被认为具有超凡入圣的超越性。因此，中国人文主义有时也被人称为"超越宗教的宗教"。二是内在超越和主体性。人被认为是天然具有善性、神性或佛性的主体。人与本体、自然、佛之间并没有严格的、不可逾越的界限,与宗教所讲的神之间也未必是上帝与选民的不平等关系。只要努力,"人皆可以为尧舜",人皆可以成佛。这是一种道德上的意志自由,它意味着人经过自身的努力可以改变在尘世的命运,而且这种能力是人本身完全具备的。三是公共责任。中国文化中有一种源远流长的"天地万物为一体"、所有的人都与己相关的观念,并由此生发出"民胞物与""四海一家"的道德情愫。每个人被认为对天下人都负有仁慈的道德责任,而此种道德责任的实现实为人之为人的基本要素。四是德行认知。在经验和理智之外,中国文化中还包含着一种独特的"德性之知"。它是人在可感知的自然世界之外发现同样对人具有实际制约作用的道德世界、发现自身的道德"良知"的基本认知途径。近一个半世纪以来,中国人文主义所表现出的这些基本特质,尽管遭受西方人文主义的剧烈冲击,而且在构建现代自由民主政治方面显得力不从心,但越来越多的人认为它们对于重建现代人的价值系统具有重要意义。在"古今中外"的时空背景下,现时代有必要结合中西人文主义来形成一种新的人文主义。这样一种新人文主义旨在实现人的生理本性、认知理性、见闻之知、自然权利、民主法治与道德理性、道德本性、"德性之知""自然正当"、道德精神的衔接或会通。作为一个发展中国家,中国在尚未完全形成自己的政治和法律发展道路之时,尤其需要这样一种融会古今中外智慧的新人文主义,以为其构建民主法治国家及其未来发展设定合理的理论基础。

回顾历史,不难看到,20世纪是中国文化屡遭摧残、饱经风霜的一个世纪。从"五四"新文化运动到20世纪80年代的"文化热",中国传统文化被长期置于"古今中外"和"海陆黄蓝"

的简单对比结构中,由此形成了一种"惟分新旧,惟分中西,惟中为旧,惟西为新,惟破旧趋新之当务"的文化观。在一系列政治运动特别是"文化大革命"中,中国传统文化更是遭受前所未有的批判和否定,终致飘摇破败、花果凋零。可以说,在现实政治和西方文化的双重冲击下,政治形势、社会功利乃至群情激奋明显盖过了对于根本道理的终极追问。

这种状况,在20世纪90年代以来的中国发生了一些改变。近几十年,是"冷战"结束后文化获得相对平稳发展的历史时段,其间不仅相继出现"国学热""人文精神"讨论、"传统文化复兴"等文化事件,而且,现代"人权"和"中华文化"在国家层面都得到了明确认可。在文化和理论界,一种试图彰显中国文化主体性的"文化自觉"正在兴起,立足普遍因素来承接融会"古今中外"、沿着中国文化理路来开拓中国的政道法理的文化姿态也日趋明显。总体来看,如果说中国近一个半世纪是外来文化大势涌入的"低谷"时期,那么,经历近几十年乃至以后更长的时期,中国文化可望以其择善处下、兼收并蓄而重现"百谷王"的态势。

在此现实条件和趋势下,沿着自身的文化理路、历史脉络和社会现实来重构据以长远发展的道统、政统、法统和学统,可谓近代以来的中国至为基本的历史任务。套用中国"内圣外王"这一传统理论框架,此任务归根结底涉及的是"内圣"与"新外王"的关系问题,或者说,是人的道德精神与民主法治、市场经济、公民社会的关系问题。这不只是中国的问题,也是一个与"现代性"密切相关的普遍问题。在通向现代民主法治的道路上,是完全舍弃"内圣"来开"新外王",抑或与传统思路一样秉承"内圣"开"新外王",还是在"内圣"与"新外王"之间建立某种共生并济的外在衔接,是这个时代迫切需要解决的根本问题。解决这一问题,完成现时代的历史任务,至少需要从道、政、法、学,或者,价值、政制、法律、学术,四个方面做根本考量。

一、在价值方面,需要处理好道德精神与自然权利的关系。自然权利,是现代政治和法律道路的新的出发点,也是西方人文主义在价值层面的集中表现形式。从自然权利出发的现代政治,明显有别于以德性或道德、宗教义务为基点的传统政治。在很大程度上,现代权利政治在有效保障人权和个人自由的同时,也呈现出一些与"现代性"相关的政治和道德问题。就政治而言,权利发展在国内层面与现代国家权力的精微伸展相伴随,在国际层面则与"自由国家主义"乃至"自由帝国主义"相伴随,这使得人权保障在全球范围仍然面临现实困境。就道德而言,在"意志自由"以及"无害他人"的自由主义原则的主导下,权利发展在很大程度上伴随着人的道德精神的衰落,由此呈现出一定的道德危机。就此而言,中国人文主义表现出广阔的作用空间,中西人文主义之间也呈现出实现历史结合的可能性。从中西人文主义相结合的观点看,现时代正可以也需要同时立足人的生理本性和道德本性,来重构现代民主法治、权利政治的道德根基,开拓一种作为道德责任或义务的人权,实现同为普适之道的人权与德性的融合或衔接。如此,既避免单纯从人的道德本性和道德理性出发而抑制人的生理本性和认知理性,乃至抑制自然权利和民主法治生发的传统伦理道路,也避免单纯从自然权利出发而完全剥离人的道德精神的"单向度的"现代发展道路。事实上,自20世纪中叶以来,自然权利与自然法、自然权利与自然正当之间的缝隙或断裂,在西方被更多也更深刻地意识到,这在一定程度上显示出重构人权和权利的道德根基的历史需要。倚重丰厚的道德人文资源,实现道德精神与自然权利的历史衔接,对于处在发展中的中国来说,构成了一种历史机遇。

二、在政制方面,既需要处理好"道"与"政"的关系,也需要处理好"政"与"治"的关系。中国传统政治或者被判定为有"道"无"政",或者被判定为有"治道"无"政道"。"政"与"道""政"与"治"之间的关系在当前仍可谓中国政治发展的两个关键。从"政"与"道"的关系视角看,现代政治并不扎根于仁义道德,它在很大程度上是在非道德乃至反道德的基础上建立起来的,主要表现为一种自然政治。此种政治迥异于道德与政治同构的中国传统政治,也与秉承内圣外王的传统政治哲学背道而驰。就一百多年的近代进程而言,构建和完善现代民主之"政"仍构成中国的重要历史任务,而在此过程中,如何将道德哲学与政治哲学重新结合起来,实现民主政治与仁义道德在当代的融合或衔接,是需要深入思考的理论问题。从"政"与"治"的关系视角看,尽管很早就有"天下为公"的"大同"理想,但民主政制的构建在中国几千年的历史进程中长期被搁置,对"治"理的擅长在很大程度上也减弱了对民主之"政"的需求,由此长期存在着一种以"治"统"政"的格局。就此而言,如何从社会"治"理最终转向民主之"政",实现现代民主政治与传统民本治理的合理结合,也是亟待解决的现实问题。中国语境下的"道"与"政"以及"政"与"治"这两层关系,与中西两种人文主义有着内在关联。如果说,政制意义上的民主政治主要是与西方人文主义相联系的历史现象,那么,中国人文主义在历史上则更多地体现于治道与治理两个方面。就此而言,无论是在"道"的方面实现自然权利与自然正当的结合,还是在"政"的方面实现民主政治与仁义道德、民本治理的衔接,都需要在中西两种人文主义之间做出协调和融会。

三、在法律方面,需要厘清"法治"的道德、功利、治理、政制四个层面,并摆正四个层面的关系。从中国自古以来文治武功的实际发展看,法治在中国大致出现过三种历史形态。一是作为武功的法治。这是人们所熟知的法家法治,它以严刑峻法、信赏必罚、通过法律追求国家富强为重要特征。二是作为文德的法治。这在历史上主要为儒家所主张。儒家法治的精髓在于"德主刑辅",把道德放在第一位,把法律放在第二位。三是作为立宪的法治。这是以通过政治和法律制度设计来有效约束和规范国家权力或政治权力,保障人和公民的权利为基本特征的民主法治,也是中国近代以来努力寻求建立的一种法治。如果以道德、功利为纵栏,以政制、行政为横栏,那么,大体可以说,作为武功的法治是一种功利、行政层面的法治,作为文德的法治是一种道德、行政层面的法治,作为立宪的法治是一种功利、政制层面的法治,也可以说是"新外王"层面的法治。在很大程度上,儒家法治蕴含中国人文主义的要素,而现代民主法治起初则是主要在西方人文主义的基础上建立的,它以"启蒙"时代以来的现代理性主义、经验主义和功利主义为理论基础。从这样一种比较看,在很大程度上,现代民主法治忽略了道德层面,而法家法治和儒家法治则忽略了民主政制层面。中国目前的法治实践,事实上融合了这三种法治的某些特点。同民主之"政"相联系,现代中国的要务正在于拓展政制层面的法律,着力打造中国自古以来长期缺乏的政制层面的法治。而在此过程中,法治各个层面之间的关系也是需要厘清和协调的,以使一些传统的治理和道德因素也得以涵容于作为宪政的法治之中,发挥其积极功效。在形成中国法治道路的过程中，从政治或宪制层面建立起民主法治是首要的，同时，为避免重走法家法治的老路、防止西方人文主义的某些"现代性"后果，在新人文主义的基础上加强道德对政治和行政的影响、实现道德精神与民主法治的现代连接也是必要的。

从新人文主义的视角看，现时代需要一种新的法治理论。这可被称为法治的道德理论。熟为人知的是，道德在现代社会与政治、经济、学术等系统发生了很大分化，这种分化也发生在道德与法律以及权利之间。讲法治的道德理论，并不意味着通过法律来强制执行道德伦理，或者像历史上所做的那样，通过政治和法律力量来建立不平等的等级制度和伦理秩序，而是要在道德精神与民主法治之间建立连接。具体来说，受西方人文主义影响的经验主义、理性主义和功利主义，构成了民主法治的理论基础，它是立足于人的身体、自然本性和认知理性建立起来的；而按照中国的传统政治哲学，政治必须基于人的道义、道德本性和道德理性来构建，也就是人们常说的从"内圣"开"外王"。在新人文主义语境下，这样两套政治思路可以结合起来，也就是同时立足人的认知理性和道德理性来构建民主法治。一方面，基于人的身体，建构权利主体、市场法则和宪法制度；另一方面，基于人的道义，建构德行主体，建立以人的道德精神为核心的价值系统，并由此让道德通过作为德行主体的人在市场竞争、民主法治以及国际政治中发挥积极功效。这样有助于把人从权力角逐、市场竞争、政治斗争和法律纠纷中解脱出来，使民主法治成为精简有效机制，同时也有助于人找寻到生命的终极意义，成为真正的主体，使法治成为蕴含人的道德精神的法治。

四、在学术方面，尤其需要协调好"德性之知"与"见闻之知"的关系。近代以来的中国学术，明显有一个从"德性之学"

"通人之学"转向"专门之学",从"六艺之学""四部之学"转向"七科之学"的历史变迁过程。在此过程中,科学知识以及科学认知方式明显占了上风,以至于价值和道德领域也受到了并不完全适用于该领域的科学认知方式的影响乃至支配。在现代社会,欲重建现代人权、民主、法治以及现代学术的道德和精神基础,首先必须区分"德性之知"与"见闻之知"及其各自适用的领域,以使价值系统和知识系统并行不悖。就此而言,重开中国的学统,未必意味着从中国的道德知识体系中开出科学,而在于在现代科学研究中,存留并发扬中国文化传统中的"德性认知"方式,由此为开辟价值之源、挺立道德主体提供可能,也为在现代民主法治体制下弘扬中国文化所蕴含的道德主体精神、公共责任精神和内在超越精神创造条件。

(本文原载《天涯》2012年第5期)

迈向法理社会

为纪念中国社会科学院法学研究所法理研究室初创六十周年、正式成立四十周年，法理研究室于 2018 年选编了这本学术文集。

十年前，同样是为了纪念，我们编过另一本文集《民主法治之道》。当时选编的主要是法理研究室人员发表在《中国社会科学》和《法学研究》上的论文。此次选编，未再采用这样的标准，而是按照主题分为上、下两编，上编侧重在"学"，下编侧重在"法理"。

这两个主题，也是近十年法理研究室的两个工作重点。法理研究室这些年的研究工作，大体可用"法理学""民主法治"七个字来简要概括。在"法理学"方面，我们主编了《法理学的新发展：探寻中国的政道法理》（中国社会科学出版社 2009 年版）、《法理学的新发展（2012）》（中国社会科学出版社 2013 年版），也出版了可视作法理学高级教程的《法理讲义：关于法律的道理与学问》（北京大学出版社 2010 年版）。在"民主法治"方面，我们主编了《民主法治之道》（中国社会科学出版社 2008 年版），连续出版了几卷《民主法治评论》（中国社会科学出版社 2012/2013/2014/2015 年版），还组织召开了"民主法治与中国传统"

等学术研讨会。

古人有言,"学道贵虚,任道贵实",而同时具有理论性和实践性的法理学,既需要讲虚,也需要务实,兼顾"学""理"与"法""治"两个方面。这本文集的编选,在主题上延续了这两个方面,很大程度上是法理研究室这些年工作的深化。

作为本书上编主题的"学",通常是法理学教科书开篇即要讨论的内容,主要涉及法理学的概念、历史、性质、作用、研究对象和方法,法理学与法学以及其他学科的关系等。这是学科意义上的"学"。从这本文集的上编看,法理研究室学者特别是老一辈学者对此有长期关注和研讨,与法理学相关的学科体系、知识体系、价值体系和方法体系因此得以澄清。而且,比较法研究从一开始就被摆在了重要位置。对比较法研究方法运用的高度重视,以及对外国法学的充分准确了解,可说是法理研究室创立初期的一个显著努力方向。苏联的国家与法的理论,西方的自然法学、实证法学、法社会学,以及对中国传统学术的钻研和反思,都曾是法理研究室学者的关注点。由此而展开的对权利和法治的现代追求,也成为法理研究室学者一直以来的学术目标。此外,从中也可看到探讨从知识层面向学理层面的转移,诸如"法理学与法哲学究竟是一种什么样的关系?""法理学一定要对部门法学给以理论指导或作出理论回应吗?"之类的问题,随后被提了出来并得到深入思考和研究。再后来,鉴于来源上的域外背景,法理学在文化和国家层面的主体性,也开始受到关注。

"学"看上去并未只限于字里行间。编选这样一部文集,阅读老一辈的文字,既是学习,也是通过文字对那些人物的默默感知。学与人、学与行,在这里是契合一致的。有老一辈学者曾谦逊地说,他们当年于风起云涌之时所写所讲,其实只是法学

ABC，学术赶不上后来的年青辈。然而，细读那些留存于历史中的文字，每每能感受到老一辈学者的治学严谨、下笔不苟、言说有据。制作一盒又一盒的学术卡片、在手上用墨水写满读书笔记……昔年那些学者而又学生般的种种诚恳学习研究方式，对于资讯时代的学术晚辈来说，已经很难再做到了。而自负使命地站在国家、民族乃至人类立场思考建言，对晚辈或学生举一反三式的文字批评和批注，在信封上用铅笔写字以重复利用的节俭细节，长年心平气和微笑对人而不妄生暴躁，对青年时时有意的言语点拨和爱护期许，对同事职员秘而不宣的提携帮助等，也都体现出"学"。此种"学"，如同清洌深流，在法理研究室的代代学者之间心照不宣地潜移默化。这称得上与"纸上之学"相对的"身上之学"。此种"身上之学"甚至被看得比"纸上之学"还重。"纸上之学"究竟能走多远，往往受制于这种"身上之学"。

无论是学科知识之学，还是学者德行之学，于法理学而言似乎还不是全部。法理学研究，至高深处，有一个古老的"自然法"问题。正因为"自然法"，在古希腊最初出现的哲学形态中就有法哲学，源远流长。尽管"自然法"因其看不见、摸不着，而被现代实证法学者排除在法理学范围之外，也被一些法律史学家视为虚构，但此种无形无相的"自然法"在古希腊之后的几千年里何以一直成为人们思考和言说的对象，却仍是值得深思的。深入至此，古今学者实际都面临着难以触及的宇宙本体或生命实相。用中国话讲，这涉及的是"道"。"朝闻道，夕死可矣"，孔子的这一话语讲出了"学"的极致目标。而知识之学、德行之学似乎都还不足以达到这一目标。若将《论语》开篇"学而时习之"的"学"，只解作知识之学或德行之学，恐怕是小看了孔子的学问。古人有言，"不知《春秋》，不能涉世；不精《老》

《庄》，不能忘世；不参禅，不能出世。此三者，经世出世之学备矣，缺一则偏，缺二则隘……"或许，只有上升到"道"的层面，才会发现"学"的基要、前提或高深地位。

为学过程中这样一种对"道"的朝夕追问，在此次编选的这本文集中展现得尚不够充分，但在法理研究室的一些学术长辈及其著作那里确有一定体现。至少，学者对此种学问是有所察觉的，或者说，对此种学问的重要性和必要性的认知是有的。从法理学的历史看，作为哲学基本乃至首要问题的本体论，自古即是自然法学的要义所在。然而，现代之后，本体以及本体论在法理学中明显衰退下去直至消失殆尽。在诸如奥斯丁所讲的法理学中，本体以及本体论基于实证立场而被割舍或搁置了。这与康德所讲的人对"物自体世界"不可认知有着紧密联系，由此也造就了现代学术的特质。现代学术中诸如功利主义、历史法学、实证法学以及基于自然权利的古典自然法理论等，并不能说是毫无理据的，但相对古代自然法学看，在本体和本体论层面则是空置或缺的。现代学术愈是朝这些方向精致发展，愈是容易让人觉得本体、本体论或关于"道"的追问，于学术而言可有可无。

如果将法理学乃至现代学术铺设于久远的中国文化底垫上审视，关于本体或道的传统学问也会鲜明地映衬出来。沿此脉络，可以发现法理学在中国的发展有一个发人省思的传统文化维度。这一维度，在古希腊表现为世界本体，在中国文化语境集中表现于"道"，二者共通于"道体"或道德本体。弥合疏通西方法理学中几近断裂的古源与新流，辨明查证中西文化的相通道德本原，可谓现代学术的一个重要使命和方向。"形而上者谓之道，形而下者谓之器"，将器物之学与道体之学融通起来，而不是脱离道体之学而只讲器物之学，甚至沿着器物层面机械生硬地探究言说道体之学，才称得上完整之"学"。这是"道"或本原意义上的学。至此，才可说学得本原，学有本原。少了这样一种"学"，法理学、现代学术以及现代世界，即使能够基于人的情智而一时枝繁叶茂，却也仍可能由于根源滞塞不通而成为无本之木。关于现代世界，有观点认为，21世纪会成为"亚洲世纪"。从文化或"学"的角度看，要是本原之学在亚洲特别是中国不得复兴，很难说"亚洲世纪"真的会如期而至。这也透显出东方文化乃至中国理论的世界意义。

法学，为正义之学、权利之学、法律之学，有明显的经世致用品格。务实地寻求治理国家和社会的有效方法，是法家理论、儒家学说、自然法学、实证法学、社会法学所表现出的共同气质。时至今日，"法治"业已成为我国的治国基本方略，亦是得到全球社会普遍认同的治理方式。法理研究室学者几十年来坚持不懈努力推进的重要目标也在于此。自"依法治国"被确立为基本方略以来，每隔十年法学研究所都会专门对依法治国作出回顾和展望。关于法治是什么、现代法治原则、法治理论和体系、中国法治发展道路等的研讨，亦成为法理研究室学者长期反复开展的工作。本书下编以"法理"为主题，部分地收集了不同学者在这方面的研究成果，尤其是中青年学者的论稿。这些文稿，内容各有侧重，但总体上都未脱离开"民主法治"的大方向。

现代社会选择"法治"作为治理的主要方式，有现代法理做支撑。按照历史学家、社会学家等的看法，近代社会经历着从"礼俗社会"向"法理社会"的转型。以人权和公民权利为基点，构建起保护个人权利的政治体制和法律体系，使政治权力严格依循法定的政治程序和法律机制运转，并将促进个人权利的保障和发展作为自身的价值目标和存续条件，由此，个人权利、经济贸易和社会自由得以免受不必要的人为干扰和侵犯,社会得以沿着刚性体制客观而安定有序地自由伸展,这可谓现代社会的运行逻辑。在理论上,现代法学为此种治理逻辑和方式,既设置了自由和权利价值,也铺就了规范和法律基础。现代法治因而有别于法家自上而下的权威管制,亦有别于中外社会基于宗教或礼教、以道德的法律强制为主要特征的传统治理。对于仍然处于社会转型和现代化进程中的中国而言,这样一种现代法理值得进一步正视和重视。21世纪的头二十年,是中国全面建设小康社会的历史时期。小康社会建成后,中国的民主法治建设应该会迈出更稳步伐,取得更大成就,随之可以期待的当是中国法理社会的真正到来。

法理,在韦伯的理论划分中与"魅力"和"传统"相区分,标示的是人的理性做主的状态。此种状态,也就是康德在论及"启蒙"时所说的"在一切事情上都有公开运用自己理性的自由"的状态,不同于传统社会对圣贤教诲或习惯方式奉若神明、不经审思的遵从。雅斯贝斯有关"轴心时代"与"新轴心时代"的划分,也触及此种古今差异。就"学"而言,这种差异集中表现于,学者即使缺乏对"道"的觉悟、不曾通解幽微古义、未必读得懂传统经典,在现代条件下也可成为某些方面掌握学术话语权的专家。一如实证法学的开创人物奥斯丁,只在实证领域建立法理学的基础和范围,而将涉及形而上学的古代自然法学存而不论。现代社会在知识来源上对人的理性的依赖,不同于传统社会以圣贤言行或"道统"为渊源和权衡。这是现代性的特质所在。由此特质看,在包括学术体系、法治体系在内的现代体系与"道"之间建立连接,实现融通,仍可谓现代未竟的使命。现代世界在朝技术化方向发展的同时,也需要一种深得本原的"学"

作为据以前行的依托。在博大精深的中国文化背景下，这是中国法理社会在形成过程中值得留意的重要方面。自觉涵容中国文化的法理社会所体现出的法理，是实现"道"与人的理性相融通的法理。至此，才呈现出"道"的层面的法理。"亚洲世纪"的到来，或许需要从此种具有普遍意义的中国法理的出现去审视。

这本文集，作者都是曾在或正在法理研究室工作的研究人员，收集了建室以来这些人员具有代表性的、与法理学和民主法治相关的学术论文，至今仍具有一定的现实意义。这本文集，透显出中国社会科学院法学研究所法理研究室不同时期工作人员的研究风范和风格，在很大程度上也可视作见证改革开放以来中国法理学和法治理论发展进程的历史标本。因为篇幅所限、避免重复以及其他各种原因，曾在本室工作过的一些人员的文稿，本该编入但终究未得收入。法理研究室还有七十、八十乃至百年诞辰，这一遗憾可望在未来弥补。无论如何，我们谨以这本文集，对曾在法理研究室工作过的所有同事及其辛勤卓越的工作，致以由衷的敬意和感谢！

[本文原为《迈向法理社会》（社会科学文献出版社2022年版）前言]

重建基于道体的法理

这是一本关于法理与中国文化的书。也可以说，这是一本沿着中国文化道路思考和研究法理的书。

将法理与中国文化联系起来，算是新的尝试。历史地看，作为现代学科建制的法理学，来到中国尚只有一百来年。在这一百来年里，法理学在中国时而借鉴西方，时而照搬苏联，与中国文化的结合和融入显得不够充分。在古中国上千年时间里起思想指导作用的孔孟学说和文化经典，看上去与法理学攀不上关系；即使能联系起来，在一些人看来可能也是要从法理学中清理出去的内容。

进入21世纪，一些学者注意到中国法理学的主体性问题，由此日渐呈现法理与中国文化这样的主题。在国家层面，随着中国经济崛兴，文化复兴也愈益成为中华民族复兴的重要内容。如果说在20世纪90年代，人权、市场经济、法治终于实现与中国发展的理论衔接和实践融入，那么，在21世纪初期，传统文化与中国发展之间也越来越呈现这样的融合趋势。贯通千年文化历史的现代中国崛起，有望成为21世纪亚洲乃至全球的可观愿景。

经历近代百年动荡之后，中国传统文化自"冷战"结束以来开始出现持续复兴态势，只是，就现状而言仍然有进一步拓展的

重建基于道体的法理

空间。看上去,对中国文化基本内涵及其经典的认知,并不是普遍明确清楚的。例如,《论语》中有"为政以德"四个字,常被解作"德治"。而从原文"为政以德,譬如北辰,居其所而众星共之"看,北辰居其所恒久不动,倒很像是道家的"无为而治",如此众星拱之图景,究竟怎样与"为政以德"联系起来?

又如,《论语》中有"天下归仁"四个字,曾出现古人注解到此处因不明旨义而注解不下去的情况,而自古以来对此四字注释各样,臆解实多。这四个字,是否真正懂得,对于注解者而言应是"冷暖自知"的,适可用来作为判定《论语》注解者正误的尺度。迄今,类似的阅读和理解困难,即使对于专业学者,也仍是较为普遍的。

不过,契入之门并不因为历史久远而完全封闭重启的可能。将"为政以德""天下归仁"以及"明明德于天下"这些儒家经典中的语句放在一起看,"北辰"与"众星"、"仁"与"天下"、"明德"与"天下",其实表达出高度一致的结构。此种本与末、一与多、小与大的结构,是蕴含在中国文化中的道德结构、心性结构、体用结构,直接源于作为中国文化根本的"道体"或形而上的本体。

"人能弘道",看清中国文化的道德结构及其形而上的本体,尤需看懂中国历史上的一些关键人物。司马迁著《史记》,以为"古者富贵而名摩灭,不可胜记,唯倜傥非常之人称焉",选取了很多出众的历史人物。只是,尧、舜、周文、孔、孟分散于本纪、世家、列传各篇,老、庄这类人物与韩非一并作传,看上去还没有形成一个独立的"道"的系统。

到宋明时期,以宋代陈抟为新开端,周敦颐、二程、朱熹、陆王这些"新儒家"出现,上承尧、舜、周文、孔、孟这个系统，重新开通了中国文化的道脉和学脉。朱熹编订《近思录》以道体开篇，王阳明《传习录》的核心也在于道体或"心体"。宋明时期兴起的理学和心学，在中国的人物分类中突显了一种觉知道体的人物类型，由此使得一个以道为轴心的人物系统得以明确并最终形成。

从历史看，这样一个道的系统，有赖于一些觉知道体的关键人物出现，也有赖于世人对这类人物的认知和认同。相对历史上的人事流转、物相变迁，道是自在恒久的，而对于自在的道，有的人得以察觉，更多的人则是"日用而不知""习矣而不察"。所以，中国历史上有"五百年必有王者兴，其间必有名世者"这样的论断。这看上去讲的是道的中断和承接。

宋明以后，这样一个道的系统得以延续，在康雍乾时代尤其受到尊崇。只是，其间的分歧亦在所难免。这尤其体现在陆王心学与程朱理学之间。尽管朱熹和王阳明都注意到道体的根本地位，但二人又表现出明显不同。相似的不同也发生在同受"立德、立功、立言""三不朽"评价的王阳明与曾国藩之间。临终前，朱熹仍在注解《大学》，曾国藩仍在看《理学宗传》，这显示出理学家的切身终极关注。这样两个人物，与王阳明究竟有何不同？这是有意思，也值得深思的法理问题。

回答这样的问题，需要一种基于道体的法理判断，否则容易陷于知识层面的辩驳而终难厘清。同样的分歧，在学理上也出现于儒学与儒教之间。至今，仍有儒家学者致力于使儒学成为与宗教一样的儒教。这标示出对儒学的一种特殊理解。历史上，董仲舒、康有为都曾表现出此种倾向。程朱与陆王之别、儒教与儒学之异，到我们这个时代，看上去仍然是含混不清的，甚至容易混淆。

重建基于道体的法理

历史长河流到 21 世纪，其实经历过也仍然正在经历着很多这样的文化分歧。这为把握中国文化要义设定了难度，也为中国文化在 21 世纪正本清源、沉沙淘金、去伪存真造就着条件。21 世纪中国文化复兴，需要重新开通道的系统，使中国文化的道脉和学脉向前延伸。实现此种文化复兴和新的发展，不能不首先看懂作为中国文化代表人物的孔子以及作为中国文化基本典籍的《论语》，真切了解王阳明这类人物。

王阳明时常受到诸如援佛、道入儒这样的批评。其实，结合文本和学理细致审视，阳明学都可从孔孟学说找到根据，是直追孔孟的地道儒学。阳明学的核心在于道体。与对道体的主观识见不同，王阳明对道体既有切身的觉悟体验，也有充分的理论阐释，可谓中国文化史上罕见的重启道体之人。王阳明直接而明确地以道看待孔子和《论语》，认为"孔子，圣人也"，"《论语》者，夫子议道之书"，由此将儒学还原为孔孟意义上关于道体并让人觉察道体的学问。

这是一种适用于所有人的普遍学问，并不受制于中国的民族性、历史性和地方性。而且，因其穿越时空的普遍性，这种学问与"现代性"表现出相融相通，是仍适于在现代生发延展的学问。也正因此，阳明学在近代中国和日本成为引领和推动现代变革的理论。阳明学与现代性之间的这种关联，亦是有意思的法理问题。尽管有人质疑二者之间的紧密联系，但基于道体而作法理审视，这种关联在学理上是明确的。

有人说，21 世纪是王阳明的世纪。也有人说，21 世纪是"亚洲世纪"。这些判断背后的学理和法理，发人深思。如果世界的中心在 21 世纪真从欧洲、美洲重新回到亚洲，那么，所谓的"亚洲世纪"，显然不宜仅仅停留于经济、政治和军事层面，而势必延伸至文化和文明层面。与此相应，21世纪足以在亚洲乃至全球产生影响力、吸引力和向心力的这种文明，究竟会是怎样的文明？这应该成为我们这个时代深入思考的理论主题。中国对于此种文明的形成，看上去具有很大的文化优势；而此种文明的形成，对于现代中国崛起也构成千年一逢的时代机遇。

总体看，现代学术和法治有一个久远而深厚的东方传统或中国文化维度。在文化自觉和文化自信语境下，这一维度在21世纪初越来越得到延展和伸张，其价值也愈益突出。增进现代发展的传统涵量，沿着中国文化传统审视权衡当今中国和世界的发展，为重塑中国法理和法治造设着可能。对源于西方的现代性而言，这样一种生发也显出世界意义。面对如此时代潮流，中国学术以及中国政治和法治亟待以远大眼光和广阔胸怀，进一步消解中国文明复兴在观念认识上的障碍，疏通中国文化传统在现代的生发渠道。

本书致力于沿着中国文化传统所蕴含的道和法理，来分析考量中国政治和法治的发展。中国法所蕴含的三重结构，为本书的构思设定了基本研究框架。沿着中国文化理路审视，中国法蕴含三重结构。一是道体，二是道德律或道德法则，三是实在法。其中，道体近乎哲学特别是古代哲学所讲的本体；道德律与"自然法"相通；相对这二者，实在法表现出特殊性，因地域、文化、历史和社会因素等而在不同国家和地区表现出差异。讲中国文化，思考和研究法理学中的自然法等形而上概念，需要上升到道体和道德法则高度。历史地看，正是基于道体以及相应的道德律，法哲学才一开始即以自然法为核心，由此成为哲学的原初形态。在现代，作为世俗体系重要组成部分的法治体系，是否需要以及是否可能与道体和道德法则衔接融合，是法理学有待深入研究的重要课题。

本书认为，中国文化的根本在于其体用哲学所蕴含的道体或心体。与现代性对照来看，重启道体可谓现代世界发展的一种内在需求。如果说中国传统社会贯穿着"道体—德性—礼教"这样的知识和实践结构，那么，现代社会同样实存着"道体—理性—法理"的知识和实践结构。只是，在现代以人的经验和理性为主的认知条件下，个人理性和现代法理这二者与道体之间实际的体用关系经常难以被察觉。循着传统的体用哲学分析框架看，现代中国乃至现代世界需要重新考量作为"新用"的自由民主法治与作为"旧用"的传统礼制德教之间的协调，也需要重视"道体"与现代"新用"之间的衔接。在文化和个体层面自觉传承心性或德性文化，在政治和国家层面基于权利打造现代国家的政治、经济、法律和社会体系，形成"道体—理性/德性—法理/德教"的复合次第结构，在 21 世纪是一种可供选择的、契合中国文化理路的政治和法治发展之道。

[本文原为《亚洲世纪：法理的文化重建》（社会科学文献出版社 2021 年版）前言]

权利政治的中国境遇

1776年美国《独立宣言》有这样一段话:"这些真理是不证自明的:人人生而平等,造物主赋予他们以某些不可剥夺的权利,其中包括生命权、自由权和追求幸福的权利。为了保障这些权利,才在人们中间成立政府,政府的正当权力,源于被管理者的同意。无论何时,只要任何形式的政府毁损这些目的,人民就有权改变或者废除它。"1789年法国《人权和公民权利宣言》同样宣布:"一切政治结合的目的都在于保存自然的、不可侵犯的人权。这些权利包括自由、财产、安全和反抗压迫。"18世纪的这两个文献清楚地标明了一种新的政治类型的诞生。

这是与"政治专制主义"相对的一种政治类型,可称之为"权利政治"。权利政治主要按照"人权和公民权利—国家权力"这一二元对立的理论范式建立起来。此种理论范式由17—18世纪的启蒙思想家提出。为了给一种与教权统治和君主专制针锋相对的新型统治或治理形式提供正当性论证,启蒙思想家建构了一套自然状态学说和社会契约理论。按照霍布斯、洛克、卢梭等人的设想,人们在国家产生之前生活在一种"自然状态"。由于人人享有"自然权利",各自拥有私的权力,如执行"自然法"的权力,这一状态成为或最终演变为人对人就像"狼对狼"一样的

权利政治的中国境遇

相互提防或交战状态。为避免混乱不堪的"战争状态",人们共同达成协议或默契,把分散的、非集中的私的权力,统一交付给一个人或机构。国家或公共权力由此产生,并获得对暴力使用的垄断,人们则通过权力的统一上交换回合法权利。自此,人的自然权利受到国家法律和国家垄断权力的持久保护。尽管启蒙思想家的这些设想,时常被人批评为"无聊的虚构"和"美学上的假象",但18世纪的现代政治哲学还是在此基础上被建立起来,成为权利政治的重要理论渊源。

　　施特劳斯讲过,"18世纪的政治哲学就是一种自然权利论","彻底质疑近三四百年来的西方思想学说是一切智慧追求的起点"。本书不是一本关于权利政治的专门著作,无意对权利政治作彻底的质疑,但在很大程度上,权利政治构成本书的一种重要参照背景。这种背景与其说是写前有意设置的,不如说是编后自动呈现的。作为西方现代建构的主导方面和近代以来人类取得的最主要的文明成果,权利政治一直影响着包括中国在内的后发展国家现代化进程中的政治法律实践。在这样一种大的历史背景下,中国学者谈论法律问题、研究法律理论而能避开权利政治也许是不现实的。本书有对权利政治的理论描述,也有对权利政治的批判分析,但对权利政治的集中论述比较少,各篇与权利政治之间也需要作适当的勾连,所以对此在书前再多写几句。

　　权利政治以个人自由为价值目标,以政治国家与市民社会相分离,并进而以市民社会制约政治国家为社会基础,以权力分立为政治原则,以法治为法律原则。其要义在于"人权和公民权利"与"国家权力"之间的目的与手段关系,亦即,国家权力是实现人权和公民权利的政治手段,国家权力的存在和运行以保存和维护人权和公民权利为目的。这是启蒙思想家的核心观点,也是自由主义政治哲学的精要部分。此种政治类型自18世纪产生以来，一直是西方政治法律实践的主导模式，而且在国内和国际两个层面不断深入扩展。在国内层面，对公民权利的保护为国家权力的存在和运作提供了正当理由，"民族国家"循着权利之名得以建立并逐渐强大。在国际层面，人权作为一种普适性话语以欧美为中心逐渐向世界范围扩展，权利政治成为世界范围政治法律改革的主要导向。大体可以说，三百多年来的现代史，在很大程度上是权利政治和权利话语的扩展史。

在中国近一个半世纪的现代化进程中，权利话语几经周折，终于在改革开放之后逐渐成为一种强势话语。不过，这一话语在中国社会扩展和深入过程中，既受到来自西方文化的内在反省，也受到来自中国本土的其他话语的外部挤压。在西方已步入所谓"晚期资本主义社会"或"后现代社会"将近半个世纪后谈论人权和公民权利，不同于也不应同于20世纪初期的中国人谈论科学和民主。本民族的文化自觉，以及因为权利政治在理想与现实、表象与真实、特殊与普适、单一与多元、历史的偶然与历史的必然等之间的矛盾冲突而导致的对权利话语的内在反省，在现时代表现得更为明显。挤压权利话语的本土话语则主要源于传统和现实两个方面。传统方面最主要的是中国传统文化中的"德行"话语，现实方面最主要的是中国现实情境中的"利益"话语。就此而言，"现代权利话语""传统德行话语"和"现实利益话语"，构成中国现代化进程中相互竞争，而又需要相互协调的三个重要维度。

权利体现了人的主体意识的觉醒和主体性的伸张，它是与人的"成熟"和"解放"相联系的一个概念。康德1784年在回答"什么是启蒙？"这一问题时，曾把"启蒙"作为不成熟与成熟的界分，认为不成熟是"只服从而不思考"，成熟则是"服从并勇敢地运用理性"。"敢知的勇气"把人从宗教和传统权威中解放出来，使人得以对政治统治作出自主选择并予以理性审视。在此，康德实际上已涉及权利与政治的结合："人的权利必须被视为神圣的……一切政治都必须跪在权利的面前。"权利政治由此开始。如果"启蒙"标志着现代性的开始，而现代性又可被视为历史性的断裂或转折，那么，权利政治就属于在此断裂中产生出来，并对后世发生全球性影响的"社会生活或组织方式"中的一种。现代性的断裂或转折集中发生在三种关系上。一是对事物的关系，二是对他人的关系，三是对自己的关系。这三种关系被福柯称为实践体系的三大领域。对事物的关系是天人关系，现代社会在此关系上确立了理性认知的主导地位，它主要涉及知识和天理。对他人的关系是人际关系，现代社会在此关系上确立了人的平等权利主体地位，它主要涉及权力和法理。对自己的关系是人己关系，现代社会在此关系上确立了意志的自治地位，它主要涉及道德和伦理。权利政治主要处于这三种关系中的第二层面上，它在把人建构为权利主体的同时，强调了政治实践对人的权利的尊重。

福柯洞察到康德有关"启蒙"的见解与其三大《批判》之间的联系，并进而挖掘出"启蒙"中的批判因素。如此，现代社会的上述三种关系仍然处于批判的境地。三种关系中，法理与天理、伦理实际是联系在一起的。人的权利主体地位以人对世界的理性认知路径为前提，理性在摆脱和破除外在权威从而树立人的主体地位的同时，也拉开了天理与伦理之间的距离，这使得人的道德自治迷失在一种缺乏或找不到客观意义的情境之中。就天人关系而言，现代社会按照人的理性认知、建构和控制世界，按照人的理性建构和培植权利主体，同时沿着理性和科学的路径织就一张现代文化之网，使世界日渐成为一个为人的理性所符码化和复杂化的世界，日渐成为一个人化的世界。这样一张人化和理性化的意义之网，在很大程度上使得人与自然或"天"越来越疏远，越来越陌生。就人际关系而言，权利政治虽然强调了对人的尊重，强调了理性的运用，但它在削弱传统的社会团结的同时，如一些学者所认为的，并未消除服从和统治。而且，在一定意义上，服从反倒成为理性运用的最终结果。康德在讨论什么是"启蒙"时，反复引述普鲁士国王腓德烈的话："可以争辩，随便争多少，随便争什么，但必须听话"，并且以这样一句话作结："以一种适于人的尊严的方式对待人……这对政权本身是有好处的。"由此约略可以看出，权利政治的中心可能实际在于服从和政治，而权利不过是使这种服从和政治持久下去的一种新的权力策略而已。权利政治并不是不服从的政治，而是一种理性服从的政治，是一种抵御权力专制或权力使用喜怒无常的统治的政治。就人己关系而言，主要作为社会交往媒介和政治斗争工具的权利，在现代社会并不能为人提供一种源于天理的道德扶持，因为这一点，现代社会才特别有必要关注现代权利与传统德行的关系问题。

与权利比起来，德性也体现了人的主体意识的觉醒和主体性的伸张，它同样与"成熟"和"解蔽"联系在一起。只不过，权利"启蒙"发生在两三百年前的欧洲，而德性"解蔽"则在两三千年前的中国即已发生。所以，梁漱溟认为中国文化"早熟"。从晚清以来的历史看，德性的衰微与权利的生长是中国现代化进程中同时出现的两种现象。这样一种此消彼长，似乎表明着权利与德性之间一定程度的差异。如果德性可被视为一种源自远古的"道"，那么，权利就是兴盛于三百多年的另外一种"道"。这两种"道"在三种关系上存在很大不同。在天人关系上,权利之道源于人对外在世界的一种理性审视和把握,它强调人对外在世界的理性认知和控制,正所谓"知识就是力量";而德性之道则源于人对天理的一种内在涵化和包容,它强调人的道德力量和天人合一的道德境界,正所谓"动天地""与天地参"。在人际关系上,权利之道以个体和自我的利益为中心,强调人与人之间权利义务的界限,在很大程度上承认争权夺利的正当性,正所谓"财产权神圣不可侵犯";而德性之道则崇德尚义,讲孝悌伦理、宽恕容忍、人际和谐,正所谓"廓然大公""民胞物与"。在人己关系上,权利之道强调人的生理本性的扩张,反对对物欲的束缚和压抑,崇尚人的行动自由和精神自由,正所谓"不自由,毋宁死";而德性之道则强调克制和适度,讲中庸和圆融,正所谓"择乎中庸""致中和"。尽管权利与德性在一定意义上都涉及道德和利益,但就其各自的侧重和主要方面而言,权利与德性在很大程度上体现出外在社会之理与内在生命之道的差别。

把权利与德性作为两种元素剔挑出来予以区别比较,目的并不在于简单地对二者作"权利优先于善"之类的判断,而在于指明现代社会发展需要特别把握的内外之道。这其实不仅仅是中国社会需要注意的问题,也是现代社会普遍面临的问题。施特劳斯在 20 世纪晚期指出,"真正的自由人今天最紧迫的责任莫过于全力对抗堕落的自由主义,这种堕落的自由主义宣扬人的惟一目的是只要活得开心而不受管教,却全然忘了人要追求的是品质高贵、出类拔萃、德性完美"。在个人主义权利观的指引下,随着理性化进程的加深,权力和金钱日渐向包括家庭在内的生活世界渗透,权利的分界则不仅瓦解了原有的社会团结,也加强了冷酷的利害关系对温情的友爱关系的替代。在暴力使用为国家垄断的格局下，公民无一例外地与国家发生一种"直接面对面的"联系，公民彼此之间则如同马铃薯一样通过权利义务被分隔开，借助于法律、权利彼此交往或相互反对。法律与道德也在现代社会发生更大程度的分离，这与其说是法律对道德涵容能力的衰微和丧失，毋宁说是法律因为社会需要而对道德的疏离和摆脱。卢梭曾经说，"在没有使人成为人以前，决没有必要使人成为哲学家"。在有关"法律与文学"的研究中，也有学者提到，在把法律系学生培养成为律师之前，首先要把他们培养成为人。同样，现代社会在把人培养成为会说话、会劳动、会理性思维、会斤斤计较的权利主体的同时，也不应疏忽人的道德主体地位。就此而言，现代社会需要特别掌握把权利与德性结合起来的内外之道。古人所谓的"外积功德，内固精神"，也许可以用来作为此种结合之道的一种注解。具体而言，现代社会在政治社会层面以政治、法律制度保护人权和公民权利、约束国家权力的同时，有必要在个体层面昭苏德性，传承德性这一精神本源，使德性在个体层面得以普遍展开，正所谓"开辟价值之源，挺立道德主体"。

如果德性是权利政治在传统维度上遇到的一种竞争话语，那么，利益就是权利政治在现实维度上遇到的另一种竞争话语。由于权利一般被认为是法律保护的利益，权利与利益之间细微而重要的差别时常不为人注意。实际上，这些差别标明着两种不同的治理之道：权利之道与利益之道。从主体看，利益并不以"主张"为必要条件，而权利概念一般包含"主张"这一要素。也就是说，一种利益，如果无人主张或提出要求，就不能成为权利。就此而言，权利人比利益人具有更强的主体意识，权利保护比利益保护在主体上更具有主体性和主动性。这在政治上主要表现为"当家做主"与"为民做主"的差别。从保护手段看，由于权利一般被认为是正当的，权利主要通过法律予以保护，因此，"法治"是权利政治的法律原则，也是自由主义政治哲学的重要内容。而利益并非全部是正当的，它既可通过法律予以保护，也可以通过政策、私力等其他非法律方式获得保护。就此而言，权利之道与利益之道在一定程度上表现出韦伯所谓的"形式合理性"与"实质合理性"之间的差别。权利政治并非"只保护而不思考"，而是"保护并勇敢地运用理性"。此外，从哲学基础看，权利一般立足于个人主义，强调个人以及个人自由、个人选择的重要价值，而比较起来，政治领域中的利益，特别是诸如最大多数人的最大利益、最广大人民的根本利益等，其功利主义或集体主义色彩显得更重。就此而言，权利之道的核心在于个人权利，而利益之道的核心实在于社会或公共利益。权利与利益之间的这些差异可以让人从很多方面洞察到权利政治的边界，也足以让人洞察到权利政治在中国社会的现实境遇。

基于利益与权利的对比而在利益之道与权利之道之间勾画出一条从前者到后者的直线型发展轨迹也许是需要慎重考虑的。权利政治无论是在服从上，还是在权利保护上，都强调理性思考，这种进路使得权利政治在政治统治和权利保护上都形成了一套独特的策略、手段和方式。例如，在正义论上，权利政治强调形式正义或普遍正义，而反对社会正义。形式正义注重中立规则或抽象规则、注重同一标准的平等适用、注重机会均等。它虽然在很大程度上能够增进个人自由，但就这种正义同时也是一种无意改变乃至支持社会事实不平等的正义而言，对这种正义的执行最终可能只是对国家权力体制和社会权力体制的维护。又如，在治理方式上，权利政治一般强调程序法治而忽视实质法治。程序法治注重通过法律程序来获得法律结果，这有助于限制和防止权力专断，也有助于社会中的各种利益和价值通过确定和可预期的抽象规定和程序来表达和实现自己。但程序法治并不必定带来结果的正义，受时间等条件的限制，它最终可能只以并不真实的法律事实代替案件真实而结案，从而使得案件的处理丧失实质正义。而且，在法律实践中照本宣科地作出决定可能并不困难，但要真正通过法律来平息社会纠纷、解决现实社会问题却远没有如此简单。中国司法史上的地方保护主义、执行难等问题充分表明了这一点。如此来看，在权利诉求尚乏有效的法律救济机制、在利益迫切等待保护、在社会现实问题需要及时解决、在利益分配机制失衡等情况，借助于包括法律在内的多种途径或综合手段，利益之道可能显现出不同于权利政治的一定现实生命力。大体上，权利之道具有制度论取向，利益之道则具有实践论取向。如同历史上法家治理与儒家治理各显侧重一样，制度虽可流传久远，但它并不足以一劳永逸地解决所有的具体现实问题；实践有时虽然不讲章法、不因循守旧，但它恰可在因地制宜、因势利导中表现出灵活性和创造性。由于并不以个体权利为惟一权衡目标，利益之道比权利政治可能更加开放、包容和多元，德性和权利话语在其中都可以得到流行并起重要作用。也正因为这一点，利益之道在法理上更需要受到合理价值的引导，以使政治真正成为一种实践正义、德性和权利的活动，而避免沦为专制主义。理论上讲，一种比较完善的政治，应是结合德性论、制度论和实践论，将德性之道、权利之道和利益之道贯通起来的政治。

　　基本上，在权利政治背景下，权利之道、利益之道和德性之道是这本书大致可以捋出的线索。全书分为"法的学理研究""法的思想源流"和"法的理性批判"三篇。鉴于正义、权利、德性对于利益政治或功利政治的重要性，本书以"法律与正义的一般理论"开篇,旨在言明正义在政治和法律实践中并非可有可无之物。第二章"法律的政治分析"和第三章"全球化背景下的国家与公民",对权利政治讲得相对较多。第四章"权利维护与社会控制"、第五章"作为社会变革工具的法律"和第六章"权利的道德和政治处境",对权利之道与利益之道的关系、实现方式及其在具体问题上的应用等有所涉及。第七章"儒家传统与现代法治"则主要涉及权利之道与德性之道的关系。其后五章构成中篇,对哈耶克、罗尔斯和卢曼的现代法律理论或自由主义政治哲学做了力所能及的分析,有关"法律与文学"、法社会学的两章,则包含了对现代政治和法律体制的某些文学批评、社会批判和道德思考。下篇的六章,转入法律与社会理论,着重围绕福柯对于权利政治和现代体系的理性反省和批判展开。

  对现代性的理论省思,看上去占据了书的较大篇幅。然而,这并不表明本书持有一种传统立场或反现代立场。尽管近代以来的中国亟须从文明重构的高度来融会传统与现代,为现代世界文明注入新的源泉活水,但经历百年动荡后,直到 21 世纪初,谈中国对于现代性的超越仍是言时尚早。其实,无论是对于自身文化传统,还是对于源自近代西方的人文潮流,现代中国都还没有达到透彻贯通的地步。在很大程度上,对现代性的批判审视,构成为深刻理解、合理吸纳现代性的重要条件,而不宜成为寻求反现代性的现代化歧途的理由。将现代权利话语、传统德性话语和现实利益话语结合起来看,建立和完善基于人权和公民权利的民主法治,仍可谓现代中国在政制层面的历史任务和发展方向。同时,在此民主法治体制构建过程中,价值基点上自然权利与仁义道德的融通,"道"与"政"的关系上道德系统与政治体系的契合,以及"政"与"治"的关系上现代民主与传统仁政之间的协调，亦是现代中国在价值和治理层面需要作长远考虑的时代课题。总体上，一种从作为道德责任的人权出发，延续传统行政治理智慧，最终达至道德系统与现代民主、市场和法治体制重新融合的中国式民主法治和治理体制，无论是在理论上还是在实践中，都是值得期待的。

［本文原为《法律的政治分析》（北京大学出版社2005年版、中国社会科学出版社2015年第2版）前言］

人权：制度与文化之间

中国仍处在一个半世纪以来的现代化进程中，这是我们思考法律和人权问题的历史背景之一。在此现代化历史进程中，传统与现代、东方与西方这样的时空范畴一直交织其间，国人由此也长期处于体与用、道与器的知识辩论之中。历史学家曾把始于晚清的近代变革归纳为这样一个变化过程：首先是引进科学技术，实现"船坚炮利"；而甲午战败让人认识到，光有物质装备不够，更要克服政治制度上的障碍和不足，于是开始改制；变法失败进一步让人认识到，改进装备和制度仍然不够，尚需从根本上变革人心、改良文化，新文化运动由此深入展开。从这样一种变革过程看，现代化的逻辑似乎在于：制度变革以文化观念的变革为前提，变革制度必须首先变革文化，文化不变，制度变革终难成功。而实际上，这一逻辑不仅在理论上尚可争论，而且在实践中也存在诸多问题。在人权已经入宪而人权理论尚存争议的今天，对有关人权的文化变革、制度变革乃至二者之间的关系的深入探究尤显必要。

人权理论的一个重要争论在于，人权是否具有正当的道德根据？或者，到底有怎样的道德基础？在此问题上的主流话语是近代西方启蒙思想家所倡导的"天赋人权"说。此说认为人权是天然的，人的尊严为人生而固有，人天生就不应当受到非人道的对待。然而，当"天赋人权"说把人权建立在"自然"基础之上时，它其实和许多其他形而上学主张一样，陷入泥淖而难以自拔。实际上，在古代社会，君主和奴隶也曾被视为天然的、正当的。而且，不同的历史文化，如基督教、佛教、儒家教义等对"人"往往存在着不同的看法。如果人权在启蒙思想家那里是"自然的"，那么，在中国传统文化中，"德性""良知"也是天赋的，它们被称为"天植灵根"。就此而言，所谓"天赋人权"其实只是具体时空条件下对"人"的一种特定文化把握和建构。作为此种建构的道德形而上学基础是可以争论的，当它遭遇到其他不同文化时会引发冲突乃至对抗。因此，1948年的《世界人权宣言》并没有为人权设置统一的道德形而上学基础，它绕开了人权在道德根据上的争论，而把人权作为一个应予以保护的前提置于宣言的开头。

人权理论在道德根据上的困难使得人权的普适性在世界范围遭受到各种文化挑战，但这并没有影响人权的国际法保护机制在全球的扩张。除《世界人权宣言》外，《美洲人权和人的义务宣言》（1948）、《欧洲人权公约》（1950/1953）、《公民权利和政治权利国际公约》（1966）、《经济、社会和文化权利国际公约》（1966/1976）、《美洲人权宣言》（1969/1978）、《伊斯兰人权宣言》（1981）、《非洲人权和人民权利宪章》（1981/1986）、《阿拉伯人权宪章》（1994）等国际公约相继产生。从这些公约看，在人权制度在全球、地区和国家多个层面深入扩展的同时，人权的地域和文化色彩也在加强，中间不仅始终夹杂着普适主义与文化相对主义的文化论争，也出现了制度与文化的分离。大体而言，关于人权制度与人权文化的看法主要有这样几种：一是认为西方的人权话语在全球具有普适性，主张在后发展的、非西方国家现代化过程中全面引入西方的人权文化和制度；二是认为后发展国家在"民族国家的建设"过程中，随着经济发展进程的加快和法律化、制度化的加强，政制意义上的现代国家将取代文化共同体意义上的国家，西方的人权、民主、法治、个人自由等价值因此也将越来越得到认同和接受；三是认为人权制度可以与道德多元主义并存，也就是说，一个民族在其"终极文化"不被彻底改变的条件下，也可以在现代化过程中充分发展保护人权的人权制度。

上述第一种看法把现代化视为一个"西化"过程，第二种看法把现代化视为一个"理性化"过程，它们最终都会带来西方文化的"漂白"效果。而第三种看法则破除了彻底更替文化观念的建构理论，在制度与文化适当分离的基础上强调了二者的和谐共存。这一看法为人权跨越文化障碍而在全球深入扩展提供了一条路径。持此看法的人一般避开人权问题上的形而上学之争，对人权采取一种实用主义的立场和务实的态度，亦即张扬人权并不因为它是善的，而是因为它是对的、有用的，是人和现实所需要的。如此，人权就不是被建立在某种道德形而上学基础之上，而是被建立在苦难、残暴、专制、大屠杀等历史经验、教训和事实的基础之上。人们之所以对人权采取这样一种文化态度，源于非西方文化的外部挑战，更源于西方文化的内在反思。越来越多的学者认识到，大屠杀、奥斯威辛、古拉格等并不是历史上的偶然事件，它们有其文化根源，正如有人所指出的："现代文明的物质和精神产物包括死亡集中营和集中营里束手待毙的人们"；"大屠杀……是现代性大厦里的一位合法居民"。在后现代主义的论说中，侵略战争、种族灭绝都可以从西方的种族中心主义、逻辑中心主义、理性中心主义那里找到"知识考古学"证据。

西方文化的内在反思深刻地显现出人权相对于国家权力的脆弱性。作为"启蒙"运动的产物,人权是作为对抗专制、维护人的尊严的重要政治工具而被提出的。而实际上,在人权被提出后的两百多年里,侵犯人权的现象"比'启蒙'前以及'启蒙'之初的任何年代都有过之而无不及"。工业化时代工人的苦难、世界大战、大屠杀、集中营等都发生在这一时期。这在很大程度上反映出,作为国家专制权力制约手段的人权,其真正轴心其实仍然不在于人的尊严,而在于现代国家权力。正是凭借权利话语,"民族国家"得以建立起来并实现了"暴力垄断",在这样一种强大力量面前,套在"利维坦"身上的法律锁链是脆弱的,个人自由和人权也是脆弱的。就此而言,"启蒙"运动以来的"权利政治"并没有消除人权和权利的危险境地。这是人权文化的一种悖论和困境。看到这一点,对人权的文化态度也许就不再是体与用、引入与不引入、西化与本土化的问题,而是以人的实际生存状态为切入点,在现代化进程中反思残忍、残暴、专制、侵略、核武器、战争等得以存在或发生的语言结构和权力运行机制,拓展维护世界和平以及人类和谐共处的文化和制度实践。

(本文原载《环球法律评论》2005年第4期)

权力与自由的螺旋

"生"和"死"都包含在佛教所说的"八苦"之中。在佛家看来，生是苦，死也是苦。而在人们通常的思想观念中，死是痛苦而可惧的，生则是可欲可求的，所以，有"好死不如赖活"的世俗说法，也有"生命权"这样的政治和法律概念。关于生死，虽然也有"方生方死，方死方生""生又何苦，死又何哀"之类的达观看法，但这种看法主要是在超越经验的层面上讲的。按照一般的经验，生比死要快乐，死比生要痛苦。不过，也有经验上的例外。福柯的一次死亡经历似乎就是一个例外。

1982年，福柯在接受采访时谈到了他1978年的一次死亡体验。他有些兴奋地笑着说，"有一次，我在街上被一辆汽车撞倒了。当时我正在散步。在大约两秒钟的时间里，我感到我正在死去，而那真是一种非常非常强烈的快感。那是一个夏天的傍晚七点钟。天朗气清，碧空万里，夕阳西下，壮丽无比。那曾经是，而且现在依然是我最美好的记忆。"福柯的这种死亡快感的确不同寻常。不过，就福柯一生的诸多其他经历和看法来说，这种死亡快感在福柯那里又是再正常不过的。

一般人觉得痛苦而恐惧的死亡，到福柯那里却与快感结合在一起，这体现了一种对死亡的积极体验或积极把握。这种体验或把握似乎早在古代神话中就已显露出蛛丝马迹。《荷马史诗》记载了这样一则希腊神话。特罗佛尼乌斯和他的兄弟遵照神谕建起了阿波罗神殿。而后,神对兄弟俩说:你们可以为所欲为了,尽情享乐六天,到第七天,你们最大的心愿就会实现。兄弟俩在极尽欢愉之后的第七天,死在了自己的床上。谚语"为神所钟爱的人总是英年早逝"据说由此而来。如同福柯的体验一样,在这则神话故事中,死亡对人来说成了积极的,而不再是消极的。

在福柯那里,不仅死亡是积极的,权力也是积极的。权力与知识、主体一起,构成为福柯思想的三大主题。把权力视为积极的,这是福柯的政治和法律思想的最与众不同之处。在权力问题上,福柯区分了权力分析的两种模式,一是权力分析的法律模式,二是权力分析的战略模式。前一模式是福柯最开始使用的权力分析模式,但后来,福柯抛弃了这一模式,而转入权力分析的战略模式。两种模式的重要区别在于,在前一模式中,权力是消极的、否定式的、压制性的,在特征上表现为排斥、拒绝、阻止;而在后一模式中,权力是积极的、肯定式的、生产性的,在特征上表现为激发、诱使、煽动。这些区别与带来痛苦、恐惧的死亡和带来快感的死亡之间的区别显然是相通的。

由于福柯把法律狭隘地理解为"前现代"的禁止性刑法,他把有关权力的消极阐释表述为权力分析的法律模式。在福柯看来,自由主义所采用的就是这样一种权力分析模式。因为,在自由主义政治哲学中,国家权力是不得已的恶,它总是令人可怕的,让人不放心的,需要时刻提防的。自由主义对国家权力的警惕主要源于它会侵害个人的"自然权利"。可以说,个人权利和国家权力构成了自由主义政治哲学中两个相互对立的端点,自由主义所要努力的,就在于通过限制和规范国家权力来使国家权力

权力与自由的螺旋

的产生和运行服从于保障个人权利这一目标。由于自由主义从消极意义上理解国家权力，自由主义者一般要求国家或政府是"守夜警察""有限政府""最小国家"。从"守夜""有限""最小"这些字眼，可以明显看到自由主义政治哲学中个人权利与国家权力之间的一种此消彼长的关系。也就是说，国家权力越是强大，个人权利就越少，也越容易受到侵害；相反，国家权力越是受到制约，个人权利就越多，也越容易受到保障。

自由主义政治哲学中个人权利与国家权力之间的这样一种加减法则，在福柯后来所坚持的权力分析的战略模式下遭受到挑战。如果用"生"和"死"来描述自由主义政治哲学中个人权利与国家权力之间的关系，可以这样说，人越是逼近死亡，越是感到痛苦和恐惧，一如国家权力越大，个人权利越是受到威胁。但是，福柯的死亡体验以及对死亡的看法改变了这种关系。福柯在谈到那次死亡体验时，也曾坦言自己一生对快感的体验一直存在困难，而他最大的一次快感却与死亡联系在一起。福柯的这种与众不同的体验标示出这样一种近乎怪异的逻辑：人越是逼近死亡，越是感到快乐。按照这样一种体验或逻辑，自由主义有关个人权利与国家权力之间的加减法则就得这样改写：国家权力越大，个人权利越有保障；或者，更一般地说，人越是受到权力的束缚，越是自由。这是否是一种政治现实呢？或者，这在政治现实中是否可能呢？福柯的答案是惊人的，在他看来，就是这个样子。

在《性史》第一卷中，福柯直接提到了"权力与自由的持续螺旋"。这描述的是一种权力与自由螺旋上升的状态。按照福柯的分析，现代社会中的权力与自由就是这样一种相互加强、相反相成的关系。福柯的《性史》第一卷围绕"性压抑"展开，力图破除"性压抑"假说。按照福柯的分析,"性"在不让谈、不准显露的社会体制中并不像人们通常所认为的那样受到了压制,相反,性禁忌时代实际上是一个"性"话语泛滥成灾的年代。就像"禁果分外甜"一样,在福柯看来,性禁忌对"性"有一种实际的激发、诱使和煽动作用,"性"在一种遭受压制的社会体制中得以存续,压制"性"的社会体制正好构成"性"得以存活和蔓延的一种生存条件和机制。也就是说,"性"与对"性"的压制是互为条件、相互加强的:对"性"越压制,"性"话语越泛滥;"性"话语越泛滥,对"性"越压制。在此之前,福柯在《规训与惩罚》一书中也曾把罪犯与监狱解释为这样一种互为条件、相互持续加强的关系。而且,福柯不仅是这么看的,也是这么做的。作为同性恋者,福柯曾一度受到其他很多同性恋者的批评,因为他起初并不积极参与公开的同性恋解放运动。福柯的这一做法未必是因为他害怕暴露自己的同性恋身份,而更可能是由于同性恋与社会排斥体制之间的一种相互依存关系。福柯最初的顾虑可能在于,同性恋"走出来"被合法化、权利化后反倒会消解同性恋。

　　福柯有关"性"与性禁忌的分析,旨在说明权力并非完全是消极的,自由可以从权力那里汲取养料,而且,权力在现代社会构成自由必不可少的条件。在一次访谈中,福柯曾这样说:"'你看,权力无处不在,因而没有自由的空间',这种看法对我而言绝对是不适合的。权力是控制一切而不给自由存留任何空间的一种统治体制,这样一种观念不能归于我的名下。"按照福柯提出的权力分析的战略模式,权力是积极的,现代是一个积极权力兴盛的时代,现代社会也是一个积极权力起主导作用的社会。福柯认为,现代社会中的积极权力主要有两种形式,一是规训权力,二是生命权力。二者实际上是一而二的关系。规训权力针对的是身体,是 17 世纪以来用于训练并驯服身体的权力。生命权力针对的是人口,是 18 世纪中叶以来调控并改善人口健康和寿命的权力。作为积极的权力,规训权力和生命权力都具有双重效果。一方面,规训权力控制、训练身体,生命权力调节、管理人口;另一方面,规训权力能够通过控制和训练来加强体能、增长才智、提高技艺,生命权力能够通过调节和管理来刺激出生、减少疾病、挽救生命。在这样一种双重作用中,自由与权力、个人权利与国家权力,交织在一起,相互促进。也就是说,权力并不是仅仅消极地限制自由,而是在制约个人自由的同时增进个人自由;而且,越是受到权力的制约,越是能够活命,越是生活得好,越是获得更大自由,而要想活命,要想生活得更好,要想获得更大自由,就越是要接受权力的制约。考试制度大体上可以用来说明现代社会中权力的这种双重效果。在考试制度下,一个人越是努力学习、刻苦训练,就越是能够通过考试,越是不断通过考试,就越是能够从社会体制中争得更多的资源,获取更大的权利和自由。

　　福柯有关现代社会中权力与自由的这种并驾齐驱情势的分析,颠覆了自由主义政治哲学中个人权利与国家权力之间的加减法则。个人权利与国家权力由此不再是此消彼长的关系,而是相互依存、互相促进、彼此增强、螺旋上升的关系。福柯对这样一种关系的分析和揭示,无疑在自由主义之外开启了一片从统一的角度,而不是从对立的角度来考量个人权利与国家权力之间关系的视野。实际上,此前黑格尔、涂尔干等人都是从国家权力与个人自由之间的统一性来理解国家的。政治国家在黑格尔那里不是不得已的恶,而是具有"神性"的统一体,它通过对家庭和市民社会的扬弃，实现了公共利益与私人利益、国家权力与个人权利的高度统一。同样，涂尔干并不认为国家存在的目的仅仅在于保护个人权利，也不认为国家权力总是消极的。在涂尔干看来，国家有其社会目的，也具有防止社会团体侵害个人、抵御外国侵略等积极功能。在《职业伦理与公民道德》中，涂尔干讲过和福柯的分析极为一致的话："国家在不断发展……个人积极对抗国家权利的权利也同样获得了发展。……国家越强大，个人就越会受到尊重。"不过，黑格尔和涂尔干对国家权力与个人权利共同强大所表现出的赞赏态度，显然是福柯所缺乏的。福柯对个人权利与国家权力在现代社会螺旋上升情势的分析，引发的不是赞许，而是对"政治合理性"和"惩罚合理性"的批判。

有关政治合理性和惩罚合理性的批判分析是福柯的政治和法律思想中的重要内容。按照福柯的说法，《规训与惩罚》就是一本专门"分析某种'惩罚合理性'的形成"的书。在书中，福柯认为近代以来兴起人道主义刑事法律改革的真实原因并不在于人道情感，而在于权力的运行逻辑。在福柯看来，君主专制时代的惩罚权力虽然看上去威武雄壮、残酷无情，但由于它具有无限制、不规则、不连续、不灵活、不精细等弊病，它实际上是笨拙而低效的，因此在近代兴起的法律改革中被"监禁"这种规训权力取代。规训权力所以能够取代君主时代的惩罚权力并在现代社会起主导作用，主要在于作为积极权力的规训权力具有双重效果。由于能够在加强对身体控制的同时提高身体能力，并且使得加强身体控制成为提高身体能力的一个必需条件，规训权力实现了暴力与理性的完美结合，由此在现代社会中被合理化。从规训权力的这种合理化过程，福柯注意到，在公民的权利和自由获得更好的保障的同时，政治权力也得以更加精细地深入。福柯用兼具"主体"和"臣民"意义的"subject"来表述这种处境。他认为，规训权力在把人建构成权利"主体"的同时，也把人塑造成了温顺的臣民。按照这样一种分析，在个人权利与国家权力的螺旋结构中，个人权利实际上成为国家权力据以上升的一个正当的合理化理由，而权利主体在受到国家权力更好保护的同时也被国家权力规训为温顺的臣民。

在《规训与惩罚》之后的研究中，福柯进一步深入生命权力和政治合理性问题。生命权力与君主权力相对。君主权力是"让人死"的权力，生命权力则是"让人活"的权力。君主权力通过让人死来显示自己的威力，不能让人死，即意味着君主权力的终结；生命权力则通过让人活来显示自己的威力，不能让人活，即意味着生命权力的终结。因此，在君主专制时代，权力运行的特点是损害人的身体、剥夺人的生命，君主权力要有效存续，就得实施残杀；而在现代社会，权力运行的特点则是保护人的身体、挽救人的生命，生命权力要有效存续，就得保障权利。就保护人的身体和生命来看，福柯所谓的"生命权力"可以说是启蒙思想家所提出的以"生命保全"为核心的"自然权利"的变异。福柯在措辞上不使用"自然权利"而使用"生命权力"，凸显出启蒙思想家提出的权利理想最终沦为权力事实这一现代境遇。在自由主义的政治实践中，对个人的自然权利的保护主要是通过国家权力来实施的，因此，自然权利实际处在与国家权力的螺旋结构之中。在此结构中，既可以说是国家权力在围绕自然权利旋转，也可以说实际上是自然权利在围绕国家权力旋转。由此，自由主义政治哲学中个人权利与国家权力在事实上孰为目的孰为手段是不确定的。国家权力可以循着保护权利之名逐渐攀升，从而出现"政治权力过剩"，背离自由主义有关"有限政府""最小国家"

的初衷。就此，福柯深有感触地说，"几个世纪以来，国家一直是人类治理最不寻常、最可畏惧的形式之一"。此外，福柯还注意到，生命权力在现代社会虽然努力保护身体和生命、极力消除酷刑和死刑，但它同时伴随着诸如世界大战、种族灭绝、原子弹这样的"巨大死亡权力"。福柯说，"历史上存在一个悖论：现代国家开始担心个人——各个人的生命；而同时国家开始实施其最大规模的屠杀，开始担心每个人的身体和精神健康。法国关于公共健康的第一本伟大的书写于1784年，而五年后法国大革命爆发，十年后拿破仑战争爆发。生死之间的游戏是现代国家的主要悖论。"

总体上看，个人权利与国家权力的螺旋处在一种特定的社会体制和文化体制之中。在福柯那里，这种特定社会体制和文化体制的底色主要是自由主义的。在一次采访中，福柯谈道，"在《规训与惩罚》中，我力图表明，在西方，一种通过个人的教养、通过个人个性的形成而施于个人的权力类型，是怎样与一种不仅是意识形态的诞生，也是自由主义类型的政制的诞生联系在一起的。在其他的政治和社会体制（绝对主义君主政体、封建主义等）中，对个人类似的权力行使是不可能的"。这样一种特定的社会体制和文化体制，其实也就是西方"启蒙"时代以来的政治和社会体制。从"启蒙"一路看下来，福柯发现的并不是一个自由和权利理想的圆满实现，而是权力与自由、国家权力与个人权利的齐头并进、螺旋上升。这样一种态势产生了双重乃至多重的现代性后果，与当初单纯的"自由、平等、博爱"理想比起来，它们不一定更坏，但它们更为复杂，也更具风险。而且，当初的"启蒙"理想成为福柯批判审视现代社会的一种参照标准，循着这样的标准，福柯说他看到的是"历史斜坡"。在福柯看来，因为科学技术、规训权力和生命权力的崛兴，现代社会越来越滑离当初的"法律统治"理想，最终在事实上不是消极的法律的统治，而是积极的权力的统治、精微的技术的统治。对个体来说，这既是一套统治体系，也是一套自由体系，它如同大自然一样，成为人在世俗社会的立身之地、栖身之所、攀登之峰，而且，人的生存、生活，人的自由和权利必须依赖这套统治体系。

古中国有一首关于自由的著名禅诗："放出沩山水牯牛，无人坚执鼻绳头；绿杨芳草春风岸，高卧横眠得自由。"诗中的所谓"鼻绳"似乎正可以用来描述福柯所分析的那套统治体系。在此统治体系下，自由说到底是一种"坚执鼻绳头"的自由，它表明了一种必须以限制和约束为条件的自由。从这样一套统治体系或自由体系，宗教家觉悟到的是世俗束缚和不自由，所以，他们要么说人生是苦，要么超脱地跳出这套体系"高卧横眠"。而普通社会成员，因为可以得到这套统治体系或者自由体系的看护，并可以从中不断攫取权利和自由，甚至获得像福柯死亡体验那样的快感，他们对"生"要么有第欧根尼穿着破衣服躺在木桶中晒太阳的那份安适，要么有一种攀越山峰、不断进取的愉悦。这是一种现代处境，也是一种人生处境、社会处境、文明处境。在福柯的政治和法律思想中，福柯以权力与自由的螺旋恰好点出了现代的这种"欲说还休"的处境或困境。

（本文原载《天涯》2007年第3期）

现代进程中的权利与忍让

"一纸书来只为墙,让他三尺又何妨?长城万里今犹在,不见当年秦始皇。"这是民法教师在讲授相邻权时偶尔会提到的一首诗。诗后流传着一个涉及相邻关系的"六尺巷"故事。据有关记载,故事是这样的:张家祖宅旁有块空地,与吴家相邻,吴家建房试图扩占空地,争执之下,张家赶紧给当时在朝为高官的张英告知这件事,张英接到家信后,在上面批了这首诗寄回,张家人按照诗中所言主动"让他三尺",吴家听说此事后甚为感动,也退让了三尺,于是张、吴两家之间就形成了一条世代相传的六尺巷。

就争执的内容来说,这确是一个相邻权案例。不过,与现代典型权利案件不同的是,这则案例最终并没有导致权利抗争和相应的法律后果。现代民法学者所津津乐道的"为权利而斗争",在这则案例中并未得到完全实现。相去甚远的是,在中国传统文化的道德底垫上,案例中的权利争执富有弹性地以当事人彼此退让而又不无欢喜的结局收场,没有发展到剑拔弩张的境地,也没有陷入以强凌弱的权力倾轧中。时至今日,在中国经历了一个半世纪的从传统向现代的转型之后,这种状况似乎仍然没有发生根本性的变化,许多案件在经过双方或多方协商之后,还是能够以一方或双方的退让和解了结。这在中国不仅实在地表现在大量的民间纠纷调解以及较高的司法调解结案率上，也表现在人们的心态上。关于六尺巷的故事和戏剧听来看去仍让人从心底生出感慨，也仍能被人作为好的传统文化接受，或许可算一个证明。

尽管如此，这样一种以让求和的景象并不符合现代法学家或权利论者的法治构想。按照现代通常的观点，只有清晰而精确地设定权利界限，并且对权利界限给以严格的法律保障，才能为个人权利打造坚固的外墙；而权利界限含混不明或者权利不能通过司法得到强制有效的恢复或实现，则只会导致用以保护个人权利的围墙的损坏或坍塌，这是法治所当避免的。在此语境下，当权利受到侵犯或发生争执时，隐忍态度和退让做法实为公民意识不强、权利观念淡薄的表现，这恰是现代权利运动力图要改变的现象。甚至，退让和解的做法还会被认为是以权利换和谐，其间不仅夹杂着对个人权利的牺牲，也发生着正义天平的失衡。面对诸如此类的现代挑战，六尺巷的故事在实践中究竟是应该根据某种现实需要改写为一个现代权利叙事，还是应该让其所包含的精神底蕴以某种合适的方式继续绵延于现代政制和法治之中？而且，在近三百年权利兴起几乎成为世界潮流的情势下，六尺巷这样的传统叙事究竟还有没有可能见容于现代政制和法治之中？这样的问题，在中国近代史上曾以"中体西用""全盘西化"之类的话语多有呈现，迄今，它仍是中国的现代化不得不正视和寻求解决的重要问题。解答此问题，或许可以通过对六尺巷背后的道德意境的分析以及中西对比来获得某些启示。

六尺巷故事的主角是清代大学士张英。发掘六尺巷的精神底蕴，可以从张英的人生哲学着手深入，这是决定"让他三尺"做法的根基所在。《清史稿》说张英"以务本力田、随分知足告诫子弟"，这集中体现在他的《恒产琐言》《聪训斋语》两篇家训中，其中尤以《聪训斋语》最受推崇，也最足以体现张英的人生哲学。

有清一代，张英的《聪训斋语》、康熙的《庭训格言》以及《曾国藩家书》可谓最具代表性的三部家训。这三部家训，不仅在中国家训史上光彩夺目，而且在张廷玉、雍正、曾纪泽等这些家训作者的晚辈身上当时即已显现其教育功效。三部家训中，《聪训斋语》在内容上多少影响了其他两部家训。张英长康熙十七岁，据《清史稿》记载，他曾朝夕侍奉在康熙左右讲论经义、制作文诰，康熙称其"始终敬慎，有古大臣风"，而且对张妻姚氏也赞许有加，曾说："张廷玉兄弟，母教之有素，不独父训也！"从内容看，《聪训斋语》与《庭训格言》尽管在很多方面存在差异，但其中关于嗜欲、看书、收藏等的看法也颇多相近之处，特别是《庭训格言》中"常寻欢喜""学以养心""一心向善"等语与《聪训斋语》中"养欢喜神""书卷乃养心第一妙物""慈心于物"之类的话如出一辙，这也许可以用来说明张英对康熙的一定影响，或者，康熙与张英之间的相互影响。相比而言，《曾国藩家书》更为明显而深刻地受到了《聪训斋语》的影响。在家书中，曾国藩几乎完全吸纳了《聪训斋语》所包含的修身处事原则，并且多次对《聪训斋语》赞赏有加，认为其中的教训"句句皆吾肺腑所欲言"，甚至希望家中子弟人手一册，常常阅习省览。三部家训的这种紧密关系，与其说主要源于《聪训斋语》的影响，不如更为精确地说是因为它们都深得中国传统文化的精髓。透过《聪训斋语》，不仅可以明了六尺巷的道德意蕴，也可以洞悉贯穿于中国传统文化中的生命智慧。

从《聪训斋语》来看六尺巷故事，张英所持的"让他三尺"

主张是不难理解的。简而言之,这一主张不过是一种忍让哲学的自然外显而已。在《聪训斋语》中,张英引述"让,德之本也""终身让路,不失尺寸"等古训来表达这一忍让哲学。在张英看来,这些古训包含着"满损虚益""亏盈福谦"的道理,"自古只闻忍与让足以消无穷之灾悔,未闻忍与让翻以酿后来之祸患也。"有鉴于此,张英对主张不忍不让的流俗之见大不以为然,认为"世俗瞽谈,妄谓让人则人欺之,甚至有尊长教其卑幼无多让,此极为乱道。"通过对一些世俗经验事实的分析,张英强调了忍让在社会交往中的必要性和重要性,尤其是在社会中处于优势地位的人对于处于劣势地位的人的忍让。张英提到,几文钱,对于富裕者来说算不得什么,但做小本买卖的市井之人却看得很重,富裕者因此与贫穷者发生争执,会引致怨恨乃至由口角愤怒引发灾祸,所得甚微但"所损实大";而在不平等的社会关系结构中,处于优势地位的人若能意识到自己"所得于天者已多",而生于同一社会中的其他人却失意沦落至此,则可心平气和地作出退让,避免纷争。张英还具体谈到了忍让的可行办法。他说,"欲行忍让之道,先须从小事做起",而且,"凡事最不可想占便宜"。张英注意到,"天下大讼大狱,多从极小事起",而谨小慎微,从小事忍让则可避免大悔大祸,因此,张英认为,"受得小气则不至于受大气,吃得小亏则不至于吃大亏。"张英还注意到,天下人都想争占便宜,一人得到便宜则会干犯众怒,失去便宜则会消除众怨,因此,张英认为,"终身失便宜,乃终身得便宜也。"

应该说,这样的忍让哲学在中国传统文化中是相当普遍的。类似"小不忍则乱大谋""有忍乃有济""少忍便无事""有容乃大"的话,在中国古代可说是代代相传,举不胜举。然而,此种忍让态度和做法与现代权利哲学看上去却是格格不入的。按照一些现代法学家的看法,民法也是"市民法",民法中的人通常被假定为市场上或市井中锱铢必较的"市民",他们时刻关注着自己的利益,依法守护着自己的权利,而且,他们认定在社会交往或交易中存在着为法律所认可、可以用数量清晰计算的正义关系,权利侵犯、利益损失或者分配偏差都将直接导致非正义,因此,所谓"为权利而斗争",不仅可以说是"为法律而斗争",也可以说是"为正义而斗争",甚至还可以说是为"道理"而斗争。不过,在张英的观念世界中,这样的"道理"的适用范围实际上是非常狭窄的。根据张英的看法,一个简单的交易关系或社会纠纷会很容易而且理所当然地被扩展到更为广泛的道德和社会层面,由于简单交易中因为不忍不让而千辛万苦争得的利益,极有可能带来道德或社会层面更大的损失或烦恼,所以正义标准需要放在更为广阔的道德和社会背景中给以综合考量。如此一来,明确的权利界限就变得模糊,严格的正义规则也变得富有弹性,对权利严丝合缝的捍卫也不再那么坚定,忍让因而获得更大的作用空间,紧绷的人际关系也相应松弛下来,而那些为"小事"不惜代价地争一口气、求一个说法的行为因之就不再被认为可取了。这样看来,张英在六尺巷故事中主张让人三尺也就是顺理成章的事情了。

尽管张英的退让主张与现代权利论者争取权利的立场形成较大反差,但它们似乎都同样出于一种利害考虑或功利分析。如果说,现代权利论者着重于具体案件中的权益得失,那么,张英的主张看上去也不过是在一种更为广阔的背景下两害相较取其轻而已。表面看来,张英确有世俗考虑,但就《聪训斋语》的基本精神而言,这些还远不能说是张英的主要思路。事实上,在张英那

现代进程中的权利与忍让

里，世俗考虑的背后还有着更为深厚也更为脱俗的文化底蕴和精神境界。在《聪训斋语》中，张英曾自拟一联："富贵贫贱，总难称意，知足即为称意；山水花竹，无恒主人，得闲便是主人"，其间所蕴含的山水情怀和道德境界正可看作《聪训斋语》的两个突出主题，为现代社会生活所日渐弱化的"自然"和"传统"也恰表现为这两个方面。《清史稿》说张英"自壮岁即有田园之思，致政后，优游林下者七年"，这种长期的"山林趣味"在《聪训斋语》中反复出现，十分明显，以致张英自称是一位看山无厌倦时的"看山者"。在"山水间优游俯仰"，看似清闲散淡，实则怀有一种精神寄托，正如张英所说，"人生不能无所适以寄其意，予无嗜好，惟酷好看山种树。"由此看，所谓"山林"，既是澄净身心的托思之所，也是避开尘世忧苦和喧嚣的安心之地，有着与市井争执形成强烈张力的别样境界。此番境界，在张英看来并不是所有人都能"深入其中"的，只有具备一定道德修养的人才"足以享山林清福"。《清史稿》说张英"性和易，不务表襮，有所荐举，终不使其人知……"，讲的正是张英的道德修养。从《聪训斋语》中，随处可以找到达至这等修为程度的方法。概括起来，如张英所言，"止有四语：读书者不贱，守田者不饥，积德者不倾，择交者不败。"这四个方面，在张英那里总起来可以说是为了"增长道心"，"常全乐体"，培养"胸中一段吉祥恺悌之气"，达到"无侮于人，无羡于世，无争于人，无憾于己……无心意颠倒之病，无取舍转徙之烦"。如同山水情怀一样，这样的道德境界既是人们在社会交往中"敦厚谦谨""有益于人"的泉源活水，也因之在人的精神世界与世俗社会生活之间树立起一道厚重外墙，从而为人们享受山林之乐、避免社会纷争提供了可能。

无论是山水情怀，还是道德境界，在很大程度上都与热闹纷扰的世俗社会生活保持着一定的距离和张力。对于道德主体来说，它们超越于世俗生活之上，既从出发点上决定着社会交往的道德或忍让方式，也最终成为人在世俗社会中的心灵寄托和精神归宿。相比浑厚的道德情怀，在"小事"上不忍不让的世俗冲动不过是浩荡沧海上的零星雨滴，终究难以翻起波澜。而且，道德情怀越是高深，任性战胜道德理性的可能性就越小，忍让也就越是容易心平气和地做到。就此而言，六尺巷故事中的"让他三尺"恰是道德情怀的自然效果，与其说它完全是基于世俗的功利考虑，不如说它是基于对山林情怀和道德境界的有意维护。透过《聪训斋语》，可以明显看到，张英沿着山水情怀、道德境界的边缘精心构筑起坚固的城墙，由此形成了一座免受世俗社会纷扰的心灵围城。关于这座心灵围城，张英作了极为生动的说明。他说，"予自四十六、七以来，讲求安心之法。凡喜怒、哀乐、劳苦、恐惧之事，只以五官四肢应之，中间有方寸之地，常时空空洞洞，朗朗惺惺，决不令之入，所以此地常觉宽绰洁净。予制为一城，将城门紧闭，时加防守，惟恐此数者阑入。亦有时贼势甚锐，城门稍疏，彼间或阑入，即时觉察，便驱之出城外，而牢闭城门，令此地仍宽绰洁净。十年来，渐觉阑入之时少，不甚用力驱逐。然城外不免纷扰，主人居其中，尚无浑忘天真之乐。倘得归田遂初，见山时多，见人时少，空潭碧落，或庶几矣。"显然，这样一种制城安心的努力与中国传统文化是正相契合的。孟子所谓"修其天爵""从其大体""求其放心"，以及中国文化传统中所谓"内圣外王之道"等，无不指向这座心灵围城。张英在《聪训斋语》中说他养生最得力于陆机《文赋》中的"石蕴玉而山辉，水涵珠而川媚"二句，其大致意境也不离这座心灵围城。可以说，这样一座心灵围城，正是张英主张"让他三尺"的渊源之所在。

张英是三百年前的人，1637年出生，1708年逝世，从世界历史的维度看，当他开始修建心灵围城时，在英国，发明了作为"利维坦"的近代国家雏形的霍布斯（1588年至1679年）刚去世四五年。尽管张英与霍布斯一生大部分时间都生活在17世纪，而且都当过皇储的老师，都触及当时政治和学术的高层，但他们一生所思考的基本问题以及思考的基点和方式却大相径庭。就主要方面对比起来看，不难发现，张英构筑了一座据以安顿道德生命的心灵围城，而霍布斯则构筑了一座据以保障个人权利的政治围城，二者虽同为城池，但意图宗旨却几乎是背道而驰的。

按照张英的看法，人的社会行为受到人的道德情怀和精神境界的引导和调整，社会生活形式在很大程度上是道德伦理的外化或具体化，而在霍布斯那里，构成所有政治和社会生活的基本出发点的已不再是人的道德。在《利维坦》中，霍布斯与他同时代的众多西方人一样，首先割断了长久以来为圣贤教义和社会传统所承载的所谓"善""德"与现实社会生活之间的紧密联系。他说，"我们要认识到，今生的幸福不在于心满意足而不求上进。旧道德哲学家所说的那种终极的目的和最高的善根本不存在。欲望终止的人，和感觉与映象停顿的人同样无法生活下去。幸福就是欲望从一个目标到另一个目标不断地发展，达到前一个目标不过是为后一个目标铺平道路。"很明显，霍布斯的这种看法与张英在《聪训斋语》的开篇对于"人心惟危，道心惟微"这一"圣贤领要之语"的强调刚好是相反的。按照张英的解释，"危者，嗜欲之心，如堤之束水，其溃甚易，一溃则不可复收也；微者，理义之心，如帷之映镫，若隐若现，见之难而晦之易也。"

而在这两个方面，霍布斯既隔断了隐晦难明的道心，也肯定了在张英看来一溃难收的"嗜欲之心"。这注定了霍布斯不可能像张英那样去内在地寻求指导和调控嗜欲的"安心之法"。而且，由于欲望的闸门被拉开，类似于六尺巷故事中那些社会冲突和交往纠纷，将变得更为激烈和混乱。对此，霍布斯沿着与张英的道路相反的方向，在世俗社会的现实基础上建起了一座政治围城，以平息激烈的社会冲突，摆脱社会混乱。

在霍布斯那里，随着"最高的善"从认识论上遭受否定，在传统文化中处于道德仁义之下的身体和生命作为最基本的人性成为处理政治和道德问题的新的基点。换言之，现代政治和道德从此建立在以保全生命为核心的"自然权利"之上。按照霍布斯的讲法，所谓"自然权利，乃是每个人按照自己的意愿运用他自身的力量来保全他自己的本性亦即保全他自己的生命的自由。这也就是用他自己的判断和理性认为最适合的方式去做任何事情的自由"。在缺乏公共权力的情况下，由于每个人都可以为所欲为地做自己想要做的任何事，自然权利带来了人与人之间的往复争斗，霍布斯把它描述为人人相互为敌的"战争状态"。为逃避这种严重缺乏安全感的混乱无序状态，人人同时放弃诸如为所欲为的某些自然权利，按照约定形成公共政治权力，也就是建立政治国家，来维护社会和平，保障个人的身体、生命以及其他权利。这样一个产生政治国家的过程，是一个明确权利范围、设定权利边界、为自然权利在政治社会中建立合适的保护形式或保障机制的过程，简单地说，就是一个为个人权利修建政治围城的过程。与心灵围城比起来，政治围城在道心隔断、欲望彰显的条件下奠基于世俗社会之中，关注的是人现实的政治处境，它并不关涉人的山水情怀和道德境界，而是主要保护人的身体、生命、财产等权利；它并不注重人的内在修为，也不试图通过"道心"来增强人的行为的道德感，而是强制约束人的外在行为。有了这座政治围城，人及其财物等从此就受到公共政治权力的保护，发生六尺巷故事中那样的争执，人与人之间不会再出现私斗，而是诉诸公堂，通过公共政治权力来解决争端。

从历史时段看，霍布斯实际上比张英早半个世纪，更适合与张英作横向对比的当属英国的洛克，他1632年出生，1704年逝世，与张英前后只相差四五岁。尽管如此，就基本理路而言，霍布斯与张英的对比仍然是有效的，因为，从道德和政治两个方面看，洛克与霍布斯的观点可谓大同小异。道德方面，一如霍布斯对道心的隔断，洛克也从认识论上否定了天赋的道德原则。在洛克看来，人心如白纸，其色彩和内容完全由人的后天经验来填充。霍布斯与洛克的这种侧重人的经验和理性的认识论，反映了西方自文艺复兴以来的哲学主流，也成为传统与现代性的一个重要差异。政治方面，洛克的《政府论》与霍布斯的《利维坦》实际上有着共同的政治主题。如果说霍布斯主要通过政治围城克制了人与人无休止的争斗，那么，洛克则在此之外，还削弱了"利维坦"这只巨兽的"兽性"，避免了绝对的专制权力，由此使得用以保护个人权利的政治围城看上去更为文明精良。这在《政府论》中主要表现为立法权与行政权的分立以及依照稳定明确的法律进行治理。通过分权和法治，洛克让政治围城不仅建立在个人与个人之间，也建立在个人与政治国家之间，以此为个人权利提供了更为全面有效的保护。从总的发展历程看，以霍布斯的"自然权利"为起点，经过洛克的"生命、健康、自由或财产"权利以及权力分立和法治，再经过美国《独立宣言》的"生命权、自由权和追求幸福的权利"以及美国宪法的三权分立制衡，西方在过去三百年里其实一直在走一条建筑和修缮用以保护个人权利的政治围城之路。

与此形成鲜明对照的是，在张英的年代以及此后一个半世纪，中国对于政治围城并没有表现出丝毫的兴趣，或者说，政治围城的修筑始终没有成为中国社会发展的一种需要。沿着自己的文化理路，心灵围城的构建在中国一直延续到19世纪中叶，此时，政治围城被精心构建起来的西方已经兵临心灵围城的城下了。伴随中国帝制的土崩瓦解以及外来文化的剧烈冲击，心灵围城终至飘摇破败，无依无靠，以致在一百多年里，尽管有不少人力图挽救这座城池，但它终究再也没能闪现昔日的生机。而且，如同孟子谈到的，杯水难熄车薪之火常常被人认为"水不胜火"一样，民族和国家的衰落、修筑政治围城的艰辛也往往被人归咎或迁怒于这样一座心灵围城。这越发蒙蔽了心灵围城所蕴含的普世意义，特别是对于现代社会的道德意义。实际上，仅从侧重于身体和生命而弱化了人的善德的"自然权利"这一现代政治的出发点看，心灵围城的现代意义也是不难察觉的。如果说，政治围城立足于现实的社会之理，旨在解决现代"大社会"中的人际交往问题，那么，心灵围城则立足于恒久的生命之道，旨在解决身心的安顿和生命的意义问题，二者侧重于人的不同方面，在现代社会中不仅需要也有可能融合或连接起来。

融合或连接政治围城和心灵围城，这是现代社会中新的"内圣外王"问题，其核心在于在现代条件下实现道德哲学与政治哲学新的衔接。传统中国的"内圣"与"外王"是高度一致的，"外王"始终需要基于"内圣"向外拓展获得。而在现代条件下，所谓"自然权利"明显是与"道心"脱离的，这在很大程度上造成了政治与道德在现代社会的分离。但这种分离并不意味着"自然权利"与"道心"完全不再可能连接或融合起来。在《正义论》中，罗尔斯曾经试图摆脱功利主义的困扰，从普遍正义或普适道德出发开拓现代政治道路，但他后来顾及现实多元存在的价值系统，在《政治自由主义》中转向了政治自由主义，实际上削弱了"内圣"与"外王"的贯通性。当代新儒家以科学和民主来衔接传统道德学问，其实也遇到了如何以传统"内圣"来贯通现代"外王"的困难。经历了近代屈辱和百年动荡后，在所谓"内圣"与"新外王"的关系上，是完全舍弃"内圣"，还是秉承"内圣"开"新外王"或者实现"内圣"与"新外王"的外在连接，这确实是一个考验现代中国人的信心、勇气和智慧的问题。就六尺巷故事来说，在现代中国，实现政治围城与心灵围城的融合或连接，或许可以立足于"万物一体""民胞物与"的传统道德精神来扩充现代"自然权利"，以此拓建现代中国的权利理论和政治围城，使人成为具有德行的权利主体，如此达到扶持自己的道德与尊重他人的权利的统一；也或许可以在现代政治围城之上存留乃至拓展心灵围城的空间，走一条外张权利、内固道德的道路，把政治权力领域的权利抗争与日常生活世界的宽容和谐结合起来，使得政治围城中的权利主体都有可能在权利争执过程中触及、觉悟乃至深入心灵围城，如此显现诸如"让他三尺"那样的道德气度。无论如何，在现代经济、社会、法律体制日趋扩展的趋势下，建立起有效保障个人权利、约束政治权力的政治围城对于现代人的自由生存是首先必需的，在此现代政制下，延续并维护好心灵围城，对于提升现代人世生活的道德感和美感无疑也是有益的。

（本文原载《天涯》2009年第1期）

主体权利与自主选择

两千五百多年前,孔子教诲世人:"听讼,吾犹人也,必也使无讼乎!"孔子之后约两千三百六十年,林肯仍然对诉讼和律师满腔怨愤:"劝阻诉讼吧。尽可能地说服你的邻居达成和解,告诉他们,那些名义上的胜诉者实际上往往是真正的输家——既浪费了诉讼费,又浪费了时间。律师作为和平的缔造者,他们有更多的机会去做个好人。"时至今日,在树立法律的权威统治、通过国家的正式法律体系保护人和公民的权利的同时,"替代性纠纷解决方式"(ADR)的利用与发展也被认为是一种"方兴未艾的时代潮流"。

范愉教授的《非诉讼纠纷解决机制研究》(中国人民大学出版社2000年版,以下简称《研究》)即是对这一潮流的专门研究。在这部著作中,古人的"非讼"观念得以重申,"戒讼思想"的合理之处也得以重新挖掘。在中国目前的法理学著作中,这是少见的出类拔萃者。全书对"非诉讼纠纷解决机制"作了详尽的比较研究、实证分析和理论探讨,是使法理学走出思辨领域而研究社会实际问题的一部杰出著作。可以预见的是,中国未来有关替代性纠纷解决方式的立法及实践都将绕不开这本书。

虽然该书以替代性纠纷解决方式为主题,但对阅读者来说,

主体权利与自主选择

通过这本书反向地去审视诉讼可能也是一个合适的阅读视角。因为，不管是对非诉讼纠纷解决机制的讨论，还是对多元化纠纷解决机制的构想，作者都旨在寻求非诉讼与诉讼、替代性纠纷解决方式与法治秩序之间制度和理念上的调和，由此，对诉讼的关注是不可避免的。作者一再指出，"现代 ADR 是在法治的前提下存在和运作的"，"保持司法权的核心地位和最大限度地发挥 ADR 的纠纷解决功能，应该成为法治社会多元化纠纷解决机制最重要的原则"，就此来说，法治是前提，替代性纠纷解决方式是对司法体制的补充构成了该书的基本观点，因而，作者在研究过程中不能不考虑权利、诉讼以及法治等问题。此外，该书可以当作一本关于诉讼的书来读的另一个重要理由还在于，作者对替代性纠纷解决方式的提倡在很大程度上是通过对诉讼的贬抑来实现的，透过这部著作，我们可以获得对诉讼正、反两方面，尤其是反面的深切理解。

书中多处谈到诉讼的弊端。作者多次提到并不厌其烦地抄录了山东曲阜孔庙碑刻"忍讼歌"；大量引用了前人对所谓诉讼"负价值"的阐述；详尽列举了诉讼的诸多弊端，如"讼累"、官吏腐败、讼费昂贵、诉讼迟延、程序复杂、违背常情、泄露隐私等。尽管书中也强调了替代性纠纷解决方式的不足之处，但给人的大致印象是，诉讼是一种纯粹的损失，逃避"洪水猛兽"般的诉讼不失为一种体现公民"自主权"的理性选择。书中，"倡导法律至上、大力提倡通过法律和诉讼实现权利"被视为一种"片面的法治观"，而利用和发展替代性纠纷解决方式则被看作一种世界潮流和"不可替代的趋势"。在很大程度上，反诉讼看上去是《研究》一书的基调。

克服诉讼的弊端大致存在两条路径。一是完善国家的正式司法体系。这是一条进路，它对诉讼机制仍抱有希望。二是利用和发展替代性纠纷解决方式。这是一条退路，它对诉讼灰心丧气乃至反诉讼。《研究》选取后一路径。在将诉讼理解为一种纠纷解决机制上，强调非诉讼纠纷解决机制的作用无疑是一种明智之举。一般而言，消除纠纷的起因以及解决社会冲突不外从三个层面着眼：国家、社会和个体，或者，社会、社区（共同体）和个体。纠纷的预防及其解决在国家层面，主要通过建立完善合理的法律体系和司法制度从而为人们的行为提供稳定预期来实现；在社会层面，主要通过社会规范、社会调整和"共同体意识"来实现；在个体层面，则主要通过道德人心实现。受研究主题的限制，道德人心这一根除纠纷最彻底的层面不在《研究》的视野之内。该书主要专注于共同体或社会这一层面，而对国家的正式法律体系则看似有一种明显的质疑态度。社会学家一般习惯于区分两类社会。一是礼俗社会，或熟悉人群体。二是法理社会，或陌生人社会。在此基础上，社会的演进被归结为从前者转变为后者的现代化过程。然而，在业已现代化的社会中，基于原初关系和身份的"共同体"并没有彻底消除，因之，共同体之下的社会控制仍然受到了一些社会学家的关注。涂尔干在《社会分工论》中曾提到，在分工成为社会秩序的基础之后，通行全社会的"集体意识"会日渐淡薄，如此，道德就只能通过法人团体或职业群体在其内部予以扶持。看上去，《研究》将"共同体主义"作为替代性纠纷解决方式的理论基础之一，并力主人际关系的协调以及"基层自治""行业自律"。这与社会学家的看法基本上是一致的。可以说，《研究》强调以诉讼的替代性方式来解决纠纷具有重要的社会学意义。

不过，若从纠纷解决视角转向权利保护视角，就需要从共同

主体权利与自主选择

体层面上升到国家或社会层面，立足国家正式法律体系立场，如此，诉讼的价值会因为与权利的紧密联系而跃然纸上。诉讼并不仅仅是一种纠纷解决方式，更是一种有力的权利救济手段，在这一点上，诉讼对于替代性纠纷解决方式而言具有天然的优越性。如果一种机制只能解决纠纷而不能保护甚至侵犯权利，这种机制就可能会受到正当性质疑。《研究》一书并未忽视这一环节。作者指出："权利的设定，是为了赋予公民以更大的自由（即确定自由的限度），而不是为了剥夺他们的选择权和自主权。在社会主体处分自己的合法权利时，只要不违反公共利益、不违背公序良俗、不侵犯他人合法权利，其自主的选择权和处分权必须得到最充分的尊重和保护……在一定自主权范围内，权利享有者可以做他愿意做的任何事情。"在此，社会成员对替代性纠纷解决方式的选择，被视为一种需要予以尊重和保护的权利，而这附带着对诉讼权利的舍弃。由此与权利相关的现代性问题就凸显出来。在现代条件下，受到关注的不仅仅是"活着"，更应是"怎样活"。这就好比，古人可住宿在简陋茅棚，现代人仍可作这样的选择，但就条件和质量而言，现代钢筋水泥房屋显然优越于茅棚，在现代化进程中，这样的住宿条件是需要作为序位上的前置选项优先摆在茅棚之前的。回到诉讼与替代性纠纷解决方式之间的关系，人在现代条件下确实可自主选择替代性纠纷解决方式，但这可能意味着正当的诉讼利益的损失或司法正义的舍弃。这里可能发生数量上的正义失衡问题。忍让、调解之类的替代性纠纷解决方式确实可能消解纠纷，但自然正义的天平因此最终未能恢复平衡。将公民自主选择替代性纠纷解决方式作为权利看待，与实质的权利捍卫本身看上去还不是一回事。

人和公民的权利适合从人的主体意识的觉醒和主体性的伸张

上去把握。作为一种历史产物,权利成为政治和法律领域的重要现象是文艺复兴之后的事情。文艺复兴之后,人们"从理性和经验出发,而不是从神学出发来阐明国家的自然规律"。这被马克思称为"开始用人的眼光"。权利正是在此时期由古典自然法学者针对中世纪的神权和封建专制统治首先提出,其所体现的是人的理性对中世纪教会统治和政治专断的反抗。公元前2世纪拉丁诗人特伦斯的诗句"我是人,凡是人的一切特性,我无不具有"在这一时期得以复活并成为最流行的口号,正表现出人的主体意识的觉醒和主体性的伸张。从这一意义上去审视权利,就不至于将权利淹没在社会现实的汪洋大海之中。人恬退隐忍、委曲求全,乃至于"露宿街头"可以成为自主选择,但这种自主选择只是权利的一个表象要素,与主体性意义上的权利本身还有着差距。事实上,这种自主选择带来的反倒是权利的丧失。在权利与社会现实之间总是存在着一定的张力,否则就不会有所谓的通过法律的权利保护与实现。这一张力或者二者之间差距的缩减,在一定程度上正得借重法律与诉讼,以此实现权利而不是迁就现实。法律所具有的普遍性、确定性、公开性、强制性以及其他一些程序约束等形式要件基本保障了权利维护与实现的可能。而基于事实上的不平等,替代性纠纷解决方式极有可能沦为"权术"的角斗场和丛林法则的施行地。法律固然不应被视为万能和神圣的,但也不宜放弃完善正式法律体系这一进路。如果公民的权利迄今为止还不能通过法律和诉讼来实现,那只能说明人们争取权利的路还有很长要走。

可以说,有钢筋水泥房屋可住而去选择住茅棚,与只有茅棚可选而无钢筋水泥房屋可住,这是两种不同的情况。同样,在司法体制已经很现代而且完善的情况下选择替代性纠纷解决方式,与在司法体制的现代化水平亟待提升和改进的条件下选择替代性纠纷解决方式，存在很大差别。《研究》从自主选择权上理解权利可能源于作者在替代性纠纷解决方式问题上的中西语境置换。除了学理上的功能分析外，作者对中国替代性纠纷解决方式的研究以及具体建设性意见，看似是以西方的替代性纠纷解决方式实践为参照的。尽管作者在介绍各国替代性纠纷解决方式实践时足够具体，而且也一再反对从传统向现代的单线过渡，但对西方替代性纠纷解决方式实践的参照容易错置中国与其他国家的权利状况以及司法体制状况。

《研究》有时视中国为"ADR先进国"，有时又将我国应大力发展和利用替代性纠纷解决方式视为"诉讼爆炸"来临之前的"未雨绸缪"。对前一判断，《研究》认为中国的很多替代性纠纷解决方式由于遭受权利和诉讼意识的冲击，功能无法得到充分发挥，因而力图从"理念"上澄清替代性纠纷解决方式与权利的关系。只是，将替代性纠纷解决方式建立在对权利的选择权和自主权上，易致权利理解的偏差。对后一判断，《研究》看似将一些国家的现有司法状况当作中国的前景。不过，从其中的比较研究可知，世界上除了美国是现代替代性纠纷解决方式的发达国之外，还有德国这样仍然重视通过正式法律体系来保护权利而不太重视替代性纠纷解决方式的国家。就我国而言，权利意识、诉讼意识以及权利取向的司法改革的兴起，在一定程度上或许正源于中国本土的权利状况和司法体制状况，致力于正式法律体系和司法体制的完善可能更加切合中国的实际。其实，完善法律体系和司法体系对增强法律和判决的确然性，进而增进人们对法律和判决的稳定预期，为其行为提供比较确定的选择取向是大有帮助的。这不仅会影响人们的日常生活而使之免予产生纠纷或者免予诉讼，也为替代性纠纷解决方式实践提供主要的法律参照，从而有利于"法律阴影"的作用发挥。就此而言，在现代化道路上以及在中国的现实司法语境中，无论是否要大力发展替代性纠纷解决方式，法治体系的构建、国家正式司法体制的完善、通过司法和法治的权利实现和自然正义实现，需要摆在首要和优先位置。

书的最后，作者提到自己所采用的"基本方法是法社会学的"，这看似为作者的主张提供了一个比较准确的注脚。从古到今，西方法学大致经历了三次大的转折。先是自然法学的出现，之后是分析实证主义法学产生，再后来则是法社会学的崛兴。自然法学代表了人类对正义、善、美好的诉求，它是理想的。分析实证主义法学只专注于对法律规范和法律秩序的实证分析，将权利、法律、国家紧密联系在一起，遮蔽了法律的内在价值和外在视野，它是内在的、实证的。而法社会学则专注于社会事实的实证分析，它注重的是"实际功能和效果"，更为实际。如果说相对于分析实证主义而言，自然法学是理想的，那么，法社会学对社会事实分析的偏重以及对价值的回避，也使得分析实证主义法学比之于法社会学更显得是一种理想。法学的演进在这里似乎展现出人类理想的衰落，其间有一个近乎从天堂，到庙堂，再到江湖的下坠过程。今时已非往日，不管在什么年代，在什么社会，人之所以为人、视人为人、把人当人是任何个人、国家和社会都不再可回避的时代主题。听上去，一百多年前耶林"为权利而斗争"的口号，以及更近的德沃金的"认真对待权利"话语，与沿袭至今的息事宁人的忍让传统文化仍有着隔膜，但在朝向现代化的道路上，终需权利和法治作为"世界潮流"滋养中华大地。

(本文原载《中国学术》2002年第11期)

法律与社会：权利实现的两条途径

如同同时使用了"人民"和"公民"两种措辞一样，我国现行宪法也同时使用了"权利"和"利益"两种概念。"权利"是一个与"义务"相对的法律概念，"利益"则通常被认为是一个政治学或社会学上的概念。宪法措辞的细微差别体现出这样的区分：在我国政治现实中，既存在人权和公民权利，也存在国家的、社会的、集体的和个人的利益。与此相应，对法律权利和各种正当利益的保护也存在两条途径，一是法律途径，一是社会途径。换言之，既要通过法律保障人权和公民权利，也要通过社会发展促进并最终实现各种正当利益。相比较而言，权利的法律保护途径是必要的，利益的社会实现途径则是更为根本的。

一　法律权利与正当利益

权利时常被人简单地界定为"法律保护的利益"。从这一界定推断，权利之外还存在法律不保护、不足以保护，或者尚未得到法律明确保护的利益。那么，这些非法律的、法律之外的利益，是否也是权利呢？这些利益是否因为没有得到法律的充分保护而都是违法的、被禁止的呢？对此，不可一概而论。

从法律保护的角度,可以把利益分为三种。一是违法获得的利益,例如,通过盗窃、抢劫取得的财物。对于这种利益,法律不但不保护,还要予以剥夺。二是法律明文保护的利益,也就是人们常说的法律权利。三是介于违法所得利益与法律权利之间的利益形态,它不为法律所禁止,但也未能得到法律的充分保护。这第三种利益,法律不禁止,说明它有一定的正当性和合理性;未得到法律的充分保护,说明它的实现还面临着一些现实的困难。近些年来社会上出现的法律没有明确规定,但由当事人主动向司法机关提出的各种各样的所谓"新权利",是这第三种利益较为典型的表现。违法所得利益显然不是法律保护的权利,那么,这第三种利益能否被称为权利呢?

从形式上看,第三种利益因为没有得到法律明确而充分的保护而多少有别于法律权利;但从正当性、现实可能性和发展趋势上看,它们又有可能成为法律权利。法律之所以不保护或者不明确保护,只是因为它们目前还不够典型和普遍、尚未达到用法律来保护的重要程度,或者目前还难以通过法律完全实现。例如,即使法律规定公民享有到太空旅游的权利,这种权利在现实条件下也实现不了,不过,也不能完全排除它在未来得以普遍实现的可能性。就此而言,第三种利益虽然目前还不是法律权利,但有成为法律权利的可能性,它们大多是法律权利的"后备军",是应当意义上的,或者即将到来的法律权利。

如果我们不把权利狭隘地界定为"法律保护的利益",而是界定为"正当的利益",那么,第三种利益也是权利,只有违法所得不能被称作权利。实际上,从词源上看,权利的拉丁文"jus",既有正当之意,又有法律之意。这多少蕴含着,既存在法律意义上的权利,也存在正当意义上的权利。也就是说,社会中既存在法律权利，也存在不违法但也没有完全纳入法律范围的各种各样的正当利益。

我国现行宪法规定，"国家尊重和保障人权""任何公民享有宪法和法律规定的权利"，同时还规定，国家"兼顾国家、集体和个人的利益，在发展生产的基础上，逐步改善人民的物质生活和文化生活。"这表明，我国既重视通过法律保护人权和公民权利，也重视通过经济和社会的发展促进各种正当利益的实现。

二 通过依法治国保障权利

保障人权和公民权利，是现代法治的基本任务。现代法治与古代法家法治的重要区别在于，古代法家法治旨在通过严刑峻法让百姓守法来维护君权，现代法治则旨在通过法律规范和限制国家权力来保障人和公民的自由和权利。正如洛克所说，"法律的目的不是废除或限制自由，而是保护和扩大自由"；"哪里没有法律，哪里就不能有这种自由"。在现代社会，法律是权利最有力的保障力量，法治是实现人权和公民权利必不可少的途径。

首先，要通过法律有效规范国家权力的运行。法律对权利的保障主要有两种方式。一是通过完备的法律体系确认人权和公民权利，把尽可能多的权利纳入法律保护范围；二是通过完备的法律体系规范国家权力的运行，把尽可能多的行政和司法行为纳入法律调整范围。前一方式直接确认权利，看上去比较积极；后一方式间接保护权利，看上去比较消极。但这并不意味着后一方式在权利保护方面不如前一方式有力。实际上，就国家权力自身的特性以及国家权力与公民个人在具体场合实际不对等的强弱地位而言，对国家权力的法律制约显得更为重要。在现代社会，依法治国的关键不再像古代法家法治那样只是用以规制臣民,而主要在于规制国家权力,以保证人民当家作主;要保证人民真正当家作主,必须努力使国家权力在法律的有效约束下,沿着为人民服务的方向运行。我国现行宪法规定,一切国家机关"都必须遵守宪法和法律",还规定,一切国家机关和国家工作人员必须"倾听人民的意见和建议,接受人民的监督,努力为人民服务",在现代法治背景下,这两条规定是有着明显的必然联系的。可以说,使国家权力的运行制度化、规范化、程序化,构建权力受到监督、权责对应的法治国家或法治政府,是实现人权和公民权利的必经之路。

其次,要畅通法律救济渠道。有人说,法律的生命在于法律得到利用;还有人说,没有救济就没有权利。这些说法都强调了把法律和权利落到实处的重要性。的确,法律如果不能被有效利用,就只是一纸具文;权利如果缺乏救济途径,也只是一口空诺。在公民权利受到侵害或者发生纠纷时,如果只有耗费钱财、拖延时间、让人身心疲惫的笨拙法律运行机制,则只会导致正义缓缓而来乃至不来,权利迟迟得不到救济。在这种情况下,要让人们保持从容、忍耐、平和的心态,肯定是困难的。相反,法律救济途径如果便利、畅通、有效,则会开启理性的、冷静的、克制的公民美德。诚然,现代社会需要培育公民的守法意识和法治观念,努力让人做理性的公民,但更重要的是,权利的法律救济渠道必须畅通。与其让一起诉讼经过长年累月的拖延,变得像一列中途停靠在前不着村后不着店的荒野的火车,从而导致人们骚动、焦急、烦躁、忧心,不如疏通权利的法律救济途径,增进法律的运行实效,努力避免法律抛锚的情形。努力使权利的法律救济渠道畅通无阻,确保权利受到侵害或者发生纠纷时得到便利、及时、有效的救济，才是真正让人民做克制的、冷静的理性公民的有效途径。

三 通过社会发展促进权利

法律是权利保护机制中最主要的一种，但不是唯一的一种。在法律之外，实际存在着其他权利保护机制和社会调整机制。一些社会规范、社会团体也能形成社会秩序，在一定程度上起到保障法律权利和正当利益的作用。在法社会学上，有人把规范分为两种，一种是"国家法"，一种是"社会法"，也就是社会规范，两者都能给人们的生产生活带来一定的安全和秩序。在一个法治社会中，法律应当是起主导作用的权利保护机制和社会调整机制，但它并不完全排斥社会自身的管理协调机制。实际上，在当今国际社会，很多法律权利和正当利益是依靠各种各样的非政府组织来推动的。也就是说，权利实现并不只有法律这一种途径，它还有社会途径。

权利实现的社会途径包括两种形式。一是社会自身的管理协调机制，二是社会发展。在现代法治社会中，社会自身的管理协调机制是法律的有益补充。它能够让一些权利纠纷在进入正式法律程序之前得到解决，从而减轻法律调整机制的负担；也能够在缺乏足够有效的法律调整机制的情况下，适当替补法律机制，使权利或正当利益在一定程度上得以实现。对权利实现来说，法律和社会自身的管理协调机制都是必需的。不过，无论是法律，还是社会自身的管理协调机制，都只是在既定的社会经济条件下解决人们的权利纠纷，而不能从根本上扩充权利内容。与之比较起来，社会发展是更为根本的权利实现途径。

在法律权利中，有些权利必须依靠法律来保障和实现，例如，宪法规定的公民的人身自由、人格尊严，公民的言论、集会、结社自由等。这些权利并不明显受经济和社会发展程度的影响，即使在社会发展比较落后的情况下，也是可以通过法律来确认和保障的。这些权利的实现主要依靠法律和政治努力。而另外一些权利的保障和实现，则并不仅仅是一个法律规定的问题，更是一个社会发展问题。例如，受教育的权利、获得物质帮助的权利等，即使法律予以明文保护，但受社会经济发展水平的限制，它们的实现在一定历史阶段都只能是有限的。因此，在从《世界人权宣言》派生出来的两个人权公约中，《公民权利和政治权利国际公约》特别注重权利的法律保护；而《经济、社会和文化权利国际公约》虽然也重视对权利的立法保护，但它更强调通过经济、技术的发展和国际合作来促进权利的实现。

关于权利，马克思有一句经典的话："权利决不能超出社会的经济结构以及由经济结构所制约的文化发展。"这句话表明权利在特定历史阶段总是受到经济、社会、文化条件的限制，也蕴含着权利有一个随着社会进步而不断向前发展的过程，实现权利在根本上依靠社会发展。其实，权利之所以成为权利，主要在于人们的需求同社会生产和经济发展的现有水平存在紧张关系。通过经济和社会发展缓解乃至消除这种紧张关系，既是消解权利，也是实现权利。所以，中国古人在法律和道德之外，也讲"仓廪实而知礼节"，"富之""教之"。就此来说，与其让人们沿着法律的边界因为权利而争得面红耳赤，甚至苦苦挣扎，不如努力加快社会发展，通过改善人们的物质、文化生活条件来实现公民的法律权利和人民的正当利益。

四 权利实现需要社会正义

尽管权利实现的根本在于社会生产力的发展,但是,社会的发展并不必定带来权利的当然实现。社会结构及其分配体制对权利实现也起着十分重要的制约作用。在一个财富足够养活全体社会成员的社会中,如果财富集中掌握在极少的一部分人手中,就仍然会有千千万万的人不得不为生计而劳苦奔波,甚至连吃饭、穿衣、住宅等基本生存权利都可能得不到保障。在此情况下,权利实现就不再是一个社会发展问题,而是一个社会分配问题。这说明,不公平的社会分配体制是权利的社会实现途径上的严重障碍,这一障碍不被克服,社会再怎么发展,也不会带来权利普遍而充分的实现。因此,权利实现最终还有一个与社会分配体制紧密相关的正义问题。

正义不仅包括"同等情况同等对待"这种形式平等意义上的正义,还包括"不同情况不同处理"的社会正义和分配正义。社会正义和分配正义涉及社会的基本结构,社会分配权利、利益和义务的方式,这在罗尔斯的《正义论》中被视为正义的核心问题。罗尔斯在权利的形式平等之外更加强调社会正义和分配正义。他提道,"正义否认为了一些人分享更大利益而剥夺另一些人的自由是正当的";无论法律制度如何有效率,只要它们不正义,都必须修改或废除。显然,在权利实现问题上,罗尔斯把社会分配摆在比法律平等保护更为重要、更为基本的位置。

中国古人也向来重视社会分配问题。他们"不患寡,而患不均";不仅强调富民,更强调社会资源的合理分配。"不患寡,而患不均"并不意味着古人满足于物质匮乏、人民贫穷,而是表现出古人对财富聚敛、贫富悬殊的担心,出于这种担心,古人同样把社会分配抬到比社会发展更高的地位。因此,古人不仅讲生财,更讲生财有道。一如《大学》所说,"生财有大道:生之者众,食之者寡,为之者疾,用之者舒,则财恒足矣。"其中,如果"生财"是社会发展,那么,"大道"就是正义的社会分配原则,只有在通过社会发展消除绝对贫穷的同时,在社会分配体制上努力克服贫富极度分化,权利才能得以最终实现。

在权利实现问题上,马克思还特别注意到权利的平等法律保护的不足。马克思说,"平等的权利……就它的内容来说,它像一切权利一样是一种不平等的权利"。由于现实生活中的人们在财富、出身、教育等许多方面存在差别,甚至天壤之别,在权利、法律上给他们以毫无偏差的形式平等对待,就无异于对社会事实不平等的确认、巩固和维护。这种社会不平等不严重时表现为一般的社会差别;严重时则表现为贫富悬殊,致使一些原本可以借助社会的富足发展来解决或提高自己生计的社会成员,因为社会财富的聚敛和集中而食不饱腹、衣不蔽体。从马克思有关平等权利的分析,可以看到马克思对权利的形式平等与社会的事实不平等之间矛盾的高度关注,也可以看到社会分配和社会正义对权利最终实现的重要性。当然,讲社会正义和分配正义并不意味着彻底消灭人与人之间的社会差别,也不狭隘地意味着"劫富济贫"。给予弱势群体特别保护、社会福利和保障、公有制、累进税、权利分配的更大受益者承担更多社会义务等都可以成为维护社会正义的方式。

社会分配体制是与社会发展相伴随的一个问题。社会发展决定物质财富的数量,社会分配体制则决定物质财富的流向。如果光有社会发展,而没有公平的社会分配体制,不仅权利难以最终实现，社会不稳定程度也会加剧。因此，通过社会发展实现权利，还得扫清权利实现道路上的社会分配体制障碍，重要的是，在消除绝对贫困的同时，要努力防止和克服贫富两极分化。

最后需要指出的是，作为权利实现的两条途径，法律与社会并非总是一致的。就法律与形式平等的紧密联系而言，权利实现的法律途径并不一定导致社会正义；相比而言，权利实现的社会途径虽然更有可能实现社会正义，但它在治理的稳定性、可预期性、形式平等等方面也显不足。从根本上讲，法律与社会其实是治理的两种方式和进路。治理的法律进路侧重制度论，注重制度安排和法治建设，其形式化程度相对较高；治理的社会进路则侧重实践论，注重社会发展和分配正义，更加关注社会分配的实质内容。从历史上看，中华人民共和国成立初期，我国更为注重治理的社会进路，而对治理的法律进路重视不够，致使中华人民共和国成立前三十年法制建设严重不足；改革开放，特别是市场经济体制改革以来，我国在法律改革方面明显加强，并逐渐朝法治化方向迈进。在法治进程中，应特别注意协调好权利实现的法律途径与社会途径之间的关系，在不断推动社会向前发展的同时进一步完善政治体制安排和法律制度建设，努力在治理上寻求实践与制度的结合之道。

[本文原载《法治与和谐社会建设》（首届"中国法学博士后论坛"[2006]论文集，社会科学文献出版社2006年版）]

权利需要道德根基吗

中国古人惯于讲仁义道德，现代社会更注重自由权利。这是古今治道的差异。仁义之道从人的仁德或道德本性出发，权利之道则从人的身体或生理本性出发。出发点不同，在一定程度上带来了权利与道德在现代社会的紧张。这在西方国家表现明显，堕胎、安乐死、性工作等都曾因此引起广泛争论。近些年，由让座礼俗引发的一些争执，也使权利与道德之间的冲突在中华大地时有显现。例如，有身体不适女子因在公共汽车上不主动让座而受老者强词谴责，有人购买多个火车座位作为卧铺使用而拒绝让给无座老者，甚至还有对不让座者大打出手的。从法理角度看，这些事件既涉及合同权利与让座礼俗之间的冲突，其间也折射出道德问题。

在让座事件中，权利、礼俗、道德及其相互关系需要首先辨清。合同权利因为购票行为而发生，这是一种受法律保护的权利。给需要帮助的人让座是我国实存的一种社会习俗，它受尊老爱幼的传统美德支持。在合同权利与让座礼俗发生冲突时，公民可选择或屈从社会习俗，也可选择以法律权利来对抗习俗。不让座尽管看上去不合习俗，但并不违法。而从道德观点看，屈从习俗或传统的压力而被动让座，未必就是道德的。乍见孩童即将落井而怵惕担忧,这是道德心态,孟子称之为"恻隐之心"。有人落水,不计任何利害地奋身相救,这是道德行为,康德称之为"绝对命令"。道德与权利一样,体现的都是人的这种主动或主体精神。不让自己的自由意志屈从于人,这是权利的主体性;不让自己的道德感埋没或受制于功利考虑,这是道德的主体性。出于获得奖励或报酬、屈于外界压力而礼让或救助,尽管在一定程度上也有益社会,但与真正的道德行为其实仍有距离。人们发自内心地礼让或帮助那些需要帮助的人,这是善良风俗;由此而感化那些相对缺乏主动精神的人也开始自发实施道德行为,这是社会风化。而通过法律强行礼俗,或者通过礼俗迫使人礼让,未必能达至真正的道德目的,这是从中国传统礼制实践应当记取的历史教训。恻隐之心、仁义道德,在任何时代都是至为宝贵的,它是善良习俗的基础,也是现代权利的必要补充。

尽管如此,权利与人的道德或仁义精神在现代社会并不总是协调的。在现代西方,虽然宗教在一定程度上填补了现代经济和政治体制下的道德缺失,但权利与道德的分化仍是相当明显的,以致一些著名的理论家,也明确支持现代人享有"做错事的权利"。这意味着,即使某种行为在道德上被认为是不对的,现代人也有权利去做。关于堕胎、安乐死、性工作等的争论都与此相关。在《论自由》中,密尔将这样做的唯一限定条件归结为"无害他人"。根据此种"自由原则",密尔甚至将购买和吸食鸦片也视为个人权利。在中国文化语境中,权利的这种发展趋势一直面临着道德质询和社会批判。在古代,基于"义利"之辨,权利的生发明显受到仁义道德的抑制。时至今日,权利在中国的发展仍不能说是充分的。由于不让座而遭谴责,在很大程度上表明个人权利在时下仍受着习俗或道德的较大抵制;而对一人购买多个座位而不礼让的行为的批评,也表明公共性或社会公平对权利发展空间的一定挤压。

此种状况映衬出权利在中国的一种现实处境。从历史看,现代政治文明主要是基于"自然权利"而不是仁义道德建立起来的,它在政治、社会和道德层面都坚持个人的自主选择,反对压制人的自由意志。也就是说,是基于法律不让座,还是基于习俗或道德让座,其决定权在权利主体自己。就此而言,尊重权利实为现代文明的基本特质,它甚至优先于对善的维护。无论是市场经济还是民主政治,都与此密切相关。可以说,权利的要旨正在于实现个人依据其自由意志自主地判断和选择。虽然由此附带"做错事的权利"这样的"现代性"后果,但作为现代社会交往的沟通媒介以及对抗政治权力的重要手段,权利在现代社会中举足轻重。权利在社会和政治层面的发展,其实也是中国近代以来构建现代社会体制和政治体制不可回避的重要任务。相比西方而言,深厚的道德文化和社会现实背景,既为权利在中国的扩展设置了一定困难,也为中国在现代条件下将自由权利与仁义道德结合起来,进而实现文明重构与创新提供了可能。

会通自由权利与仁义道德,或者,在扩展个人权利的同时适当容留仁义道德的作用空间,这是现代中国实现合理发展、重开"内圣外王"的一大主题。如果说仁义构成"内圣"的基点,权利构成"外王"的基点,那么,中国可以也需要沿着自身的文化理路,尝试着兼顾人的道德本性和生理本性来开展其权利和道德建设。在中国文化传统中,有一种独特的"万物一体""民胞物与""人皆可以为尧舜"观念,它们在现代条件下其实适合被用来充实人权和权利的道德根基。由此,尊重人权和权利正可被视为道德关怀的延伸。无论是有座不让者,还是要求让座者,持这样的心态去看待自身和对方，可免起很多纷争。当然，从社会资源紧张的角度看，过高的道德要求并不适宜只强加于连座位都不能保障的中下层。那些置身让座纠纷之外的更富裕阶层或公权力持有者，若能通过更多的、影响面更广泛的义行去扩展权利的社会实现途径以及政治和社会的道德基础，使人皆有其座，有座者坐得安稳，会形成更大的功德，因此也更能显示人之为人的尊贵。

（本文原载《解放日报》2011年3月27日）

自然权利与仁义道德的衔接

在古今中外背景下,立足传统仁义道德和现代自然权利来形成政治和法律发展的价值基点,这适合成为中国重构价值系统、实现文明复兴的重要内容。

现代政治是以"自然权利"为出发点的自然政治和权利政治,也被认为是"建立在人的意志基础之上的治理",旨在保护身体和保全生命的"身体政治"和"生命政治"。此种政治在西方经历"现代性""断裂"之后最终形成,明显不同于传统政治。一如施特劳斯所说,"近代政治哲学将'权利'视为它的出发点,而古典政治哲学则尊崇'法'。"大体而言,现代政治扎根于人的生理本性,在认知上以人的经验和理性为判断根据,充分认可人的意志自由,高度重视对人的自然权利的保护。

与之形成对照的是,中国传统政治主要表现为道德政治,它未必完全排除人的意志,但它力图达至人的意志与"天道""天理"的合一。中国传统的"仁政"或"内圣外王"之道,尽管也保护人的身体和生命,但其立足点主要不在于人的生理本性,而在于人的道德本性。与传统政治比起来,现代政治在强化对公民权利保障的同时,很大程度上也促成了"自然权利"与"自然正当""自由意志"与"自然道义"、权利主体与德行主体、道德精神与民主法治的断裂。明显的是，人权在现代语境下通常被建立在"人是人"这一基本的自然事实基础之上，由此撇开了道德意义上的善恶之分。所谓"做错事的权利"，也在个人自主自愿选择并且无害他人的理由下滑脱出道德领域。从学理看，由霍布斯、洛克、斯宾诺莎、休谟、卢梭、边沁、密尔等奠定的现代政治学术经典，其认知立场与中国传统经典所蕴含的道德路向大相径庭，甚至背道而驰。

对于近代以来一直处于发展变化的中国来说，从"仁义道德"转向"自然权利"表现为一种长期的历史努力，以致梁漱溟在20世纪20年代也认为，"怎样能让个人权利稳固社会秩序安宁，是比无论什么都急需的"，"今日之所患，不是争权夺利，而是大家太不争权夺利"。然而，就人权和德行同为普适之道而言，近代以来的这样一种"权利"转向的关键，并不在于完全以权利价值替换道德价值，而在于寻求权利与德行的融合之道，达成生理本性、认知理性、"见闻之知"、自然权利、民主法治与道德本性、道德理性、"德性之知"、自然正当、道德精神的衔接或会通。这既是中国文化更新发展的内在要求，也是现代中国实现文明重构的历史契机。

严格而言，"自然权利"是一个非道德的自然概念。按照霍布斯的看法，"自然权利，乃是每个人按照自己的意愿，运用他自身的力量，来保全他自己的本性，亦即保全他自己的生命的自由。这也就是用他自己的判断和理性认为最适合的方式去做任何事情的自由。"自然权利所体现出的这种为保全性命而不惜一切的肆无忌惮特征，使得自然权利的崛兴在历史上一度与发生革命、战争和政治动荡的乱世相伴随，一如"自然权利"与"战争状态"之间紧密的理论联系，也使得由此形成的政治国家在权利导向上受到较大制约。中国尽管在晚清以来的近一个半世纪时间里长期动荡不安，并且明显经受着从传统向现代的社会转型过程，但完全以"自然权利"为基础的现代民主法治并未被广泛而彻底地建立起来。时至今日，权利在中国的发展仍或隐或现地受到来自政治、社会和道德方面的压力。在此形势下，沿着中国文化发展的内在逻辑，将以人的身体、自然本性为基础的认知理性与以人的精神、道德本性为基础的道德理性结合起来，培育作为道德责任的人权，走一条"外张权利、内固德行"的新的"内圣外王"道路，可谓一种融会"古今中外"的历史选择。

人权，从权利主体看是人的"自然权利"，从权利主体之外的人看则是人的"道德责任"。基于中国文化传统中的"天地万物为一体"观念审视，此种道德责任并非源于权利与义务或权利与权利之间的交换或相互性，而是源于他人与自己的道德相关性、一体性或共通性。就此而言，作为道德责任的人权未必外在于权利主体之外的人。在现代语境下，保护人权和尊重权利可谓人的德行的外在彰显。以人权和权利为基点来构建民主法治或开"新外王"，同时，将人权和权利置于道德语境中，用中国文化传统的"恻隐之心，人皆有之""亲亲而仁民，仁民而爱物""民吾同胞，物吾与也""天地万物为一体"等道德精神涵容或统合自然权利，立足人与人之间的道德相关性来使人权从"人的自然权利"论深入"人的道德责任"论，实现人的道德精神与现代民主、人权保护、政治自由的融合或衔接，最终形成一种道德的民主法治，这是中国可供选择的政治和法律发展道路。从政治的角度看，如此有助于以遍行"天下"的道义观念形成对现代政治、民族国家以及社会权力的道德张力和制约，使现代民主政治实践兼顾"意志"与"道义"，使国家的对内和对外职能表现出更强的道义力量。从文化的角度看，在融合仁义道德与自然权利的基础上打造民主法治，亦可在一定程度上消解"权"与"利"对人的生活世界的渗透和破坏，存留和发展人自由自在生活的客观意义空间，使权利主体、法律主体同时成为道德主体，并凭靠一种道德扶持相对脱离于物欲的蒙蔽和尘俗的浸染，以一种超然的态度实践人生。

（本文原载《法治日报》2012年5月2日）

关于权利与道德的几点评议

我想主要就权利与道德谈几点想法。

第一,"理性的"与"道德的",有必要作适当区分。现代自由主义主要在"理性"范围内分析政治和经济问题,相比而言,古代学者更多地立足"道德"来思考这些问题。这两个概念时常因为不被明确区分而造成含混不清。关于什么是"道德",可举三个例子。一是孟子所讲的"恻隐之心"。他说人见到小孩即将掉到井里,都会怵惕担忧,这是一种道德心态。二是康德所讲的"绝对命令"。一个人掉到河里,另一个人不作任何考虑地、无条件地跳到水里救人,这是道德行为。但如果救人只是为了得到奖励、回报或附带有其他条件,就未必是道德行为。三是当代欧洲学者列维纳斯的观点。按照这种观点,人在面对一个自己完全可以掌控甚至可以迫害的人时,仍能表现出仁慈和爱,仍能自发地将其视为人、作为人对待,这就是道德。循着这些"道德"视角看,在伦理学研究中提利人不道德,有必要反思。利人,在一些人看来也许是不理性的、不聪明的、不斤斤计较的,但它并非不道德。

第二,同"良心"与市场经济相结合的问题相关的是,"道德"在现代是否仍有可能与"自然权利"、民主政治、公民社会

关于权利与道德的几点评议

融合起来？三百多年来，西方走出了一条路，这条路对中国至今仍有很大的影响。大体上，这是一条自由主义的路，西方因此建立了一套现代的民主体制、经济体制和社会体制。同时，它在道德上也表现出一些问题，所以，新儒家在涉及现代自由主义时经常谈"道德虚无主义"。比如密尔，他的著作有些也涉及道德理论，但有必要分清楚他是在什么层面谈道德问题。在《论自由》中，密尔将"无害他人"视为自由行为的唯一限制条件，按照这一自由原则，密尔将成年人购买吸食鸦片，也视为自主权利。这从道德的角度看其实是有一定问题的。一百多年来，中国遭遇到一系列的革命战争、文化运动、政治动乱、经济浪潮，这些表明中国社会在经历转型，从传统的仁义道德转到"自然权利""人权"的路子上去。至今看来，这一转型并不彻底，中国文化实际显示出强大的生命力。西方经历文艺复兴、宗教改革、"启蒙"运动后，宗教统治被瓦解。中国传统文化中的宗教因素并不强，但道德因素很强，高度重视作为道德主体的人的精神努力。中国文化的这种独特道德因素，在现代能不能与源自近代西方的"自然权利"对接起来，从而在中国乃至世界形成一种新的现代文明，是很值得当代中国人用心思考的。

第三，现时代究竟面临着怎样的道德问题？当代一些政治和道德理论对此其实多有涉及。例如，"政治儒学"，力主性恶论。这种人性论，在传统儒学中其实是很受批评的。荀子提"性恶"，就曾被韩愈批评为"大醇小疵"，到二程那里批评更重。港台新儒家，明显维护了人性善这一基点，但在道德与科学民主之间仍表现出一定脱离，因此有"自我坎陷"论。道德与现代政治的会通，不仅中国学者在关心，西方学者也有思考。罗尔斯有两本书就涉及这一问题，一本是《正义论》，一本是《政治自由主义》。

学者刚才提道德的功利主义基础,其实罗尔斯的《正义论》就是针对功利主义来的。罗尔斯试图沿着康德的路子实现道德哲学与政治哲学的融合,但后来还是转到政治自由主义的路子上。中国与西方在当代看上去面临着一个共同问题,这用中国术语可简称为新的"内圣外王",也可说是价值与逻辑的统合问题。近几百年间,在世界范围出现了一种明显分化,道德从政治、学术、经济、社会体制里几乎完全分离出去。学者著书、商人经商、政治家从政,都可能与道德毫不相关。而在中国文化传统中,道德对学术、政治、经济有着莫大的影响,著书、经商、从政乃至人生本身,都首先需要一种道德目的和动机。是否需要以及是否可能实现道德与现代政治、经济和社会体制的新的衔接或融合,这是现时代的一大主题。学者刚才提到数学规划和择优分配,这涉及数理逻辑,在现代,这种数理逻辑乃至功利逻辑、市场逻辑,能否重新与价值统合起来,也是值得当代中国人用心思考的。

第四,怎么解决这个问题?王阳明有一句话,"虽终日做买卖,无害其为圣为贤"。在他看来,一个人即使整天经商做买卖,并不妨碍他做一个道德的人,成为圣贤。这是一个很现代的想法。在中国古代,"义"与"利"经常很难协调在一起,王阳明的这句话,把"义"与"利"自然巧妙地融合在了一起,很有现实意义。"王学"或心学在日本明治维新时期很受推崇,但在中国自清代以来被堵住了,近代文化运动之后更是不受重视。王阳明的话,正好透显出一条将经济与道德、"良心"与市场经济结合起来的思路。商人经商,当然涉及如何赢利,但这样做的同时,他其实也可以考虑利益之外的很多事情,他其实也可以将经商看作一种解决他人营生、促进物品流通、增加社会福利的道义事业来做。这并不仅限于经济这一块领域。无论是从政,还是从事学术研究，也都可以秉持道德的心去做，使行为本身成为道德的，做到世俗事业与人生意义的合二为一。这在中国的传统里很普遍，但在现代社会的道德分化条件下，表现出一些问题。总之，在现代中国，怎样实现仁义道德与市场体制、民主体制、公民社会的连接或融合，很值得当代中国人用心思考。

（本文原为会议发言）

人权与德性

《孟子》以"何必曰利"开篇,首明义利之辨。一些现代学者则从保护人的生命、财产出发,力图"德""得"互训,"义""利"同解,把得利争权也解释为"德""义"。正如罗尔斯对正义的考察经历了从道德论向政治论的转向一样,古今有关"义""利"的这种观念差异,也体现出人们在认识上从道德、善恶层面向政治、社会层面的转变。把得利争权与德义联系起来,毕竟不像主张得陇望蜀、得利忘义那样完全无视道德的存在,它仍然表明了一种在政治和社会中存留道德空间,乃至努力使政治和社会合乎道德的愿望。这样一种试图将道德精神注入现代权利社会、把权利与德性结合起来的态度是值得肯定的。

不过,硬是通过得利之"得"去理解"德",通过权利之"利"去把握"义",终究没有琢磨透古人的心思。中国传统文化通常首先从"德""义",而不是从"利"去考虑问题,即使把义利结合起来,谈"义,利也",也总是强调"见利思义""义然后取","先义而后利",因此,很多人认为中国自古没有权利和人权观念。例如,钱穆在《人生十论》中说,"中国从古到今四千年,不曾讲过'人权'两字。'天赋人权'亦是一句外国话。天生下你这个人,便赋予你一份权,是平等的,独立的。这是西方道理。"人权的这种中西差别，在钱穆看来不仅仅是名称、概念上的差别，更是道理上的差别，因此，他认定，"中国人既看重了做人道理，便不再有人权之争。"如果人权与德性在道理上真的有格格不入的差别，那么，在德义优先的传统观念以及"权利优先于善"的现代自由主义观念之外，今人"德""得"互训、"义""利"同解的努力，在道理上是否站得住脚？如果承认现代社会既需要张扬人权，又不能摈弃德性，那么，在道理上是否有可能打通二者的关节？到底应该寻求怎样的人权与德性的结合之道？

事实上，人权观念和制度在中国古人那里的确有些隔膜。这不仅表现在人权名词的缺乏上，也表现在现代人权观念与传统社会流行的德性观念有着不同的立足点。尽管人权在西方被视为"自然的""天赋的"，德性在中国也被视为"天植灵根"，但人权与德性的立足点并不相同。人权的立足点是人的身体和性命，德性的立足点则是人的身体和性命之上的"仁"和"义"。牟宗三在《生命的学问》中曾提到两种人性，正可以分别视为人权与德性不同的立足点。他说，"人，失掉了人性无可尊重，与禽兽无异。但人性有两方面：一是形下的气质人性，此即是生物生理的私利之性；二是形上的义理人性，此即是道德的克服私利抒发理想之性。前者无可尊重，而后者始通神性。"牟宗三秉承的是善恶感很强的儒家传统。就儒家传统而言，人之为人的根本要素在于"明德""大体""良知"。这种要素被认为是人与动物的区别所在，也是人类生命的本质所在，所以，《诗经》讲，"人而无仪，不死何为？"；荀子讲，"人有气、有生、有知，亦且有义，故最为天下贵"；曾国藩也讲，"不为圣贤，便为禽兽"。就此来看，德性是人之为人所应当具备的一种精神属性或道德资格。每个人都具备德性这种要素，或者说，都拥有获得这种属性或资格的可能性，但并不是每个人都能发现、明了自身的这种要素。而且，即使有人觉悟到这种要素，他也并不必定能够把它维护和保养好，乃至把它发扬出来，因此，王阳明讲"知行合一"，认为不行不可谓之知。大体可以说，传统德性文化的主旨就在于发明德性和本心，"达天德"，通过德行实践成为一个真正的人，一如陆象山所言，"不识一个字，亦须还我堂堂地做个人"。

而人权理念的主旨则在于把人当人，让人做人。人权一般被认为是人作为人所应当享有的权利，其主要意思在于把人当作人对待，而不以非人的方式对待人。如果德性讲的是为君子，做"大人"，成圣贤，而不"为草木禽兽"，那么，人权讲的就是尊重人，爱护人，不把人当作草芥禽兽对待。显然，人权与德性不仅立足于人的不同方面，而且在发展方向上也存在重要差异。人权讲外求，讲保护生命、善待身体，它是由外向内的；德性讲内求，讲舍生取义、杀身成仁，它是由内到外的。换言之，人在人权那里是作为保护对象存在的，而在德性那里则是作为道德主体存在的。作为保护对象的人不必是一个内心高尚的人，而作为道德主体的人必须是一个道德感强烈、是非观念毫不含糊的人。就此而言，德性比人权具有更强的精神属性，人权则具有摆脱善恶论的世俗倾向。因此，当霍布斯在《利维坦》中把"自然权利"作为政治和法律实践的起点时，他首先必须消解善恶论，断言"旧道德哲学家所说的那种终极的目的和最高的善根本不存在"。由于德性以善恶论为前提，承认身体和生命之上有更高的价值，正所谓"所欲有甚于生者""所恶有甚于死者"，一个人可以为善、道义而舍弃身家性命，社会也可以对犯下万恶罪行的罪犯名正言顺地执行死刑；而由于人权着重于人的身体性命和生物属性，"生命保全"成为最基本的自然权利，甚至，一个不道德乃至故意杀了人的人，也可能享有人权。

人权与德性在善恶论上的差别，并不意味着人权与残暴恶行无关。实际上，人权的崛兴正在于抵制强权暴政对人的虐害和威胁，改善人类的生存处境。从历史源起上看，权利和人权的兴起都是社会政治斗争的产物。有关权利和人权的早期文献一般被人追溯至英国1215年《自由大宪章》和1689年《权利法案》、美国1776年《独立宣言》和1787年《宪法》、法国1789年《人权和公民权利宣言》。大宪章是男爵们同国王约翰斗争的产物，其他文件也是政治革命的产物，它们都以专断权力作为主要斗争目标，并且都对权力的运行作了明确的限制性规定。出于对教会权力和君主专断权力的反抗，近代西方不仅在哲学上造就了所谓的"天赋权利"，也在制度上建构起民族国家，实行以人权和公民权利制约国家权力的权利政治。因此，权利在社会学上被人视为在政治生活中起重要争逐作用的社会发明。这一说法充分表明了权利和人权的政治、社会属性。这同时蕴含着，对权利和人权的保护主要依靠政治和法律制度，而不再寄望于个体层面的道德人心，尽管良心的发现和培养在传统德性论那里是消除暴行的根本途径。历史上，权利和人权的兴盛与"启蒙"运动也有着紧密联系。"启蒙"运动对宗教的和传统的权威提出质疑，强调人类理性和经验，崇尚自由和民主理想，突显人在世俗社会中的生理本性，因此，权利和人权理念的倡导者主要致力于把个人的身心从某种宗教、伦理乃至政治秩序中解放出来，他们明显不同于古代圣贤和宗教领袖。这进一步体现出权利和人权脱离善恶论的世俗倾向以及由外向内的发展方向。

与人权相比，德性对残暴恶行表现出更强的道德憎恶，它更强调人的内在心性和修为，也不排除对罪犯的刑杀。人权把人的身体和生命从更高的道德价值中解放出来，由此，保护人的身体和生命成为确定不移的政治和法律原则，人作为人其身体和生命的可贵性也成为人权的主要判断标准。这种可贵性的基础在于"人是人"这一自然事实，它超越于道德评价之上，不仅适用于善人和普通人，甚至也一体适用于为非作歹的恶人。而由于德性强调人作为人所承载的道义精神，它首先必须明辨是非、区分善恶，然后"能好人，能恶人"，甚至"以直报怨"。因此，在无辜者受到侵害的场合，人权与德性在"人之为人"上是相通的，它们都表现出对无辜者的同情和对侵害者的谴责；而在对待不道德的人以及违法悖德的罪犯时，人权与德性在处理态度上则表现出明显的分歧。孟子对人的两种不同态度可以说明这一点。孟子一方面认定，"良能""良知"为人生而固有，"乍见孺子将入于井，皆有怵惕恻隐之心"乃人之常情，"人皆有不忍人之心"；另一方面又具有将天良沦丧的人"非人化"的道德倾向，他说，"贼仁者谓之'贼'，贼义者谓之'残'，残贼之人谓之'一夫'，闻诛一夫纣矣，未闻弑君也。"显然，仁义是孟子一贯坚持的标准，而现代人权主义者采取的标准则并非人的身体、生命之上的仁义精神，而是人的身体和生命本身的可贵性。简言之，在对人仁慈友善这一点上，人权与德性是一致的；但在对待道德败坏者的态度上，人权的一体保护立场与德性的严厉谴责态度则是相反的，正是在这后一点上，才比较明显地存在着"人权到底有没有道德基础"这样的问题。

德性与人权在立足点、发展方向、善恶论等方面的深层差别，不可避免地在人权的普遍推行过程中带来了文化冲突。自近

人权与德性

代以来，一直有人寻求减弱乃至消解这种文化冲突进而达至文化协调的路径。在人权保护日渐成为一股历史潮流的形势下，这些路径最主要的有两条。一是在彻底批判文化传统的前提下倡导人权理念和制度，所谓"不塞不流，不止不行"；二是在涵容传统德性文化的基础上开拓人权理念和制度，或者，在张扬人权理念和制度的同时传承和延续德性，所谓"开辟价值之源，挺立道德主体"。走前一路径，必定要把传统社会的德义优先观念颠倒过来，在伦理和政治出发点上，以霍布斯的"自然权利"取代孟子的"性善"，把"权利优先于善"确立为现代伦理和政治原则。这样一条路径在很大程度上能够限制政治权力，达到保护人的身体和生命的效果。不过，这一路径在给现代社会带来新的观念和体制的同时，也附带着一些值得特别留意的后果。例如，按照福柯的分析，"权利在西方是国王的权利"，权利实际上只是使国家主权合法化的一种权力话语和策略，其基本功能在于消解内在于权力的统治，君权或国家主权才是西方社会权利问题的真正轴心。哈贝马斯也提到，社会分化出"系统"和"生活世界"后，"生活世界"在晚期资本主义社会受到了政治系统中的"权"和经济系统中的"利"的殖民化。还有西方学者提到，个人主义权利观最终使得个体像"马铃薯""原子"一样，过度依赖于国家权力的保护而缺少相互依赖，彼此通过法律分隔开，并以权利相对抗。

而且，由于人权把人的身体和生命从宗教和传统道德伦理中解放出来，其主要诉求不再像德性那样着重于道德人心，而在于外在的政治和法律制度，也因为此，人权保障最终发展出连违法悖德的罪犯也一体保护的情形。虽然人权的这种外在保护旨在消解基于善恶论的酷刑和刑杀，但沿着"权利优先于善"的路径扩展人权,在一定程度上难免架空原有的德性空间,带来现代社会的道德缺失。一如牟宗三所说,"个人主义自由主义,如不获一超越理性根据为其生命之安顿,则个人必只为躯壳之个人,自由必只为情欲之自由。"由权利路径的这些后果看,人权与德性在现代社会的联结是十分必要的。20世纪晚期至今,不断有学者努力摆脱文化虚无主义者割裂德性与人权的做法,尝试着寻求人权与德性的结合之道,乃至想从传统德性文化中开出人权。的确,在传统德性文化中,"仁""良知""恻隐之心""不忍人之心"犹如树的根本一样,从此"人心生意发端处"可以抽芽、发干、生枝、长叶,直至根深叶茂、生生不息,成就道德主体,从而达到"无恶"的境地,正所谓"苟志于仁矣,无恶也。"就此而言,传统德性文化原本有可能开辟一条以德性为起点实现人权的"仁内义外"道路。这一道路的重要特点在于,它并不像一些现代学者所努力的那样,试图从内在方面或哲学上消除德性与人权之间的深层差异并进而把二者统一融合起来,而是通过在德性与人权之间作出内外之分,把二者连接起来,以人权为德性的自然延伸。

然而,因为德性与善恶论之间的内在张力,这样一条原本具有可能性的"实现人权的德性之道"在历史上并没有得以实现。这倒不在于那些被现代社会视为人权内容的诸如衣、食、住、行等在古代完全没得到保护,而在于人权理念和制度在古代并没有被充分发展起来。从历史上看,中国传统社会实际走了一条"由仁入礼"、由道德入伦理的形式化道路。这一道路的选择明显受制于德性这一起点。在传统德性文化中,德性被视为治道的根本,如果德性被普遍扶持起来,就会天理流行,万世太平,消除邪恶和残暴,收到标本兼治的效果,正所谓"其本乱而末治者,否矣"；否则，根本不稳固，其他外在制度也不会起到应有作用，正所谓"人而不仁，如礼何？人而不仁，如乐何？""礼"是"仁"的外化，作为治道起点的德性决定了治道的礼教方向，一如作为政道起点的"自然权利"决定了政道的法治国家方向。也因为此，在社会治理上，传统德性文化专注于"义劝"，而反对法家的"利诱"。虽然从"利"出发来展开法律制度也可以达至"定分止争"的目的，但它在另一方面同时导致了社会成员对"权"和"利"的争夺。正像有西方学者所认为的，作为纠纷解决方式的法律，有时也是争端的制造者，因为它为人们凭借法律"争权夺利"提供了条件。通过对德义的固守，传统德性文化旨在实施一种治本之策，既能够"定分止争"，也避免"外本内末，争民施夺"的后果。或许正是有鉴于此，孔子就打官司感叹说，"听讼，吾犹人也，必也使无讼乎！"

由仁入礼的形式化道路是一条试图在社会范围深化和扩展德性的路线，这一路线虽然为德性的社会化、外在化提供了一定形式保障，但由于它在很大程度上以外在的伦理义务取代了道德主体内在的精神追求，这一路线最终扭曲了德性的初衷，原本作为德性主体的人在此路线中只成为伦理规范的承受客体。可以说，德性制度化为外在伦理规范之时，也是纲常伦理网罗人心和人类行为之时。而且，由于德性立足于"义理之性"，外在伦理规范在善恶论的支配下不可避免地会对人的身体和生命表现出贬低乃至刚烈的一面，一如古人所主张的，"饿死事极小，失节事极大"，"其不率教者……依法究治"。所以，同样基于义理和善恶，中国历史上既存在"慎刑""恤民""杀一无罪而得天下，仁者不为也"之类的话，也存在像孔子、朱熹、曾国藩这样的"圣贤"，为官理政时在刑杀上显得严肃刻薄，甚至于"以霹雳手段,显菩萨心肠"。显然,功利主义可以成为酷刑的正当理由,也可以像贝卡里亚所论证的那样用来作为克制酷刑的依据,同样,善恶论既可以用来悲天悯人,也可以用来实施刑杀,正所谓"恶不仁者,其为仁矣。"由此看,由仁入礼的形式化道路确实也附带着"礼教""吃人"的消极后果。如同现代权利之道最终会遭遇到德性空洞一样,传统德性之道最终也难免会在一定程度上漠视人权。如果说,德性在天人合一的宇宙观下多少突现出人的"神性"一面,那么,人权在物理世界观下就无疑有抬高人的"人性"一面,从传统德性到现代人权,可以明显看到自然人性在世界观中的地位提升。就此而言,人权可以被视为一种超越善恶论的现代政治智慧,正可以弥补传统德性之道的不足。

不仅于此,受德性起点的制约,由仁入礼的形式化道路终究有别于以自然权利为起点的权利政治路线。这主要表现在政治和社会两个层面。在政治层面,德性之道虽然解决了"道"的问题,却不能解决"政"的问题,它着力于发展约束人心和人类行为的伦理规范,却始终难以发展出用以强行约束君权的政治规范和体制,致使传统社会的"立法权不能正本清源"。因此,要么有人认为,"中国的政治只重'道',不重权。所以中国人只说有'君道',不说有君权,道统犹在政统之上";要么有人认为,"中国在以前于治道,已进至最高的自觉境界,而政道则始终无办法"。在社会层面,德性之道唯以开导人心为本,力主"正其谊不谋其利,明其道不计其功",因此,传统社会的人际交往总是浸润着道义精神,"权利—义务"难以发展成主要的社会交往媒介,"形式法律"也没有发展成主要的社会治理手段。这可举一个例子。据《传习录》记载,有父子俩打官司打到王阳明那里,王阳明听审后讲了一番话,他说,"舜是世间大不孝的子,瞽瞍是世间大慈的父",因为舜始终怀念着儿时的养育之恩,所以总觉得自己不如父母意是大不孝,因而极力尽孝;而瞽瞍则只记得舜为其生养,所以总觉得自己慈善,因而越发不能慈……话还没讲完,父子俩就"相抱恸哭而去"。对案件的处理,王阳明显然走了一条感动人心的德性之道,而没有通过权利义务的明晰分割以及相应的法律强制来解决争端。唤醒人心固有的良知良能,是德性之道的精义所在,与之相比,权利之道则更为注重政治层面的国家建构和社会层面的法律约束。

  总体上,德性与人权是人类文明进程中的两种文化,由这两种存在差异的文化出发会开出两条不同方向的道路。尽管德性与人权在中西社会中都可能或多或少找到相应的观念印迹,但大体而言,更加注重精神超越、生命之道的德性,在中国延续流传了近四千年;更加注重世俗物欲、社会之理的人权在西方兴起则是近三百年来的事情。德性与人权的中西之别有时也被人表述为"境界"与"权利"的差别。很多年前,梁漱溟也指出了德性与权利在"意欲之所向"上质的不同,并强调了两种文化态度"参取"和"含融"的必要。鉴于德性与权利的不同,从根本上寻求德性与人权的共同缘起,或者,从德性中开出人权,走一条不分古今、无论中西的合二为一之道,在现代社会也许是不现实的。不过,突出德性与人权的差异,并不是要像近代迄今的中西辨异之风那样,厚此薄彼。相反,存异是为了求同。实际上,尽管德性与人权存在这样那样的不同,二者在达于天、爱护人上却是"大同"的。人权保护人的身体性命,德性维护人的道义精神,二者虽侧重于人的不同方面,但都以作为万物灵长、天地最贵的人为核心，人权与德性因此也都被说成是上天赋予的。而且，虽然德性立足于人的身体和性命之上的"仁"和"义"，但保护人的身体和性命本身亦是仁义的基本内容，残害人的身体和性命本身即是不仁不义，在这一点上，德性与人权一致地表现出对人的爱护和对残忍残暴的否定。德性与人权之间的"大同"为德性与人权在现代社会的结合提供了可能。

在现代社会，把人权与德性结合起来，需要在承认人权与德性存在内在差别的前提下，走一条在个体层面展开德性、在政治和社会层面展开权利的双轨道路。这仍然是一条"仁内义外"的道路，但它并不是传统道路的简单重复。它有一套在现代化进程中把自然、传统与现代涵容起来的现代走法。这一道路在意识上存留"德性"这一精神本源，它不仅强调权利的"启蒙"，更强调德性的"昭苏"、解蔽和再启蒙。这一道路不走"得君行道"的上行路线，而注重德性在个体层面的普遍展开，以此避免由政治伦理同构以及道德的社会伦理化所致的道德落空和对"人性"的压迫，也保障道德在个体层面真正成为崇高向上的内在精神力量。这一道路强调权利是维持社会交往、制约国家权力的重要手段，是建设时期维护社会稳定和发展的治理之道，因而高度重视用以保护人权和公民权利、约束国家权力的政治和法律制度。虽然德性与人权在路向上表现出质的差异，但把二者结合起来并不必然带来道路上的冲突。在很大程度上，社会和政治层面的权利体制为人们的德性生活营造良好的社会环境，德性则在精神层面为权利体制贯注达至天人合一、人际和谐的源泉活水。这是一条把政治与道德、社会与人心、世俗与脱俗、社会之理与生命之道联结起来的道路，政治和社会在其中不一定大，道德和人心在其中也不一定小。这是在承认德性与人权存在内在区分的基础上走的一条结合道路,正因为分才得以合,正因为差异才得以相辅相成乃至相反相成。

〔本文原载《依法治国与和谐社会建设》(中国法制出版社 2007 年版)〕

重构人权的道德基础

现代社会讲自由人权，一如古代社会讲仁义道德。在近代欧美，"不自由，毋宁死"，"宁愿在风暴中享自由，不愿在安宁中受奴役"，成为流行的话语。而在中国古代，处于社会价值体系的基础和主导地位的则是这样一些话语："朝闻道，夕死可也"，"所欲有甚于生者，所恶有甚于死者"，"宁饥寒乘理而死，不愿饱暖违义而生"。同样是比生死看得更重的事物，在近代欧美是政治"自由"，而在中国古代则是道德"仁义"。中西两套话语体系的不同，鲜明地反映出作为政治和法律出发点的"道"在古今中外历史发展过程中的差异和变化。

作为现代之道，人权在当今世界已成为政治权力据以持续存在和运行的基本合法性渊源，现时代因此也被称为"民权世界""权利时代"。一如有学者指出的，政治道德和社会选择全部或部分建立在关于个人权利的某种阐释的基础之上，这种想法是西方政治学中一个熟为人知的论题。尽管如此，人权或权利的道德基础或哲学根据却远没有达到坚不可摧的程度。看上去，对人权的理论论证要比对人权的政治宣称显得更为艰难。就此，有学者提到，人的自然权利教义面临道德质疑有时显得特别脆弱；还有学者甚至认为，令人信服地证明人享有存在或道德意义上的权利是不可能的。从缘起上看，"自然权利"在兴起之初其实就已面临

重构人权的道德基础

挑战。例如,柏克和边沁在 18 世纪末和 19 世纪初都曾对"自然权利"提出批评,视之为虚假的、"修饰学上的胡说"。20 世纪中叶,《世界人权宣言》宣告"人人生而自由,在尊严和权利上一律平等。他们赋有理性和良心,应以同胞之义相待。"但对于人为什么生而自由平等,是"天赋的",还是"自然的",抑或其他,宣言并没有作出充分的阐释。直到 20 世纪末,在《万民法》中,罗尔斯依然没有将人权设置在足够坚固的道德或形而上学基础之上。他说,"所谓人权,被认为是任何社会合作体系的必要条件。……这些权利并不依赖于有关人性的任何特定的全整宗教教义或哲学教义。例如,《万民法》并不是说,人是道德的人,在上帝眼中都具有同等价值,或者,他们具有某种道德的和理智的天分使他们得以有资格享有这些权利。"

作为现代政治合法性和社会合作体系必要条件的人权,却在构筑其道德或形而上学根据上面临着困难,这显示出人权在政治、法律和社会合作体系层面,有着与其在道德层面不同的处境。实际上,虽然柏克、边沁等人否认权利是"上天赋予的"或"自然状态"中的物件,但他们并不因此否认权利本身,在他们看来,人的权利来源于社会习俗和法律。换言之,人权并非缺乏根据,它们植根于政治、法律和社会之中。在后来的讨论中,人权被更多地建立在人是人这一基本的自然事实基础之上,但由此也带来了一些现代问题特别是道德问题。这最明显地体现在霍布斯的"自然权利"理论上。在《利维坦》中,当霍布斯把以生命保全为核心内容的"自然权利"作为现代政治和法律新的基点时,他同时强调"旧道德哲学家所说的那种终极的目的和最高的善根本不存在"。如果说,人因为并且仅仅因为其是人,所以应该受到保护,这可以被确立为一项现代政治和法律原则,那么,这一原则也将因为它并没有从道德上区分好人和恶人而不可避免地遭受道德质疑。例如，对于穷凶极恶的人，是否应该以及为什么应该给以人权保护？或者说，穷凶极恶的人是否也具有人权？按照传统的道德理论，穷凶极恶的人因为丧失了"天良"这一人之为人的基本要素，理应遭受道德谴责，而且社会可以理直气壮地对其实施刑杀。这样一种理论与现代人权原则存在着明显的张力。不仅人权如此，现代道路中的自由和民主在一定程度上也面临着相似的处境。例如，私人之间建立在"自由意志"基础上、以无害他人为唯一限定条件的现代"自由原则"，是否也需要以某些基本的道德准则或"天理"作为"自由意志"的边界？现代公共生活中通过民主表决方式达成的所谓共识、"公理"或公共决议，是否可能以及是否可以背离"天理"？或者说，"对"与"错"的标准在现代社会是否只需依凭人类通过某种形式达至同意或共识即可决定，还是仍然需要诉诸"天理"，而在科学认知主导下，这种诉诸"天理"的努力是否仍有可能？这些问题的形成，很大程度上是以现代人的经验认知与道德认知可能存在不一致为条件的，在此情形下，建立起人权与德行的融合或连接可谓一种时代需要。

  大体而言，人权与德行可谓古今两种相辅相成的"道"。人权立足于人的身体和性命层面，旨在把人当人，不以非人的方式对待人；德行则立足于人的仁义和精神层面，旨在为君子，成圣贤，不"为草木禽兽"。人权与德行虽立足于人的不同方面，但却都被认为是人之为人的基本要素，特别是在政治和社会条件下，二者因此也都曾被认为是天赋的，正所谓"天植灵根""天赋人权"。由于立足点不同，人在人权那里主要是作为保护对象存在的，而在德行那里则主要是作为道德主体存在的。作为保护对象的人在现代不必是内心高尚的人,而作为道德主体的人则是道德感强烈、是非观分明的人。就此而论,德行更加注重精神超越和生命之道,比人权具有更强的精神属性,人权则更加注重世俗物欲和社会之理,具有明显的世俗倾向。而且,由于把仁义道德看作比身体性命更高的价值,德行在一定程度上存在着轻视或漠视身体和性命的倾向,这既表现为个人舍生取义,也表现为人们在善恶感的支配下对犯下万恶罪行的罪犯执行死刑;而由于把人的身体尤其是生命保全视为至高的价值,人权在一定程度上具有摆脱善恶论的倾向,它在对人客观一体的保护中消解了"能好人,能恶人""恶不仁者,其为仁矣"的善恶结构。由此,人权与德性在现代条件下形成了一定的紧张。例如,按照君子能爱人也能憎人的道德逻辑,对极恶之人执行死刑很容易为德性理论所接受;而按照现代人权逻辑,死刑得因生命保全的绝对价值而被废除。人权与德行的这种紧张需要从根本道理上作出协调和澄清,以使古今两种普适之道都能得以张扬,而不致厚此薄彼或取此舍彼。

具体来说,若以人为道德的人,认定即使为恶之人也可能重现"良知",则德行理论可以止于刑杀,而人权理论也由此可以获得道德支撑。就此而言,立足传统道德资源,重构现代权利理论,不仅是必要的,而且是可能的。从中国文化的理路看,现代权利理论适合沿着"民吾同胞,物吾与也""天地万物,本吾一体"的道德路径向前拓展,基于"恻隐之心,人皆有之","万物皆备于我"的普适德行逻辑来构建人皆应受人权保护的道德基础,以此实现人的道德精神与现代民主、人权保护、政治自由的融合或衔接。

(本文原载《法学研究》2009 年第 4 期)

法律与社会理论中的价值批判和理性建构

　　法律与社会理论正日渐成为一块相对独立的学术领域。就主题和方法而言，这一学术领域的学者通常表现出这样几个特点。其一，"现代性"和"合理性"成为学者思考和分析的共同主题，也成为法律与社会理论的核心论题。其二，对于现代社会及其法律，多数学者持有道德反思和社会批判的态度。其三，在法律问题上，学者一般坚持法律与社会相联系的理论或哲学观点，而不局限于单纯的内在法律视角，也不局限于对于实证的社会科学方法的运用。应该说，这样三个特点对于马克思都是适用的。因此，马克思的理论中也蕴含着法律与社会理论所表现出的价值批判与理性建构之间的张力。时至今日，这种张力仍是中国的法治建设和社会建设不得不面临，也不得不寻求解决的重要问题。

　　马克思可谓一位社会理论大家，批判是马克思社会理论的一个明显特征，也是马克思分析社会现实的一种方式。马克思既对一些理论提出批判，例如，他的《黑格尔〈法哲学〉批判导言》《哥达纲领批判》等著作就被直接冠以"批判"标题，也对阶级社会的现实状况予以批判分析。对于政治和法律领域中的现代国家、形式法律、平等权利、自然正义等，马克思都曾给以批判分析。在《路易·波拿巴的雾月十八日》和《法兰西内战》中,马克思批判 19 世纪的法兰西帝国"是民族躯体上的寄生赘瘤","俨如密网一般缠住法国社会全身并堵塞其一切毛孔的可怕的寄生机体"。在《共产党宣言》中,马克思和恩格斯认为资产阶级的法实际上是被奉为法律的资产阶级意志和偏见,而这种意志的内容由资产阶级的物质生活条件决定,这些偏见的后面隐藏的是资产阶级利益。在《哥达纲领批判》中,马克思指出了平等权利的弊病,认为平等的权利如同一切权利一样是一种不平等的权利。在《资本论》中,马克思揭示出自然正义、天赋人权、契约自由、法律平等、所有权等在商品流通领域中的冠冕堂皇与现实社会的实际生活之间的霄壤之别。

从理论发展上看,马克思的这样一些批判分析构成了马克思革命理论和社会理论的前提。从社会批判,到社会革命,再到社会建设,这可视作马克思社会理论的一条发展线索。这条线索在《共产党宣言》中能够比较清楚地看到。《共产党宣言》开篇即指出,"至今一切社会的历史都是阶级斗争的历史"。在对从古罗马到中世纪再到现代资产阶级时代的阶级斗争和阶级统治的历史作了总结分析之后,马克思和恩格斯回到开篇的这一结论,再次指出,"至今的一切社会都是建立在压迫阶级和被压迫阶级的对立之上的"。就宣言的全部内容而言,这既是对以往历史的总结,同时也蕴含着对以往历史的终结和对未来历史的开启。终结阶级对立和阶级统治的历史,这首先通过无产者的暴力革命来实现。对此,马克思和恩格斯指出,"工人革命的第一步就是使无产阶级上升为统治阶级,争得民主。"其中,无产阶级上升为统治阶级的第一步,在性质上是"推翻全部现存的社会制度"、打碎旧的国家机器的彻底社会革命,而不再是诸如历史上反复出现的王朝兴替那样的简单政治革命。正是无产阶级革命的这一特殊历史性质,使之具有了终结以往全部历史的历史意义,由此也铺开了未来社会的基本格局。对此,马克思和恩格斯指出,"如果说它(无产阶级)通过革命使自己成为统治阶级,并以统治阶级的资格用暴力消灭旧的生产关系,那么它在消灭这种生产关系的同时,也就消灭了阶级对立的存在条件,消灭了阶级本身的存在条件,从而消灭了它自己这个阶级的统治。"也就是说,无产阶级革命的最终目的,并不在于像以往阶级革命那样,取得政权后在一种新的阶级对立中实施新的阶级统治,而是要构建一个没有阶级对立、消除阶级统治的社会。用马克思和恩格斯的话说,"代替那存在着阶级和阶级对立的资产阶级旧社会的,将是这样一个联合体,在那里,每个人的自由发展是一切人的自由发展的条件。"

无论是对资产阶级国家及其法律的批判,还是在社会革命中对国家机器和司法机构的摧毁,以及对"每个人的自由发展是一切人的自由发展的条件"这样一种社会理想的憧憬,都可见马克思对于社会本身的侧重和青睐。在马克思的社会理论中,一如人本身始终比人之外的其他形式更为根本一样,社会本身也始终比国家、法律、权利、正义等更为根本。就此可以说,马克思的理论是社会本位的。这意味着,一定的国家、法律、权利、正义总是建立在一定的社会基础之上,对于社会基础之上的国家、法律、权利、正义等的观察和分析须从其所处社会的性质着手。在国家和法律问题上,马克思于《政治经济学批判》序言中指出,"法的关系正像国家的形式一样,既不能从它们本身来理解,也不能从所谓人类精神的一般发展来理解,相反,它们根源于物质的生活关系,这种物质的生活关系的总和,黑格尔按照18世纪的英国人和法国人的先例,概括为'市民社会'。"在权利问题上,马克思于《哥达纲领批判》中指出,"权利决不能超出社会的经济结构以及由经济结构所制约的社会的文化发展。"在正义问题上,马克思于《资本论》第三卷中同样指出,并没有所谓的永恒公平和自然正义,经济交易的正义性取决于它与生产方式的一致性,经济交易与生产方式相适应就是正义的,与生产方式相矛盾就是非正义的。因为社会本身在马克思社会理论中的这种基础地位,在对阶级对立社会中的国家、法律、权利、正义的观察中,马克思总是力图透过外在的政治、法律和观念形式去把握社会的本质。在很大程度上,这样一种观察和分析视角使得马克思对于国家、法律、权利、正义等通常持有一种批判观点,从而在革命问题上把社会革命看得比政治革命更为重要,在社会建设方面也把社会本身看作比法律形式更为根本的方面。

马克思对于国家、法律、权利、正义等的批判分析,以及在批判分析中始终把社会放在更加基础的地位,后来影响了法律在革命和建设实践中的作用方式。在从社会革命到社会建设的发展过程中,马克思特别注意到这样两个方面。一是对于社会革命,马克思在《法兰西内战》中强调,"工人阶级不能简单地掌握现成的国家机器,并运用它来达到自己的目的";在《致库格曼的信》中也指出,"不应该……把官僚军事机器从一些人的手里转到另一些人的手里,而应该把它打碎,这正是大陆上任何一次真正的人民革命的先决条件"。这使得革命前原有的司法形式、司法程序乃至法律规定在革命实践中遭到批判并最终被舍弃,一种独特的大众司法被创造出来并取而代之。二是在从社会革命到社会建设之间,马克思注意到一个国家、权利等并未完全消解的过渡时期。在《哥达纲领批判》中,马克思指出,"在资本主义社会和共产主义社会之间，有一个从前者变为后者的革命转变时期。同这个时期相适应的也有一个政治上的过渡时期，这个时期只能是无产阶级的革命专政。"从历史实践看，在这一过渡时期，无论是苏联，还是我国，都把法律界定为统治阶级的意志和阶级统治的工具。在苏联，当国家被宣告为全民国家之后，法律是统治阶级的意志和阶级统治的工具这一界定也就相应地被法律是人民公意取代了。应该说，法律是统治阶级的意志和阶级统治的工具这一界定，不仅与"无产阶级的革命专政"这一历史过渡时期有关，也与马克思和恩格斯在《共产党宣言》中有关资产阶级法的论断被一般化联系在一起。总体上看，以上两个方面，在马克思主义指导下的中国革命和建设实践中都有一定反映。因此，随着建设时期对"以阶级斗争为纲"的批判和反思，有关法的阶级性与法的继承性，以及法的阶级性与法的社会性的论辩最终成为法学中的焦点问题。

如果说，在社会革命时期，法律曾被斗争双方都作为"刀把子"使用，那么，在社会建设时期，当阶级关系已发生根本变化，法律则更多地要从理性和社会中去寻找根基和养料。从历史上看，法律在自古以来的中国社会中总是戴着一副灰色面罩。在古代，虽然历朝历代大都颁行法律，但同时，历朝历代也都一直存在着约法省禁的主张，以及对法繁网密的严厉批评。在一种与道德的对照结构中，法律被置于次要地位，正所谓"刑为盛世所不能废，而亦盛世所不尚"。传统社会中的这种法律观念，与法家将法律作为惩人治民的工具使用或许不无关系。在社会革命时期以及社会建设初期，法律作为阶级统治工具被使用，也使得法律的作用主要流于政治斗争层面，而难以深入成为全民在安宁的社会生活中所仰仗的普遍理性。而且，在一种与社会乃至群众的对照结构中，法律再次被置于次要地位。因此，当这样一个时代被称为法治时代，当法治社会正成为社会发展的重要目标，当法律日渐被要求作为社会生活和社会治理所依赖的主导方式，法律基于与理性和社会需要之间的内在联系而具有的让人感觉更为必需、柔和、亲切的颜色亟待被凸显出来。或者说，在淡化或摘除灰色面罩后，法律亟待作为一种可大可久的理性事物被稳固地树立起来。由此，基于价值批判而对法律予以新的理性建构就作为一种历史需要呈现了出来。

自然，当这种理性建构作为一种需要呈现时，张扬理性的启蒙思想是最容易被想到的。在这里，至少理论上，若是过于机械，一不小心，也许就如黑格尔和马克思所提到的，起初作为悲剧的伟大历史事件到后来会被人作为笑剧重演一次。从后来的历史看，社会按照"启蒙"理想的方向发展并不是一帆风顺的，它最终遭受到新的审视乃至批判。而且，据说恰恰是"启蒙"本身为这种对"启蒙"的批判和新审视提供了可能，所以，历史上的"启蒙"时代也被人称为"批判时代"。在很大程度上，马克思19世纪的批判针对的恰是"启蒙"时代以来的社会现实。这种批判并不仅限于马克思，也远不止于马克思，它实际上延续到后来的批判理论、社会理论和后现代主义。批判与价值是密不可分的，批判总是基于价值的批判。马克思的社会批判和社会理论可以说一以贯之地蕴含着对人本身的价值关怀。这种价值关怀并不能说只为马克思所独有，事实上，古今中外历史上的大多数思想家都曾表现出对人的价值关怀。当年卢梭就曾感叹，"人生而自由，但却无往不在枷锁之中！"不过，马克思基于人本身的价值提出的批判所针对的恰是在启蒙思想家的指引下从人以及人性出发建构起来的社会。就理论逻辑而言，马克思后来对资产阶级社会中自由、平等、人权等的批判,并不表明马克思致力于批判这些概念和名词所蕴含的基本人类价值,而在于在一种理性建构过程中这些概念和名词与社会现实之间的"名""实"不一。用马克思的用语来讲,马克思所着力批判的是"辞藻"与"内容""言辞"与"现实利益"之间的不符。这里,明显存在着一个现代化进程中为现代思想家所普遍关注的"合理性"或"合理化"问题。

如果说,"启蒙"时代的一个重要任务在于使政治权力的运行更趋理性,或者说,努力以理性来主导人类的政治生活,那么,自19世纪以来,这种劲头十足的理性进路受到了越来越多的批判审视。人们开始担心由理性在政治生活中的过度作用所带来的对个人自由和种族安全的威胁。到20世纪,当一些学者追寻法西斯"大屠杀"的根源时,他们发现在"现代"文明与"大屠杀"之间其实存在着紧密关联。应该说,19世纪以来对理性的批判审视并不在于主张非理性,而在于批判由理性出发所导致的非理性、在理性名义下实施的非理性以及理性使暴力或某种权力统治合理化的过程。同样,马克思对资产阶级社会中自由、平等、人权等的批判,并不在于不应该讲自由、平等和人权,而在于这些概念和名词只为一个工人广泛遭受苦难的社会披上了华美外衣,乃至为其存在和运行提供了合理性,而没有或者不能在那样一个社会中得到普遍落实。

尽管马克思对以往的阶级社会提出了批判,但当他憧憬"每个人的自由发展是一切人的自由发展的条件"这样一个自由人联合体时,他其实重新开启了理性建构的大门。只是,在新的理性建构中,要避免政治中的非理性,避免理性使非理性合理化,避免政治生活中的名实不一,对价值的固守仍然是必不可少而且是极为关键的。同时，就马克思对社会的侧重而言，新的理性建构的落脚点在于与人的生存状态存在根本联系的社会本身的建设方面，而不在于一种新的阶级对立和阶级统治关系。所以，在马克思对未来社会的构想中，"每个人的全面而自由的发展""自由个性""作为目的本身的人类能力的发展""社会自由发展"这些价值意蕴浓厚的措辞和语句显得尤为突出。

因此，无论是对文化的理性建构，还是对制度的理性建构，都特别需要在社会实践中不断以价值来批判审视现实，以作为目的的人的全面发展、人的自由个性来观照和权衡社会文化和社会制度的现实效果，避免文化和制度重新像枷锁一样束缚人的自由而全面的发展。从八十多年来马克思主义指导下的中国革命和建设实践看，在法律和社会建设上，新的理性建构值得特别注重的方面在于制度与实践、法律与社会的结合，既避免一味批判、反对任何制度建构的政治浪漫主义，也避免无视人的道德主体精神、唯制度是尚的机械制度主义。一方面，在现代语境下，宪法和法律是政治权力规范合法运行的基本前提，也是人们在交往复杂、分化细致的现代社会安宁生活的必要条件，因此，在社会建设时期特别需要将其作为正当而普遍的规则树立起来。对于处于现代化进程中的中国来说，做到这一点，一方面，要使法律由惩人治民的镇压工具转变为约束和规范政治权力的有力手段；另一方面，要基于理性和社会现实，把那些在古今中外历史上具有时空穿透力的普遍性要素灌注到法律精神和法律制度之中。另一方面，尽管法律制度对现代社会的存续具有重要意义，但在法律制度与人的关系结构中，法律制度终究只是人们生活的外在形式和条件，而不是目的本身，因此，法律制度框架下的社会实践和人的生存状态仍然处在一种价值审视之中。具体而言，无论是法律制度的构建还是其实施,都始终面临着"作为目的和主体的人"这一价值目标的权衡和观照,由此,需要在动态的社会实践中通过适当的方式对限制或可能限制人的自由全面发展的法律制度适时做出调整,以避免社会在一种唯制度化倾向中堕入以人为物、见物不见人的形式主义窠臼。

(本文原载《清华法治论衡》2009年第12辑)

通过法律实现正义

法律与正义的关系是一个古老的法哲学话题。从法律史看，人类对此已有相当的智识积累。早在古希腊，一些思想家即已表现出敏锐洞察，在所有实现正义的手段中，人们也几乎不约而同地都对法律寄予厚望。这并没有带来法律与正义之间关系问题的终结。相反，相关探讨绵延无休，人类社会的正义理想迄今也不能说业已一劳永逸地得到实现。甚至，在基本问题上，如究竟何谓正义，人类至今仍难免争论。法律可否实现正义，如何通过法律实现正义，这样的问题依然常思常新，结合法治实践的具体情形看也有一定的现实意义。接下来，主要围绕权力与理性、自由与平等来分析通过法律实现正义的可能性及其现实途径。

一 正义概念分析

有人说正义有着一张普洛透斯似的脸，变幻莫测，由此可见把握正义的难度。西方的正义观早在古希腊即已基本奠定，对正义问题的探讨适合从古希腊人关于正义的看法开始。在古希腊，正义最初看上去是作为一种宇宙秩序出现的。人类按此秩序指导行为、安排事务即是正义。这是一种自然意义的正义观。这同时也是一种道德意义的正义观。苏格拉底把正义看作人类心灵的内在德行。柏拉图把人的灵魂分为理性、激情和欲望三个部分,认为理性统治灵魂,激情协助理性控制欲望即能达至"个人正义"。相对而言,法律意义上的正义观出现较晚。总起来看,古希腊人关于正义至少有两种具有代表性的观点。

一种观点认为,正义之本质在于理性。苏格拉底、柏拉图以及后来的斯多葛学派,在人的感性和理性之间都作了严格划分,认为正义与否不能靠多变的感觉来判断,而应以理性为衡量。尤其是古希腊的自然法论者,认为正义存乎人类理性,合乎人类理性始为正义,法律之好坏也以人类理性为标准。而人类理性,与自然存在的法则相联系。实在法通常被认为是人为产生的,存在一定缺陷。在不完善的实在法之上,有完善公正的自然法。实在法应符合人类理性或自然法,根据人类的理性要求予以修改和变更。法律正义观并不完全脱离自然正义观和道德正义观。人们将理性加诸正义之上时,其明确意义往往在于要求正义合乎自然理性或人的道德观念。

另一种观点视正义为强权,主张正义乃掌权者之意志,强权即是公理。柏拉图在《理想国》中专门提到了这种正义观。有观点认为,力量乃生存之法则,公正在于,优者统治劣者,强者比弱者得到更多。人之欲望凭借勇气和智慧得到满足天经地义,而事实上只有极少数强者能真正做到这一点,为了防止这些少有的强者超越自己,社会上大多数弱者就主倡节制,贬低高贵,并以法律约束威吓强者,如此正义又成为大多数弱者为了自己的私利而为少数强者设置的枷锁。还有观点认为,正义是强者的利益,遵从统治者命令即为正义。甚至,正义之人与不正义之人相比总是处境更糟,因而,所谓正义恒为一种损失。无论是弱者正义观还是强者正义观,都把正义与权力联系在一起,由此在很大程度上否定了正义的积极正面意义。

古希腊之后,有关正义的讨论基本上围绕权力与理性两个方面展开。理性代表了人的价值追求和主观愿望。它可能会因为人类天然的不平等或者因习惯传统而致的不平等,而视不平等为正当;也可能因为相同的原因或其他理由而只认为平等才是正当。理性体现了人类理想的一面。在社会现实中,价值从来都难以摆脱权力的支配和影响。暴力、财富和知识上占优势的个人或集团,可能通过"意识形态"渗透来宣扬对自己有利的正义观,并以有形或无形的权力强行这一正义观。如此,普遍理性就沦为强权意志。

从正义问题上的理性与权力之分歧,可见正义不仅具有普遍性,也具有特殊性。正义的普遍性源于自然公理和人类的普遍共性,表现为任何社会都必须承认的人类基本需求。正义的特殊性源于正义的社会性、历史性乃至阶级性,表现为特定社会历史条件下明显受到实存权力结构影响的一套价值观。实际的正义情境通常是普遍性和特殊性的统一。这意味着,正义要求权力的享有和运行遵循理性法则,正义表现为处理人类事务必须遵奉的一套规则和原则。这套规则和原则,在亚里士多德的正义观中被大致分为两种。

亚里士多德认为,正义是"关心他人的善。因为它是与他人相关的"。他把正义分为分配正义和矫正正义。分配正义根据人的出身、才德以及对国家的贡献,把荣誉、财富以及合法公民人人有份的公共物品,如政治职位等,按比例分配给不同地位、不同身份的社会成员。矫正正义则为人们的相互交往提供是非准则,要求侵害了他人财产、权利和特权的社会成员,偿还受害人的东西或恢复、补偿受害损失。矫正正义主要适用于合同、侵权和刑事等领域。形象而言，分配正义可用力臂不等的平衡杠杆表示，它暗含着按照人的主观价值确定或改变人在体力、智识和财富等方面的不平等；矫正正义可用天平象征，它并不否认人在事实上不平等的合理性。

看上去，正义追求的是一种平衡或平等。亚里士多德说，"对他人的公正就是平等"。在梅因的《古代法》中，正义通过数量上的相等得以表现。恩格斯也认为，"平等是正义的表现，是完善的政治制度或社会制度的原则。"在《正义论》中，罗尔斯所提出的两个正义原则，也可说是围绕平等展开的。其正义论最初所针对的即是人们出生伊始就具有的在社会地位和先天禀赋上的不平等，正义的第一原则在平等地享有自由的前提下承认这种不平等的可容忍性；正义的第二原则则对这种不可避免的不平等设定两条限制，一是"符合每个人的利益"，二是"平等地向所有人开放"。凡此可见，在正义与平等之间有着不可分割的联系。

平等问题的产生，除了与不平等直接联系外，通常还与人的不同或差异掺杂在一起。不平等是对现实的价值判断，不同则是社会事实。每个人在世界上都独一无二，互不相同。消灭不同或差异是平均主义的信条，违背了人的多样本性。荀子说，"万不齐，齐之者，非也。"孟子也说，"物之不齐，物之情也……比而同之，是乱天下也。"因此，正义在追求平等的同时，也应保持人的差异性或多样性。此种差别在很大程度上涉及人的自由。正义时常被归结为"相同情况相同处理，不同情况不同对待"。不过，仅仅把正义局限于这一原则又是不完全的，因为在逻辑上，它可以推导出对相同的人给以相同的虐待或对不同的人给以不同虐待也是正义。因此，正义原则不能脱离正义的普遍性和实质价值。总体看,主要涉及平等与自由、公正与效率的分配正义和矫正正义,需要与主要涉及理性与权力的正义的普遍性和正义的特殊性结合起来,这样才能准确、全面地把握正义。

二 正义与法律的联系

如同正义问题扑朔迷离一样,关于法律与正义之间关系的见解也存在分歧。从法律思想史看,相关见解可大致归结为两种。

一种看法认为法律与正义紧密联系,法律应当符合正义。这主要是自然法学的看法。认定法律与正义不可分割,是源自古希腊的西方自然法传统的最显著特征。在此传统中,正义是法律必不可少的构成要素,非正义的"法律"不是法。古罗马的西塞罗就认为,各民族所实施的有害的法律,不配称为法律,而只能被认为是一伙强盗在聚会时所通过的规则。在他看来,非正义的法律根本不具有法律的性质。中世纪的阿奎那也认为,人定法如果违背理性,就不再具有法律的性质,而只具有暴力的性质。他说,"法律是否有效,取决于它的正义性。"此类思想在西方历史上可谓一以贯之。"二战"后,对纳粹时代的法律,西德最高法院曾宣称,一项法规或其他官方法令,"当与普遍承认的国际法或自然法的原则发生冲突时,或当实在法与正义之间的分歧变得如此之不可忍受以致实在法因不公正而必须服从正义时,就达到了其有效范围的尽头"。这无疑是对"恶法非法"的明确肯定。

与此相反,另一种针锋相对的观点则认为法律与正义并没有必然联系,由此主张"恶法亦法"。这是分析实证主义法学的基本看法。分析实证主义法学把法律定义为"主权者的命令"或"强制性秩序"。与自然法学把理性视为法律的本质不同,这一学说认为法律的本质要素是权力。分析实证主义法学坚决主张把正义逐出法律领域,其理由主要在于正义的主观性和相对性。凯尔森认为,正义问题不能以理性认识的方法回答,正义判断在客观上也不能验证,因而,"正义价值是主观的"、相对的,是因人而异的,并且常常是相互冲突的。他认为所谓的正义要么是自欺欺人,要么是一种意识形态。鉴于正义的主观和相对性,凯尔森认为"'正义'就是指合法性;将一个一般规则实际适用于按其内容应该适用的一切场合,那便是'正义的'"。换言之,所谓正义就是合乎或遵从法律。

人们在正义与法律之间关系问题上的看法,看上去与人们对正义或法律的两种理解相联系。自然法学视正义或法律为理性,而分析实证主义法学则视正义或法律为权力。自然法学把法律与理性或正义联系起来,体现了人类对善和美好的一种追求,但仅此是不够的。这不仅因为从来都没有法律公正得令所有人完全满意,也因为理性在现实中总受权力的影响和支配,以及分析实证主义法学所主张的正义的相对性。在正义与法律之间建立起牢固可靠的联系,需要正视分析实证主义法学对正义所提出的挑战。

其实,分析实证主义法学把正义归为合法性,有着明显的缺陷。它不仅不能为法律提供"正当性",而且也因为无视人类的基本价值而陷入相对主义的误区。正义在一定意义上的确看上去是人们的一种价值判断,但这些价值判断并非总是缺乏事实根据,而且也并非总是相对得无法确定。事实上,正义具有普遍性,它源于自然事实和人类的基本共同需要。哈特对此曾归纳出"最低限度的自然法内容":人的脆弱性,大体上的平等,有限的利他主义,有限的资源以及有限的理解力和意志力。博登海默也认为存在着"最低限度的正义要求","这些要求中有一些必须从人的生理素质中寻找根源。而其他一些要求则在人类所共有的心理特征中具有基础。同样，还有一些要求是从人性的理智部分，亦即从人的推理能力中派生出来的。"就此而言，那种认为正义纯粹是一种任意的主观价值判断的观点反倒是过于主观了。自古以来，人类始终没有放弃对带有普遍性的基本价值的追求，人类也正是凭靠这些价值才得以把恣意膨胀的权力拉回到理性的正道上来。这些价值构成了所有政治和社会活动都必须正视的基本因素。除这些基本价值外，人类社会还存在着其他一些价值，这些价值看上去有更为明显的相对性。人类社会中广泛存在的各种价值冲突和利益冲突反映出这一点。然而，人们对同一事情持不同看法，并不足以否定正义。在各种价值和利益之间寻求一种合乎理性的协调和分配方式，还是得依靠正义原则。如果说，民主在一定程度上比专制更有利于达至公共生活中的正义合理，那么，正义就是与专制或不受限制的专断权力敌对的。因此，正义的相对性也是相对的，在相对中仍有标准可循。对此，哈特曾说，正义就像真的、高的、暖的等概念一样，有一个暗含的参照标准，只是这一标准往往随着所适用的事务的分类而有所不同。

总之，理性和权力是人类公共生活所必须具备的两样事物，正义与这两者有着紧密联系。可以说，正义在于以理性驾驭权力，使权力屈从理性。正是在这一点上，正义与法律密不可分，因为法律也包括权力和理性这两个基本方面。法律如果没有权力支持，就会如耶林所说，是"一把不燃烧的火，一缕不发亮的光"。另外，法律如果缺乏理性，就只能成为蛮横无理的暴力。那种以正义的主观和相对性而否定正义与法律之间联系的企图，消解了正义对实在法的评价可能，可能为权力的滥用乃至暴政打开缺口。亚里士多德说，"法律可能有偏向……法律也有好坏，或者是合乎正义,或者是不合乎正义。"而要想达成良好的治平状态,就必须有"良好的法律",让法律合乎正义。这至少应满足两点要求。

一是法律以正义为目标。法律不仅应满足正义的普遍性要求,还应当合乎正义的特殊性,与现存的生产和生活方式相适合。法律不仅应满足人类的基本需求,也要使实际存在的权力结构具有现实合理性或者至少具有持续的可容忍性。法律与正义之间的联系,并不仅仅在于"法"字在语源上具有"平""正""直"之意,而更在于法律和正义都包括理性和权力两个基本要素。在这两个因素中,权力具有摆脱理性约束的扩张性,法律因此可能沦为赤裸的强权暴力工具,从而使人类的许多美好价值甚至基本价值荡然无存。在此意义上,人类通过正义理想对法律始终保持一种警醒和反思无疑是有必要的。这也就意味着,在权力和理性之间必须保持一种张力,以为评判权力提供可能。同时,正义也为法律提供了一定的正当性或合法性。正义的法律既要维护人类基本的生存需要,也要防止弱肉强食、以强权为公理的状况,在这方面,分配正义和矫正正义对法律实践具有指导意义。

二是正义主要通过法律实现。达至正义的途径并非仅只法律一种,例如,还有道德、私力救济等方式。而在所有这些途径中,法律无疑是实现正义最有力的武器。这不仅在于法律是一种具有强制性的社会控制手段,也在于法律的属性,如确定性、普遍性、外在性等。公共生活需要权力的存在,而由于权力天然具有扩张性,正义始终面临着遭受强权冲击而摇摆不定的风险。在捍卫正义方面,道德劝说不仅缺乏法律所具有的强制性,也往往难以成为正义长久的依靠。对付肆无忌惮的强权只能依靠权力。给权力套上法律的锁链,使之以合乎理性的方式运转,才可望为正义的实现铺平道路。在这方面,人类不仅可以通过立法为权力的享有和行使设定合理的框架,也可以法律的确定性和普遍性限制权力行使者的专断。通过法律实现正义的两个重要环节是立法和司法。立法有利于分配正义的实现,司法则有利于矫正正义的实现。

三 通过法律实现正义

法律是保障正义最有效的途径。然而,如此说并不意味着法律必定能够实现正义。事实上,通过法律实现正义存在着诸多困难。在对法律实现正义寄予厚望的同时,也不应忽视法律实现正义所能达到的限度。

强权有可能把强权者的意志变为"公理"从而最终架空正义,同样,法律也可能沦为纯粹的强权工具。正是基于这样的原因,才有必要在正义与法律之间建立起坚强有效的联系。这不仅要求法律合乎正义,也要求通过法律实现正义。在最终意义上,正义通过法律具体落实比空泛的正义口号显得更为重要。通过法律具体落实正义,往往会呈现出这样或那样的困难与不足。这主要表现为法律对存在于正义内部的各种划分之间"鱼与熊掌"般的选择困境。正义的划分,不仅包括分配正义与矫正正义,也包括实体正义与程序正义、一般正义与个别正义以及"全体正义"与"部分正义"等。

(一)分配正义与矫正正义。分配正义以人们事实上的不平等为前提,并以此为基础试图通过主观努力重建人类原有的平等或不平等。它是改革或革命式的。矫正正义则并不改变人们的原初地位,而只是按照加减法则恢复事件发生以前的状态。它是保守的。就此区别而言,分配正义与矫正正义的划分与实质正义与形式正义、平等与自由、公平与效率之间的区分，是相通乃至相同的。在一定意义上，自由、效率与形式正义是密不可分的，矫正正义或形式正义只为社会提供了一种平等形式和一般的竞争和发展条件。它们在一定程度上维护乃至加强着人们事实上的不平等，因而它们与社会平等和公正总是存在着矛盾冲突。有人认为，平等理论对自由是灾难性的，平等情感必定淡化人们对自由的渴望。自由的扩大未必促进平等，而高扬平等理想则极有可能限制乃至消灭个人自由。因此，人们在以法律促进这中间的任何一种价值时，不仅难以兼顾另一种价值，甚至还会损毁另一种价值。

（二）实体正义与程序正义。程序与法律密切相关。马克思称审判程序为"法的生命形式"，认为其与法律的联系"就像植物的外形与植物本身的联系，动物的外形和动物血肉的联系一样。"同时，程序也是法律与道德的一个重要区别。法律对实体正义的追求在很大程度上是通过程序来间接实现的，而道德则通常缺乏这一中间过程。然而，问题在于，法律对程序正义的追求并不一定能够实现实体正义。一如韦伯所说，"所有的政府都必须面临法律确定性的抽象形式主义与它们力图实现实体目标的愿望之间的难以避免的冲突。"罗尔斯在《正义论》中区分了三种程序正义：完美无缺的程序正义、纯粹的程序正义和不完善的正义。在这三种程序正义中，只有前者既有决定正义结果的独立标准，又有保障达到这一结果的程序。例如，让切蛋糕的人最后选择自己的一份。纯粹的程序正义有判断正义结果的独立标准，而没有一种在任何情况下都能达至正义结果的程序。例如，在刑事审判中，只要被告有罪，就应当依法判刑，然而，实际上，一个无罪的人可能会被判刑，而一个有罪的人也可能会被判无罪。不完善的正义则有公正而确定的程序，却不存在判断正义结果的独立标准,例如赌博。就此而言,程序正义与实体正义之间并非总是存在必然联系,程序在有些场合反倒构成法律实现实体正义的障碍。

(三)一般正义与个别正义。按学者的说法,"一般正义是由事物具有共性决定的法律规定适用中的广泛妥当性",在一般情况下其适用能导致公平;"个别正义是由事物具有个性决定的法律适用中对特别案件的具体妥当性",个别正义通过对少数人之分配的妥当性的追求,最终导致对一切人的公正分配。正义的这两种划分尤其体现在立法与司法之间的矛盾上。立法对一般情况只作一般规定,其一般性保证其对大多数社会成员的公正。然而,社会现实总是千差万别的,立法上的一般公正并未必导致其在任一具体情形都合适。换言之,一般正义并不一定带来个别正义,有时还导致个别不公正。因而,法律忠于一般正义未必能实现个别正义。反过来,法律如果完全屈从个别正义,也会损伤一般正义的普遍价值。

(四)全体正义与部分正义。滕尼斯曾提到人类的两种抽象结合方式。一是共同体,二是社会。在这两种联结类型中,相应存在两套行为规则和正义观。哈耶克分别称之为全体正义与部分正义,或普遍正义与群体正义。全体正义与规则相联系,对群体成员和陌生人平等适用。部分正义以共同可见的目的为基础。这种划分在一定意义上类似于传统与现代的划分。在传统社会,人们之间以比较牢固的情感纽带联结,互负忠诚义务,人际关系靠习俗和传统调整;而在现代社会,人际交往基本上靠理性的形式法律平等调整。两种社会类型中的正义观差异,直接影响着法律在其间的作用发挥。无论是用法律在特定群体推行全体正义,还是用法律在现代社会推行部分正义,往往难以奏效,或者,因贻害社会而终遭抵抗。

　　法律在正义实现道路上所可能面临的这样一些悖反，与其说是表明法律与正义的冲突，毋宁说是在表明一种必要性，亦即，人类通过法律实现正义需要辨清正确的方向和方法。因为法律在实现正义上的局限而否弃法律或正义的积极意义是不明智的，也是不可取的。法律仍然是实现正义必不可少的重要手段。大体而言，通过法律实现正义，尤需注意这样几个方面。

　　（一）立法正义。分配正义主要体现在立法领域，并且主要通过立法实现。法律的内容公正与否直接取决于立法能不能很好地表现分配正义。西方自由主义大多把正义、自由和法律视为一体，排斥所谓的"社会公正"或"分配正义"。平等只被视为法律意义上的形式平等而无涉实质平等，因而，正义通常只指形式正义或矫正正义。这种正义观反对运用法律和政治力量建构社会平等，反对使用强制措施推行较为公平或平等的分配目标。哈耶克就坚持认为，正义与事实或结果上的不平等是不可分的，正义通过平等适用统一规则维持事实或结果上的不平等，这种事实或结果上的不平等虽然可能是社会弊端之一，但并不构成为使用歧视性强制措施来克服这种不平等的正当理由。他说，"在这个世界上，平等地待人和试图使他们平等这二者之间的差别总是存在。前者是一个自由社会的前提条件，而后者则像托克维尔所描述的那样，意味着'一种新的奴役形式'"。显然，在自由主义那里，自由凌驾于平等之上，分配正义没有合法空间。如果说人与人之间的上下尊卑在古代社会被认为合乎情理，那么，在自由主义那里，现代社会人与人之间在权力、财富以及其他公共物品上分配不公同样也顺理成章。不过，正义不仅表现为天平，也可能表现为力臂不等的平衡杠杆。前者固然重要，但后者也有其适用领域。在这两种情形,国家或政府所起的作用不同。在矫正正义场合,国家只充当消极的仲裁者,居于天平的中心,致力于恢复原有的自由秩序。在分配正义场合,国家并不消极地中立,而是根据杠杆两端的强弱轻重选择平衡支点,换言之,国家或者社会权力需要根据一定的价值标准对不平等事实有所作为。在此方面,立法不仅要充分体现普遍正义,也要维持处于社会实存权力结构中的强弱各方的平衡,以此尽量避免弱肉强食,以强凌弱。

(二)制度正义。要通过法律实现正义,不仅正义是重要的,法律是否完善优良也很关键,正所谓"工欲善其事,必先利其器"。没有完善的法律制度,再好的正义也只会流于空洞的口号而难以真正实现。从法律思想史看,许多学者提到了良法的重要性。例如,亚里士多德说,"法治应包含两重含义:已成立的法律获得普遍的服从,而大家所服从的法律又应该本身是制订得良好的法律。"这里所谓的"良好的法律"不仅指正义的法律,应该也指在形式上可以达至正义的法律。换言之,法律不仅应当具有正义的内容,也应当具有能够达至这一正义内容的形式。就现实意义而言,后者有时比前者更为重要。这就要求法律必须具备一定的形式属性。富勒曾把这些属性归结为一般性、公布、不溯既往、明确性、无内在矛盾、可行、稳定性、一致实施。拉兹认为,好的法律应当满足如下条件:可预期、公开、明确、相对稳定、一般、司法独立、公正审判、司法审查、易诉、权威等。菲尼斯也提到优良法律的特定属性:可预期、不溯既往、可行、公布、明确、一致、稳定、特殊法令的制定受一般规则指引、官方行为合法。对于法律的现代形式要求,学者们的意见大同小异。概括而言,现代法律在形式上至少需要具备这样几个属性。一是一般性。法律不是针对特定人发布的即时命令,不"议事以制",

而只涉及典型情况,使用一般性措辞,不分派特定个人以特定事情。二是普遍性。法律在相同情况下对所有人具有同等约束力,一律平等适用。这确保所有人的同样自由,为预测他人行动提供可能而使压制性法律成为不可能。三是确定性和稳定性。法律应当公知且确定,具有相对持久的稳定性,不能前后矛盾,也不能朝令夕改。法律的确定性主要在于对法院判决的预期结果是确定的,这就要求法院的司法行为应当合符先定的规则。四是可预见性。法律必须事先宣告,以使个人能够预测到政府在某一情况下将如何行使其强制权力,以及其他社会成员在某一情况下将允许做什么和不允许做什么。五是双向约束性。不仅所有的社会成员受法律制约,规则的制定者、执行者和适用者也都应当遵守法律,这是保障自由的重要一环。六是可接近性。法律应当明白简约,尽可能做到公民可以接近和利用。

(三)司法正义。司法是通过法律实现正义的最终环节,因而尤其重要。在司法正义上,人类已经积累了丰富的实践经验,如"非佞折狱,惟良折狱""遍阅其实""惟当守法""听两造之辞""任何人不得为自己案件的法官"以及正当程序等。究竟如何充分实现司法正义,这在我国仍可谓一个重要法治问题。对于中国法治,学者提出了不同道路选择。有的主张通过"立法"建构法制,有的主张利用"本土资源"或习惯、传统实践实现法治。前者注重国家的主导作用,后者社会的互动机能。不过,前者容易忽视社会成员的积极主动性,实际施行效果也有待考察;后者在秩序之前的混乱"无序"意义上几乎可说是反法治的,它可能不注重权利的张扬,也可能不注重传统的改良。基于现代化背景看,中国法治不能回避世界先进经验和自身固有传统,就此而言,权利与德行都是重要的。总体上,通过法律实现司法正义应朝这几个方面着眼着力。一是重视诉讼。权利的一个基本内涵是"主张"。"主张"体现人的主体意识的伸张,其实现端赖有效的救济途径。在法治社会,诉讼是最有效的救济手段。这意味着国家应尽可能为公民通过诉讼实现自己的权利提供便利。诉讼可谓中国实现法治的另一条可取途径。它不仅有利于通过社会成员的相互作用促进法律的发展,也有利于法律正义的最终落实。通过司法实现正义,首在使公民信任并且容易接近司法。二是审判独立。分配正义主要体现于立法,司法领域则主要体现形式正义或矫正正义。在司法中,法官更多地扮演中立的仲裁者角色。虽然我国宪法和诉讼法都规定了审判机关依法独立行使审判职权,但在实践中,法院和法官仍可能或多或少地受制于其他势力。司法不独立直接会导致法律落空和走样,从而使得法律正义难以实现。就现实而言,做到独立审判需要从制度上进一步理顺各种权力主体与司法机关的关系,也要防止各种关系、人情乃至腐败因素对司法的入侵。三是增强法官素质。依法治国并不排斥人的作用。法律最终还得靠人来执行,法律的不足也得靠人来完善。正如古人所言,"徒法不足以自行","法贵得人"。通过法律实现正义,也要增强法官的素质。这不仅表现为法官的专业知识素养,也表现为法官的个人德行和职业精神。把刚性的立法转化为具有现实合理性的司法实践是一门有相当难度的艺术。能否在司法环节通过自由裁量把一般正义转化为个别正义,直接受制于法官的专业素养和道德水准。要增强法官的素质,不仅要严格依法落实法官的选拔和考核,也要注重法官的人格扶持与培养,在此方面,古代儒家的修身成德之教不乏积极意义。

(本文原载《江苏社会科学》2001年第4期)

法律的两种起源

　　正如个人的成长不仅有赖于先天的禀赋，也有赖于后天的教育一样，社会的发展不仅有赖于传统的积因，也有赖于域外的借鉴。问题在于，个人的先天禀赋有时会阻碍后天的教育，后天的教育有时也会毁损人的先天禀赋。同样，社会的传统因素有时会排斥外来的经验，外来的经验有时也会败坏优良的传统。因此，对一个正在努力寻求发展的国家来说，如何处理好传统与现代的关系就显得相当重要。具体就我国而言，现代化进程始终与中国与西方或者东方与西方的矛盾冲突纠缠在一起。尽管一些人并不喜欢中国与西方，或东方与西方的分野，但承认中西差异依然大有人在。有人甚至比之为男女之别，认为男孩长大了不会是女人，女孩长大了也不会是男人。是否真的如此值得深思，但说中西文化完全相合从实际发展历史看也未必确当。在法律的起源问题上，便可大致看出中西在法律文化上的差异。荀子与罗素，对法律起源的看法就表现出差别。

　　荀子的法律起源观用现代话语可以这样表述：人活着都有欲望，必有所求，而社会中可供利用的资源相当有限，因此，人们如果没有固定的身份和地位，在追求各自的利益时缺乏产权界限和规范约束，就必然导致争夺和社会生活的混乱；要避免发生这

法律的两种起源

种局面，最好的办法是由"圣人"或"先王"制定礼仪和法律，以此安排个人在社会等级中的位置，明确各人应得的分配份额，从而使社会安定有序。与荀子不同，西方哲学家罗素用一个博弈实例来说明这一问题。他假定，甲种苹果，乙种土豆，在没有产权界定前，甲需要土豆时会到乙的地里偷偷地挖取，而乙为了报复，也会趁夜黑到甲的地里去偷苹果，如此，大家可能都得守夜或者修筑篱墙，其结果不仅劳力而且伤财。为了消除这种恶劣的环境，甲、乙最终会彼此承认对方的财产所有权。这起初可能表现为习惯，而后则会公定为法律。尽管罗素并非法学家，但这种法律起源观，即社会规则或法律最终是在个人的相互作用中产生的而不是由国家制定的，在西方却很具有代表性。

荀子与罗素在法律起源问题上的明显区别在于法律产生的方向。在荀子那里，法律是"圣人"或国家基于一定的社会目的和对社会情况的了解而自上而下主观设计的。而在罗素那里，法律是由社会成员在彼此的交往中自发形成的，国家所起的作用只不过在于确认这些自发形成的规则，因而，这种法律并不是国家自上而下制定的，而是由个人自下而上自发产生的。由此也就导致了两种法律的性质和任务十分不同。前者是一种具有强制性的"治民之具"，其任务在于安排社会成员的身份地位。后者则具有公约的性质，其任务在于确定社会成员的平等权利义务关系，保障规则之下的个人自由。

由这两种法律起源观，又会产生统治合法性上的差异。在荀子那里，立法者事先即被假定为"圣人"或"贤君"，政府也是"父母政府"，他们会基于民生幸福而"为民做主"。至于这类政府是否总能"爱民如子"则取决于执政者的道德素养。因此，君臣之德在中国传统文化中一再被强调。而在西方，在此问题上的观点却是社会契约论。这一理论认为政府是基于社会成员把自己的权力或权利统一交给一个君主或某一机构而产生的,政府必须按照人民与其签订的契约行事。

跟在这两种合法性之后还有另外一个问题,即权力如何行使。按照前一种法律起源观,君主或政府被想当然地认为是为人民着想的,因而权力如何运行往往不在重点考虑之列。而社会契约论则常常与权力的约束机制相联系。社会契约本身即是一种约束。它首先明确权力出自社会成员。因而,基于社会契约而产生的政府的主要任务即在于保障个人的权利,在权力与权利之间必须存在某种机制,以使权力的运行能够达到保护权利的目的。这样,立法、行政、司法三种权力彼此分立、相互制约也就应运而生了。

从荀子与罗素的法律起源论,还可看到,前者重"治",重人为,重民本,重秩序;后者重"法",重自发,重民主,重自由。在社会问题上,中国传统文化多倾向于人力改造,西方则重视自然演进。而在人与自然的关系上似乎恰恰相反,中国传统文化多注重天人协调发展,西方近代以来则强调对自然的探索征服。这也是人们常说的中西在人文与科学上的区别。

对荀子与罗素的法律起源论的简略比较,目的并不在于纯粹地褒扬一方而贬抑另一方。现代化理论的一个误区即是由传统到现代的单线过渡。其实,荀子与罗素的法律起源论所体现出的是人类解决社会问题的两种不同思路。二者固然各有其优长与不足,但很难说一者全是糟粕,一者尽是精华。在传统与现代之间,或许应当有更多的反思,以免陷入传统的泥淖,或者掉进现代化的陷阱。人们可能本身即处在传统之中,也可能无时无刻不在现代化,而无论如何,从现实社会问题出发,最终落脚点始终应该是人或人民。无论是民本,还是民主,其最终所关心的都在于民生的幸福。因此,评判政府或者法律好坏的最好标准,也许应当看其是否做到了"民无怨",而不在于它在标签上是传统中国的,还是近代西方的。

(本文原载《中华读书报》1999 年 11 月 24 日)

治理的人性基础

　　社会问题可从多方面得到理解和予以说明。其中，用人性来解释社会现象可能总是不完全的。不过，这并不意味着社会问题与人的本性毫不相干。如同人性可从自然、社会等方面去把握一样，某些社会问题在一定程度上未尝不可通过人性的某些方面作出阐释。从历史看，人性论大致有两大分支。一支与伦理学相结合，涉及性恶论与性善论的争论。另一支则与认识论相联系，涉及可知论与不可知论的争论。人们在此两个问题上的意见分歧，直接影响乃至决定着社会治理方式的选择，而要治理好一个社会，也的确不容忽视人性与治理之间的关系。

　　但凡谈到治理，人们或多或少会想到人性的善恶问题。一般而言，人们对性善性恶的看法不同，其治国主张也会相应不同。先秦儒家与法家在治国方式上的差异即与其人性主张密切相关。儒家特别是孟子，认为人性有善根，可以通过后天的培养和教化予以改良，因而，他们在社会治理上一般强调道德的作用，主张"德治"和"仁政"。而法家则认为人皆有"为己"计算之心，"趋利避害"乃人之天性，因此，他们重视通过法律来治理国家，力主"法治"。相对古中国而言，西方对性恶论的接受似乎更加普遍，也更早。而且，在此基础上，西方还建立了一系列用以对付人性恶的完善制度。无论是西方人还是古代法家,在一定意义上都认同性恶论构成制度建设的逻辑起点。

在法治日渐成为世界共同治理模式的今天,性恶论得到接受的范围无疑越来越广泛了。然而,单从人性恶、人的"幽暗意识"来说明"法律的治理"看上去是薄弱的。这一方面是因为,无论用善还是用恶来概括人性都可能是不完全的。性恶与性善其实只是人们基于不同的视角对人性的片面把握,在此问题上的争论自先秦开始就从来没有间断过,但直到今天也不曾达成共识,视角决定了其必然如此。马克思把人归结为"一切社会关系的总和"在一定程度上避开了这一视角。更为重要的原因还在于,基于人性恶的制度建设具有显而易见的局限。这主要表现在,基于人性恶的治理方式只注重"物治",而忽视人的精神向度和道德扶持,如此必定导致一种恶性循环,亦即,既通过法律或暴力惩治恶行,又实际承认恶人败坏制度的可能性和现实性。这种不从源头疏解而只从结果惩治的思路,并不堵死人作恶的缺口,实际上也让社会最终不得不承担人作恶的后果。法律禁止杀盗和权力腐败,但这并不避免一些人以侥幸心理或不惜以坐牢为代价去杀人或腐败。就此而言,单从人性恶这一假定去说明治理中制度建设的重要性,其实只具有一定乃至片面的说服力。如果实在要从性恶或性善的角度去挖掘治理的基础,那么,对社会的治理理当二者兼顾,既注重制度因素,也重视人的因素。但是,即使如此,从人性恶出发来探寻合理的治理方式仍可能是不充分的。对治理的人性基础,需要从更加广泛,也更为基本的人性弱点去着眼。

古代的亚里士多德和韩非子都主张法治,在为此主张提供论据时,他们都没有仅仅局限于对人性的自私与邪恶的分析,而是不约而同地都更进一步洞察到人性的不完善之处。亚里士多德认为，人"不能独理万机"。《韩非子》也提到，人主"身察百官，则日不足，力不给……故舍其能而因法数"。两人都注意到人的能力问题，尤其是治理者的能力问题。这一问题影响到对治理模式的选择，主要体现在两个方面。

一方面，治理者的知识能力有限。在社会问题上，尤其应当注意作为个体的治理者的有限知识能力。亦即，作为个人，治理者的知识能力以及集中和利用知识的能力总是十分有限的，不能把社会的治理寄托在一个"全智全能"的个人身上。而且，即使治理者或者代表人民治理社会的机构不是一个人，而是一群团结在一起的精英，其在特定时空条件下的知识能力也是有限的。在知识论上，一些理论认为，知识和信息总是以零散的形式分布于社会成员之中，将所有这些知识完全集中起来不仅不可能，而且对社会可能是有害的。充分利用这些分散知识的最好办法不是集中，而是通过规则为个体的知识交流提供制度框架，从而使得这些分散的知识汇流成河，最大限度地服务于社会。因此，从人的有限知识能力，而不仅仅是从人性恶上，可以更加深入地发现制度对社会治理的重要性。在这一点上，也可以更加深刻地理解"道常无为而无不为""治大国若烹小鲜"的传统治理话语。

另一方面，治理者的能力问题还体现在，人容易犯错误。波普尔1985年在为《波普尔科学哲学选集》的中文本序言中，就曾一再强调科学的人性方面。他说，"科学是可以有错误的，因为我们是人，而人是会犯错误的"。这一认识对人类社会的治理具有借鉴意义。《邓小平文选》中也有诸多关于制度设计的重要性和必要性的论述。邓小平所说的"制度是决定因素"，"制度好可以使坏人无法任意横行，制度不好可以使好人无法充分做好事，甚至会走向反面"，"必须使民主制度化、法律化，使这种制度和法律不因领导人的改变而改变，不因领导人的看法和注意力的改变而改变"至今仍是脍炙人口。其实，这些话语背后，还隐藏着对人性的一种基本态度。"世界上没有完人"，"没有不犯错误的人"，"人都是有缺点的"，"各有各的缺点，各有各的弱点"，这样的话语在《邓小平文选》有很多。这可视作邓小平重视制度建设的一个基本理论背景。凡人都会犯错误，这不仅源于人的自私与恶性，也与人的知识能力有关。要克服错误，不能完全寄望于个人品性和知识能力的拔高，而应通过制度和程序对人的适当约束来实现。制度构成了社会稳步发展的重要条件，社会只有依赖具有稳定性的制度才能摆脱人的任性，少犯错误。

看上去，治理总得借助制度，而制度与人性有着不可忽视的联系，对人性两方面的不同侧重直接影响到制度在社会治理中所扮演的角色。在一定程度上，对拥有或行使公权力的人而言，从善恶论出发，当注重对公权力的制度约束；从知识论出发，当把握好"计划"与"市场"，或者，"思想"与"社会互动"之间的分寸。而对一般的社会成员而言，则应侧重基于知识论的制度建设。在历史上，古代法家对一般社会成员只注意到人性恶，而忽略了知识论的考虑，以至于法律成为"治民之具"。在现代民主体制下，如果将注意力转移到人的知识能力上，治理所依赖的制度就不再只具有这类属性，此时，法律在客观上将成为集中众人智慧以推动社会向前发展的重要工具。因此，考究治理的人性基础，不宜仅局限于人性的善恶层面，而应深入人的认识层次，注意人的有限知识能力和人都会犯错误这些弱点。只有这样，才更有利于实现对国家与社会的"善治"。

（本文原载中评网）

法律与语言文字

把法律与语言文字联系起来，倒不在于法律在形式上是由文字所组成和表现的，也不在于人们的言论自由和著作权受法律保护。在法律与语言文字之间，看上去还有更为深层的关联和相似。挖掘和明确这些关联和相似，不仅能加深人们对法律的了解，还有可能透过法律和语言文字，揭开文化传统的隐秘面纱。

德国的一位法历史学家曾经指出，"法律就像语言一样，不是任意的、故意的意志的产物，而是缓慢地、有机地发展的结果。"这种看法与惯常的观点多少有点不同，因为人们一般认为，法律是由君主、国家或者立法者制定的。至于语言文字，其长久的发展演变过程已经使人们难以断定它们最初的产生方式，但有一点却很明确，即人们今天已经不再像先祖那般频繁地造字了，后人更多的是在不经意地运用前人的文化遗产。因此，就今天的现状而言，法律和语言文字之间的区别还是比较明显的，法律由人制定，语言文字"自然"存在。犹如语言有汉语、梵语、英语等，文字有中文、梵文、英文等一样，礼俗、法律也都各自标明着自己的地域特征和民族属性，而现时代经常的立法每每使人淡忘法律也是历史形成。尽管如此，法律与语言文字之间所具有的相似或相同的属性，总没能逃脱古今一些思想家的深邃眼光。

这些思想家要么认为世上只存在和语言文字一样的法律，要么把国家制定的"法律"和那些与语言文字相似的法律区分开，而只认为后者才是真正的法律。经济学家哈耶克曾在国家的"立法"与由社会成员相互作用而自发产生的"法律"之间作出区分，认为只有后者才是"真正意义上的法律"。作这种划分的意义也许在于，把法律和语言文字一样视作众人智慧在历史长河中不断琢磨的结晶，而不仅仅视其为立法者的制定和设计之物，以此压缩那种只把法律当作"主权者的强制命令"的观念空间。

不把法律只当作"强权命令"的一个理由在于，法律也是人类社会据以向前发展的一种重要方式和手段。在这一点上，法律与语言文字又存在着惊人的相似。文字出现在语言之后，是人们进行交流的一种重要工具。如果没有语言文字，今天的人类文明成就将不可设想，这些不难被人接受。但是，法律与社会客观发展之间的紧密联系却往往鲜为人知。文明之初，人类智识蒙昧未开，为了生存和"胜物"，人类需要团结在一起。声音和语言恰为此需要提供了纽带。借助语言、声韵和文字，人与人、人与自然之间的联系范围在彼此的接触中不自觉地日渐扩展，人类智识从而也得以爆炸式的增长。同样，在社会发展中，法律充当了几乎和语言文字一样重要的角色。许多大思想家都注意到这一点。马克思称"规则"是使生产方式摆脱单纯偶然性和任意性的"社会固定形式"。恩格斯看到了法律或"共同规则"的"使个人服从生产和交换的一般条件"这一重要作用。韦伯、哈耶克等人也发觉了法律的属性，如抽象性、一般性、确定性、可计算性、可预测性等，与社会客观发展之间的密切联系。正是借助于法律或规则，分散在个人手中的知识和智慧彼此交流和汇集才成为可能，从而使人类社会能够不断地对无知作出适应。这就犹如人类踏着声韵的滑板，创造美丽的诗篇，从而使自己的想象力不断向外扩展一样。在先秦诸侯争雄时代，法家之所以一枝独秀，与其以法治促进社会发展休戚相关。当今全球化时代，一国要想治平天下，法治与社会发展之间的关联同样不容忽视。

　　当然，万事万物都具有两面性。法律和语言文字也是如此。语言文字，除了是一种人际沟通渠道外，它也是一种形成和维护权力等级制度的重要工具。这后一点往往由于语言文字的日常性而为人们熟视无睹。对语言文字的形成，也许成千上万的人都起了作用，而语言文字一旦产生，它便日渐与"权力"结合在一起。一个很明显的事实是，文化人或文明人自古即是与村民匹夫或野蛮人相对照的一个阶层。对语言文字的精熟掌握往往成为一个人跻身上流社会的重要条件。而且，社会中不同阶层的等级地位和结构常常隐秘地受到语言文字的强化，人们的地位、身份、职业等不同，其所适用和运用的话语也往往不同。这方面的一个典型例子是语言文字对男女差异或不平等所起的作用。男人有男人的修饰语，女人也有女人的形容词，无论是把男人的专用语用以修饰女人，还是把女人的专用语用以形容男人，都可能意味着侮辱或者秩序的颠倒。正因为此，一些后现代主义者称语言文字为"符号暴力"。与此相同，人们在强调法律对社会客观发展的重要意义的同时，也不否认法律对社会不平等的权力体制所起的作用。一方面，同一些文化精英掌握着"知识权力"一样，掌握法律知识的专职人员也自自然然地拥有着普通人所不具备的权力，这可能最终使得法律只成为这些"专家"可以任意颠来倒去的东西。在事实上，法律也的确总是掌握在部分精英手中。另一方面，法律的普遍性，即法律"不别亲疏、不殊贵贱"、对所有人一视同仁，必定导致人们在社会生活中事实上的不平等。这是因为，人们由于先天和后天的原因而在事实上存在着千差万别，当把一样的标准毫无例外地适用于所有的人时，人们在社会中事实上拥有的财富、身份、地位、权力等便会通过法律突显出来。其中的道理，就像用平光照射长短不一的树木，而得到长短不一的树影一样。一如庄子所说，"以不平平，其平也不平"。在此意义上，法律看似总是操纵在有权有势的人的手中，法律总是社会不平等的反映器。用马克思的话讲：利益总是占法的上风。

总体来看，法律与语言文字既是文化传统据以形成的重要条件，同时也是文化传统的产物。不起眼的法律事件和司空见惯的语言文字，无异于蒙在文化传统头上的面纱。它们模糊了人们的视线，使得人们很难感受到文化传统自身。而一旦人们运用抽象能力撕破这层面纱，细心琢磨见惯了的法律和语言文字现象，就发现日熏夜染的文化传统原来还有着另一副真实面貌。文化传统对当下的社会发展也许是最优的，但它也可能隐含着所谓的"暴政"，如男权统治、种族歧视等。因此，透过法律和语言文字去剖析和反省既存的文化传统，正为文化创新提供了契机。

(本文原载中评网)

法律的限度

事物的存在都有其时间和空间背景，法律也是如此。法律既有其时间维度、空间维度，也有其作用深度，这构成法律的三个基本量度。这三个量度划定了法律的界限，从而使得法律的存在总具有一定的限度。法律的限度就是法律在此三个维度上的生存限度。

将法律置于历史背景下，不难发现法律的时间维度。法律的时间维度涉及法律的形成过程以及法律生效的时间范围。法律的形成至少有两种方式。一是社会互动，二是立法。社会互动是法律自下而上的产生方式。立法则是法律自上而下的产生方式。法律一般源于社会互动。社会成员在需要的驱动下和彼此的交往中会逐渐形成一套习惯规则。这些规则经过长时间的传播和认同最终会明确成为法律。恩格斯在《论住宅问题》中论及法律的起源时即持此种看法。此外，法律也源于作为公共权力的国家的制定。制定既包括对由来已久的习惯的正式认可，也包括出于公共生活目的而对社会成员发布规制性的命令。由社会成员的长期互动产生的法律，以及对习惯的认可而产生的法律，都明显具有历史属性。它们都由长久的历史发展过程演进而来。制定法虽然表面看上去源于公共权力的"即时"制定，但它实际上也具有历史属性。一般而言,制定法的生效始于法律的颁布,而被颁布的法律的产生总有其社会动因,该社会动因又必定有其历史发展过程,如此,看似"一时冲动"而生的制定法也处于时间之流的延续之中。制定法有生效也有失效,此时生效的制定法在未来可能失效。而且,制定法还可以吸收借鉴历史上的法律规范。同样,此时的制定法有朝一日也可能为后来的制定法所吸收借鉴。这些都体现了法律的时间维度。大体而言,法律规范与人类社会生活的联系越是紧密,就越具有普遍性;规则越具有普遍性,其历史穿透力就越强,其存续时间也就越持久。

规则越是具有普遍性,其空间穿透能力也越强。法律不仅具有普遍性,也具有特殊性。法律的普遍性源于人类社会生活的共同需求,法律的特殊性则源于特定的地域、人群和语言差异。一般而言,特定的地域、人群和语言限制了法律的属性,造就了法律的地方特色。特定的人群在长期的交往活动中累积而成的独特传统制约着其法律实践,因而,在特定地域生存的特定人群或民族,由于其地理位置、风俗习惯、文化传统、语言文字等的不同,其自发产生或人为制定的规则也会不同。在这一点上,可以说,法律都在一定程度上各自标明着自己独到的地域特征和民族属性。此外,法律的生效不仅有其时间范围,也有其地域范围。在彼国生效的法律不一定在此国生效,对本国公民适用的法律不一定对他国公民适用。如此,就产生了国家与国家之间的法律冲突。同时,由于人群在不同地区的交往与流动,不同国家、地区和民族的法律彼此还会发生冲突、传播与融合,一些文明程度较高的法律还会凭借其经济、文化优势扩展到其他地区。凡此都构成法律的空间维度。法律一般总是与特定的地域、国家和人群相联系,在此意义上,法律是一种"地方性知识"。但是,如果完全视法律为一种"地方性知识",也容易片面否认法律的普遍性。在不同的国家、地区和民族,都会存在一些共同规则,这些规则成为"世界法""自然法"的外在表现形式。比之于特定国家、地区和民族独特的法律,某些"世界法""自然法"的空间范围要广泛得多。而且,这些"世界法""自然法"一般包含着人类生存的基本价值。它们要么为特定国家和民族独特的法律所吸收,要么构成为对它们的限制。

法律的时间维度和空间维度总是相互联系的,因为法律史总是在一定的空间范围展开,而特定国家、地区和人群的法律也总是遭受着时间的历练。时间和空间都为法律的范围设置了界限,但这两个量度并不足以完全界定法律的限度,因为在特定的时空界限内,法律的作用发挥程度还受着其他因素的影响和制约,从而进一步限制了法律的范围。法律的深度正可用来说明这一问题。法律的作用深度主要体现于法律对人的行动、心灵结构、社会结构的作用,它构成法律限度的第三个量度。这一量度在纵向上既限制着时间,也限制着空间。通常的观点认为,法律规范并不等于法律实践,或者说,"书本上的法"并不等于"行动中的法"。在法律规范和社会成员的实际行动之间总是存在差距,法律规范并不因为制定就当然对社会产生作用和影响。这表现在,有些法律规范会被广泛适用于社会成员的生活,而有些法律规范则可能在尚未得到适用时就被废止;有些法律会得到社会成员的遵守,有些法律则会为社会成员所抵制;对某些法律,有人可能出自真心诚意而遵守,有人则只是出于被迫而遵守,此即哈特所谓的对法律的"内在观点"和"外在观点"。所有这些都说明,在法律规范与法律的实际运行之间存在着缝隙。强制力、意识形态、合法性、科学技术等因素,影响乃至决定了这一缝隙的大小，从而制约着法律对人的行动和心灵结构的作用范围。

法律的作用深度除了体现在法律对人的行动和心灵结构的影响外，还体现在法律与社会结构的相互作用。按照系统论的观点，社会构成一个系统。在此系统中，政治、经济、法律、道德等构成子系统。这些子系统除了受整个社会系统的制约外，也受其他子系统的影响。法律系统之外的子系统可能会排挤法律的作用空间，也可能会影响法律系统内部的不同规则的作用程度与范围。例如，法律变量与分层、社会一体化程度、文化、组织性等成正比，而与其他社会控制成反比；在集体意识很强的团体内部，道德作用的广度和深度可能都会很大，从而压缩法律的作用空间；在一个政治高度集权的社会，要么只有军事、行政命令而没有法律，要么强制推行命令性的法律规则，而限制乃至扼杀源于社会互动的规则；在贸易自由的社会，源于社会互动的规则的生存空间会更大，而在对经济实行管制的社会，一般主要由命令性的法律规则来规制经济与社会。

思考和探讨法律的限度，对法学和法治实践具有一定方法论意义。从古到今，人们在对法律的界定和理解上总是存在着各种各样的争论。有人认为法律完全出自国家，而有人则认为法律与"民族精神""思想习惯""自发秩序"等密不可分，还有人认为法律就是与法律相关的活动。之所以如此，一个重要原因在于所选取角度的局限。明确法律的三个维度，不仅为全面认识法律提供可能，也可为法治实践和社会治理提供正确的视角和方法。将法律置于时间维度、历史语境和空间背景下，有利于人们注意法律与历史、地理、传统以及文化等的联系，而不只将法律理解为立法者的"即时"命令，或者一套静止死板的"纸面"规范，从而有助于人们认识到法律产生的历史动因和社会根基，而不至于专断地任意制定法律来规制乃至阻滞社会的发展。同时，明确法律的作用深度，也有利于人们认识到法律与实际运行之间的差距，从而以正确的方法改善法律的制定和实施效果。所有这些都需要对法律进行历史、文化和社会学的研究，而不是仅仅对法律从权利、义务、责任等方面作概念分析或逻辑推演。

（本文原载中评网）

法律局限性

　　法律局限性，是指法律在其创制和实施过程中所表现出来的弊端和不足。这是法理学中经常被人关注的一个问题。博登海默在《法理学——法哲学及其方法》一书中曾从法律的保守倾向、法律的僵化形式以及法律规范控制的限制等方面分析了法律的弊端。也有学者从法律自身属性出发把成文法局限性归结为不合目的性、不周延性、模糊性及滞后性等。尽管论述上略有不同，学者们认为法律并非十全十美，而是有缺陷的则是不争之事实。一般而言，法律在创制、自身及运行等多方面都存在一定的局限。明确这些局限性，有助于法律实践。

一　法律创制过程中表现出的局限性

　　法律创制是立法者为分配和协调社会中的各种利益而设定人们权利义务的一种活动。法律创制以立法者认识社会中的各种利益关系为前提。在认识论上，世界通常被认为是可知的，人能获得关于无限发展的物质世界的正确认识。不过，它同时并不否认世界上存在未知之物，也不认为人获得的关于物质世界的认识是绝对正确的。相反，人的认识活动无不受到认识客体，如自然客体、社会客体、精神客体等,认识中介,如认识工具、知识工具、语言工具等,以及认识主体自身的制约。因而,人对整个世界的认识只是对其某些领域、某些事物和某些过程的一定范围的正确把握。人对特定的具体事物也只是对其一定程度、一定层次的近似正确的反映。这是认识的非至上性、非终极性。这种认识论同样贯穿于立法者对社会中各种利益关系的认识活动中。法律作为立法者创制活动的产物,也因立法者认识上的非至上性、非终极性而表现出两种局限性。

(一)非全真性。马克思指出,"无论是政治的立法或市民的立法,都只是表明和记载经济关系的要求而已"。这句话道出了法律深刻的经济根源,但它并不否认法律是人们自觉、有意识活动的结果。按一般哲学教科书的讲法,物质第一性,意识第二性,物质决定意识,意识又具有相对的独立性,它能动地反映物质世界。就此而言,法律是主观能动地参与客观的结果,它必然带有人的主观印迹。认识社会生活中各方面的利益关系是法律创制的必要前提,然而,立法者作为认识主体,在认识上是有局限的。其一,作为认识客体的社会关系具有变动性和复杂性,它们互相交错,杂乱难辨,并在人的需要以及满足需要的各种活动推动下不断变迁。其二,立法者在认识上还受到其知识、阅历丰富程度、有限的生命、意识中的非理性因素以及技术条件、语言工具等的制约,其认识能力、预见能力以及表现能力等都是有限的。其三,赋予流变的社会关系以固定的法律形式,对立法者来说无异于以方画圆,立法者将感到困难重重,棘手无比。其四,立法者作为一定阶级的代表,总表现出一定的阶级倾向和阶级情感。所有这些都将影响到立法者对客观的"经济关系"和社会关系的正确反映。总之,法律作为设定的存在,它不可能完全正确地体现经济关系的要求,也不可能完全正确地对各种社会关系施以调整,在此意义上,法律并非始终完全正确合理的。换言之,法律是非全真的,是为法律的非全真性。需要指出的是,这种非全真性,主要适用于人为立法或法律创制,而未必适用于自然法。所谓"天网恢恢,疏而不漏",看上去涉及的是一套真实、严密、有效的自然法体系。

(二)不周延性。所谓法律的不周延性是指应受法律调整的社会关系,没有能够完全被法律调整。如果说非全真性是法律在认识论上表现出的质的局限,那么不周延性则是法律在认识论上表现出的量的局限。对法律是否具有不周延性,历来有两种看法。否定法律具有不周延性的,是为否定说。否定说主要以概念法学为代表。概念法学认为实在法律制度是"无缺陷"的,法律由一系列不同层次的概念和原则组成,这些概念和原则经过逻辑演绎推理足以解决具体事务。肯定法律具有不周延性的,是为肯定说。肯定说以利益法学、自由法学和社会法学为代表,认为任何认为法律无所不包的观点都是虚幻的、不切实际的,立法者认识能力有限,不可能预见将来的所有事情,即使预见到将来的一些事情,立法者也可能由于表现手段有限而不能把它们完全纳入法律规范,因而法律必然是不周延的。肯定说与否定说各持一端。就人为立法而言,否定说看上去有失中肯。认为靠人的理性能制定包容一切的法律观点只是一个幻想,说人能穷尽对整个世界的认识更是武断。同时,作为法律要素之一的概念本身就存在局限,活生生的物质世界有些是很难用概念表达或对应的。即使考虑原则的笼统性,在一与多的精准对应中也会发生实际困难。利益法学运动的发起者赫克就曾指出,任何一种实在法律制度必然是不完全的、有缺陷的,而且根据逻辑推理过程,也并不总能从现存法律规范中得出令人满意的结论。用法律涵盖一切社会关系历史地看在近代表现得比较明显，但其实践效果有待观察，在理论上也是可质疑的。由于立法者认识能力和预见力的有限，立法者疏忽或出于谨慎的考虑，人类创造的实在法很难尽善尽美，它必然是不周延的。这就是法律的不周延性，它使得应该受到法律调整的社会关系得不到法律的调整。需要指出的是，鉴于世间万物都受自然法支配，作为理想形态的自然法，在自然法学中看上去是范围周延的、无所不包的。这种周延性主要是在理论和理想层面讲，在现实层面，即使存在这样的自然法，鉴于人的认识局限，人为立法对自然法的吸收和接纳在范围和程度上都会是有限的。试图在人的理性基础上，建立一个与无所不包的自然法体系同样周延的实在法体系，终将只是理想。

二　法律自身属性上的局限性

马克思指出，"法律是肯定的、明确的和普遍的规范"。这是对法律属性的概括。法律自其产生后，作为一种相对独立的存在，就具有其自身属性，它们体现着人们对法律的要求。但是，伴随着这些属性，法律也表现出背离人们愿望的情况，这便是法律自身属性上的局限性。它们具体表现为法律的滞后性、不确定性和法律形式结构的僵化性。

（一）滞后性。从制定主体和过程看，法律是对统治阶级的根本利益和有利于统治阶级的社会秩序的肯定，统治阶级如果不是为自己的特殊利益是不会轻易容许废除和改变法律的。法律作为肯定现存利益关系的工具，当变更某些利益关系时，往往遭到现有利益者的反对。这些都构成法律发展的阻力。同时，作为一种设定人们权利义务的制度,法律也必须具有稳定性。这是树立法律权威的必然要求。如果法律朝令夕改,极度缺乏稳定性,人们将无所适从,也就无法预见到自己的行为后果,法律的安全价值也会丧失殆尽。鉴于此,亚里士多德告诫人们宁可忍受不合理的稳定的法律,也不要随便任意改变法律。法律必须具有稳定性,它意味着法律是一种不可以朝令夕改的规则体系。然而,法律所调整的社会生活中的各种利益关系却是不断发展的,而且社会关系的发展往往比法律的变化快,立法者对此是很难作出及时敏锐反应。如此就产生了法律的稳定性和社会发展的矛盾。一如庞德在《法律史解释》中所说,"法律必须是稳定的,可是它又不能静止不动。因此所有的法学家都为了协调法律稳定性和法律变迁性而苦思冥想"。法律的发展跟不上现实社会发展要求的这种局限性,可称作法律的滞后性。其实,法律的滞后性产生的原因还可以追溯到立法者的认识局限上。值得一提的是,由于受阶级倾向和阶级情感的影响,立法者在立法时常排斥形式上不符合本阶级意志的东西,以致犯"连脏水带孩子一起泼掉"的错误。我国过去较长一段时期认为市场经济是资本主义的东西便是如此。这体现到立法上往往会阻滞现实社会关系的发展。法律的滞后性总体上是不利于社会发展的。如果立法者总是只把成熟的东西制定为法律,那么法律将只能在经验上被动地爬行,这是不利于社会发展的,国家、社会和人民将为此付出代价。

(二)不确定性。法律具有稳定性,同时,法律也必须是明确的,法律的稳定要求和明确要求共同构成法律的确定性。法律的确定旨在使公民的权利义务明确无误,让人知道什么行为违法、违法行为具备哪些要素、又会导致何种责任或惩罚,人们因此足以正确评价和预测自己的行为及其后果,有所适从,知所避就。法律的确定性常常被人们认为是法律的一大属性,有人还将它列为法治要素之一。然而,法律的确定性的法理基础常被认为是岌岌可危的。有人甚至这样说,"人们可以原谅一位外行关于法律确定性的信念,却不能原谅一位律师所持的这种虚假观念"。为什么法律又不具有确定性呢？法律的不确定性大致可从法律的语言形式和历史内容来分析。法律是以语言文字表现出来的,而作为法律载体的语言文字本身又是有限的、有歧义的,而且其真正意义往往只在使用中才能被理解,即有人说的"意义即用法",鉴于此,有人甚至认为语言文字"狡黠如蛇"。既然表现法律的形式——语言文字如此不确定,其所表现的法律内容当然也就难以确定,有时甚至模棱两可、模糊不清。美国现实主义法学尤其强调法律的不确定性,其代表人物弗兰克甚至说,"在很大程度上,法律过去是、现在是、将来永远是模糊和多样化的。"其理由主要在于,法律所调整的人类关系变化不定；人们也从来没有能够制定出一整套预料一切、包罗万象的规则。弗兰克的观点虽然带有"规则怀疑主义"倾向,但其说法并非全无道理。总之,尽管人们还在不断朝法律的确定性方向努力,但法律的语言形式和历史内容又使得法律的确定性只能在有限程度上达到,法律的不确定性在所难免。这在一定程度上会损伤法律的安全价值和法律的权威。

（三）僵化性。法律的僵化性是就法律的形式结构而言的,它由法律的普遍性引起。法律的普遍性是指法律作为抽象性规范对在其效力范围内的主体都具有约束力。它包含两层含义。一是指法律规范的抽象性,即法律只注意对典型的、重要的社会关系作类的调整,而舍弃个别社会关系的特殊性和次要性。二是指法律规范的一般性,即法律对象的普遍性,法律对其调整范围内的所有人或事具有同等效力。法律的普遍性是法治的要求,它使每一社会成员都能享受到最低限度的自由和权利，它也防止法律变为具体命令而为某些人开专断之门。但法律的普遍性也伴随着其不利的一面。"法律始终是一种一般的陈述"，它只是由一些抽象、概括的术语所表达的行为规则，这就使得法律在形式结构上表现出僵化性：它只能规定一般的适用条件、行为模式和法律后果。法律是普遍的，然而法律所解决的却是特殊的、具体的案件，用概括的法律规范去处理解决各种具体的，千差万别的行为、事件、关系，这可能吗？柏拉图认为不可能，因而他轻视法律而主张人治。法律所规定的是社会关系的共性问题，法律所要解决的却是各富个性的单一问题，把共性适用于个性，把个性归结为共性，这并非一件容易的事。如果说把流变复杂的事实关系上升为法律关系是立法的一大难题，那么把形式结构僵化的法律适用于具体的单一案件则又是司法操作上的另一大难题，这种概括的、抽象的法律与具体的、特殊的现实生活脱节的缺陷，可归之为法律形式结构的僵化性。

三　法律运行过程中表现出的局限性

法律的运行过程可说是法律功能的发挥过程，也就是法律作用于个人和社会的能力的落实过程。功能与作用从不同角度表述同一过程，就事物本身而言是指它具有什么能力，就事物与他物关系而言是指它具有什么作用。因而法律的功能也可说成是法律对社会生活的作用。事物的功能往往体现一定的价值要求，法律功能的发挥也旨在实现法律自身的价值。如果法律达不到既定的价值目标，满足不了社会的需求，那么，就可说法律在功能上是有局限的。法律的功能像其他事物的功能一样，受到其自身要素的性质、数量及其结构体系的影响,从而也表现出一定的局限性。这也就是法律运行过程中表现出的局限性。这些局限性主要表现在法律的规范功能、组织功能、阶级统治功能等方面。

(一)法律的行为规范功能上的局限性。法律的行为规范功能是指法律对社会关系中的个人行为的作用和影响。它通过评价、指引、预测、保护、强制、思想教育等方法和途径来完成。由于法律自身属性的局限以及社会系统结构对法律功能的决定,法律的行为规范功能往往受到限制。这表现在多个方面。法律的不周延性、不确定性使得法律评价、指引、预测人们行为及其后果的作用难以实现。法律的非全真性、滞后性也在一定程度上使得法律难以全面保护人们的权利和自由。法律形式结构的僵化性对法律功能的正确发挥也有影响。明显的是,法律是普遍的,法律为所有人都设定一个硬性标准,对所有人一视同仁,在这一点上,法律形式上是正义的,但社会生活千差万别,把普遍的硬性标准一律加于不同情况,又难免丧失法律的正义价值。例如,违反某规定将受到千元罚款的处罚,这对某些贫穷的农民来说,无疑过于苛刻,而对某些富裕者而言,不过是九牛之一毛,这无异于赋予一些富裕阶层以某些违反规定的特权。公平、正义要求同等情况同等对待,不同情况不同处理,然而,任何权利都是把同一标准运用在不同的人上、运用在事实上各不相同、各不等同的人身上,因而"平等权利就是不平等、就是不公平"。此外,作为一种特殊的社会调整方式,法律是社会调整系统中的一个构成要素,其功能又受到其他社会调整方式和整个社会调整系统的制约和影响。法律规范需要与其他社会规范,如道德规范、社团规范、习惯等相配合、相协调,其功能才能充分地发挥出来。比如,法律是强制规范,不是道德劝说,它通过外在形式强制规范人们的外在行为，对人们的外在行为产生作用和影响，却未必深入人的内心世界，这就需要道德的辅助与补充。总之，法律不是万能的，法律的功能是有限度的，在某些情况下，它还表现出一定程度的不公正性。

（二）法律的社会组织功能上的局限性。法律是由各种性质、对象、效力不同的规范建构起来的有机结构体系，它除了具有规范人们的一般行为功能外，还担负着巨大的社会组织功能。法律的社会组织功能就是通过法律有计划地将社会中各种不同的要素或部分组合为一个有机统一的整体。社会关系客观上需要法律对之施以一定的调整，以摆脱单纯的偶然性和任意性，获得秩序和发展。但社会关系对法律调整的需要在质和量上又有限度。如果法律对社会关系给予过多或过大的干预，就会把管理变为限控，束缚社会关系的发展，导致社会系统的超组织性。如果法律对社会关系的干预过少或不力，又会使法律秩序达不到社会的要求，使社会生活缺乏组织性。无论是超组织性还是缺乏组织性，都不利于社会发展。现代社会事务纷繁复杂，法律的社会组织功能大多体现在行政机关的执法活动中，因而，现代社会关系对法律调整在质和量上的需求限度，常集中表现为国家赋予行政机关权力的质和量的限度。行政机关权力过小，社会秩序将得不到有效维护，人民权利也得不到保障。行政机关权力过大，往往又会侵害公民的正当权利，影响社会关系的有效发展。这一点在政府对市场的宏观调控上表现得尤为突出。在我国以前的单一计划经济体制下，政府对经济控制得过多、过死，故在一定程度上损伤了市场主体的积极性，限制了市场的存续，社会经济发展也受到一定限制。实行社会主义市场经济后，政府运用法律手段对经济的宏观调控同样要适度。法律作为上层建筑，始终应为其经济基础服务，应根据社会经济发展的要求发挥其组织功能，然而，人们对社会经济关系的客观需要往往是难以恰当把握的，因而，法律在社会组织功能上也就常表现出在某些领域的超组织性或缺乏组织性。就此可以说，法律与经济的协调是现代国家治理的一门大学问，尤需注重客观法则与经济发展之间的紧密关联。

（三）法律的阶级统治功能上的局限性。历史地看，法律是掌握国家政权的阶级共同意志的体现，具有阶级统治的功能。与法律的社会组织功能一样，法律的阶级统治功能的发挥也应有个限度。它依一国阶级斗争状况而定，否则，超过限度必将产生诸多弊端。其一，法律的社会组织功能与法律的阶级统治功能在社会发展的不同时期应有所侧重。在阶级斗争表现很突出的时期，法律的阶级统治功能应加强；在和平的大气候下，在阶级斗争表现缓和的时期，则应加强法律的社会组织功能。如果在任何时期都不合时宜地突出法律的阶级统治功能，这不仅会破坏人类社会的整体文明，而且会适得其反，阻滞统治阶级的经济基础的发展。其二，阶级统治的对象是敌人，而非人民，如果在广大的人民内部也实行阶级统治，这显然又是错误的。其三，法律作为一种制度，应当是相对独立的，在一个法治国家，法律应具有权威性，任何集团、机关和个人无不处在法律的权威之下。但法律的阶级统治功能又常常会突出法律的政治因素，有时甚至会使法律从属于政治，这对法治是极其有害的。同时，法律作为一定价值的载体，总追求着法律自身内在的价值，但统治阶级的意志未必总与这些价值相一致，当法律被利用来为少数统治者谋利益时，社会共同价值和人类普遍价值就会遭受损害。

（本文原载《法学天地》1996 年第 1 期）

关系结构中的法律

在 1947 年出版的《乡土中国》中，费孝通提出"差序格局"这一概念，认为中国传统社会的关系特点是个人主义取向的"特殊主义"，有别于西方的"普遍主义"。他还提到熟悉人社会和陌生人社会这两种社会，也就是"礼俗社会"和"法理社会"。在熟悉人社会中，人们"从熟悉得到信任"，因而法律无从适用。在陌生人社会中，人们更多地借助法律。

1963 年，美国威斯康辛大学教授马考利在《商业中的非合同关系》一文中指出，20 世纪 50 年代美国商业活动的大部分是基于非合同关系。在那些有长期业务往来的企业发生纠纷时，他们也很少诉诸法律，而是通过调解、协商、忍让等方式解决。马考利认为，商人们之所以不选择诉讼方式或者以其相威胁来解决商业纠纷，主要是因为成本高昂。这种成本既来自诉讼费和律师费，也与企业信誉、企业之间建立的长期合作关系等相关，这些信誉和关系可能远远超过运用法律手段所带来的利益。商人们会认为，保持双方之间长期形成的长远合作关系比一场官司的胜负更重要。

与此同时，东亚经济的高速发展，尤其是所谓亚洲"四小龙"的经济发展，引起了世人普遍的关注。一些人发现了东亚经济发展中的两个显著特征。一是"关系",二是家族资本主义。一些研究指出,东亚经济的巨大成功是在缺乏西方人看来为资本主义发展所必需的理性的形式法律制度的情况下取得的,人们之间的交往更多地靠关系。这使得韦伯提出的所谓儒教特殊主义阻碍资本主义发展的观点面临挑战。

以上材料都涉及法律与"关系"的关系。这是值得研究的法理问题。所谓关系,一般指个人或团体之间相互作用、相互影响的状态。自近代以来,一直存在着一种试图使法律或法学纯粹化的倾向。这一倾向专注于对法律的概念分析和逻辑推演,试图割裂法律与社会之间的联系,从而使法律走上封闭的、纯粹自主的道路。概念法学、法律实证主义、纯粹法学、分析主义法学是具有这一倾向的理论代表。这一倾向在完善法律制度自身体系、建构独立的法学学科方面不无意义。不过,它忽视了外在因素对法律的影响以及法律在社会生活中的实际效果。

事实上,法律总会受到社会因素的影响。一如博登海默在《法理学:法哲学及其方法》中指出的,"试图把法律完全同外部社会力量——这些社会力量冲击着法律力图保护其内部结构所依赖的防护服——相隔开来的企图,必然而且注定是要失败的。"从"关系"的角度看,法律自其产生到运作无不处于各种关系的困扰之中。法律和法律之外的各种关系之间的关系,实为法律与社会之间关系的一个重要方面。

总体看,法律处在关系结构之中。与此相联系,有三个法社会学上的"法"概念。一是"国家法",即国家制定并强制保障实施的行为规范体系,在外在形式上具体表现为各种法律文件。二是"行动中的法",通常指司法人员的所作所为,实为"国家法"在司法过程中的具体落实或变样。三是"活的法律",即由社会制定和执行的一套能使社会有序的社会规则，人们常把它与"习惯法""民间法"或"社会法"等混同。从这三个法概念看，相应存在立法中的关系、司法以及执法中的关系、具有特殊性的关系，它们影响着法律实践。

一 立法过程中的关系

立法是国家通过制定法律来调整各种利益关系的一种正式活动。立法过程中，社会实存的利益关系结构对立法起着突出的作用。比尔德在《美国宪法的经济观》一书中就曾指出，美国宪法"只是一个巩固的集团的作品"，"它是一群财产利益直接遭受威胁的人们，以十分高明的手段写下的经济文献"。他还指出，大多数制宪会议代表，"对于他们在费城的努力结果都有直接的个人利益关系，而且都曾由于宪法的通过或多或少地获得经济利益"。奥尔森在《集体行动的逻辑》中也指出，"认为利益集团是经济和政治行为的绝对基本决定因素的思想已为许多政治学家所接受"。看清立法过程中的关系，不能忽视社会中实存的各种利益集团之间的关系。

利益集团之间大致有相容或排他两种关系。在各种集团的利益彼此相容的情况下，立法一般按照各利益集团的共同利益行事；在各集团的利益相互排斥的情况下，立法一般取决于各利益集团的斗争或博弈结果，法律在这种情况下可能迟迟不能出台，也可能最终更多地反映强者的利益要求。在我国，中央与地方，各行业、各部门，公有制经济、外资经济等经济形式之间的关系结构，也会对立法权限和内容产生一定的影响。有学者在对东亚非正式政治进行分析时曾指出，非正式团体不仅致力于攫取正式体制中的职位,它还利用正式体制赋予其制定的政策以合法性;这些政策不但代表了非正式团体自身的利益,而且代表了大批追随者乃至"公众"的利益。在西方,有的经济学家把被选举出来的政府官员或议员也视为"经济人"。一些研究指出,在立法官员、官僚和特殊利益集团之间结成了一种"铁三角"的关系结构,各利益集团通过一些非正式方式将其所要传达的信息传达给决策者,并通过拉关系、走后门乃至贿赂等方式,使决策者为利益集团的特殊利益服务。

二 司法过程中的关系

司法过程中的关系主要发生在法官、检察官、律师、当事人以及其他诉讼参与人之间。现代社会,基于知识和财富的权力结构对诉讼有着很大影响。随着法律日益成为一种专门知识,诉讼在一定程度上成为法律知识的较量。人们在诉讼中越来越依赖于法律专家,因而,是否有能力请素质优秀的律师会影响到诉讼成败。组织之于个人,富人之于穷人,前者在诉讼中更为成功,与此不无关系。同时,也应看到,诉讼并非仅是知识的较量。一些研究认为,美国律师不完全把自己的职能限制在出庭辩护,他们也热衷于在各个国家的大公司、金融机构、政府部门的要员间做大量的沟通工作,以便更好地为客户服务。律师建构个人关系的能力,成为其办案能力的一个极为重要的方面。律师所建构的关系的数量及其多样化程度也直接影响到其威望与地位。他们也涉足政界和商界,营构社会关系网络,积聚关系资本,以至于"你认识谁"比"你知道什么"或"你是谁"显得更为重要。在这里,法律知识是重要的,但不是唯一的。因此,在一些人看来,

"法律实践本身是一种技术知识和关系资源的结合"。

此外,司法过程中的其他关系也会影响诉讼结果。证人一般不会对与其有亲密关系的当事人做不利证明,例如,医学会对会员的庇护。又如,尽管有回避制度防止司法中的偏私,但这并不能避免当事人与国家官员之间私下的非正式交往。而且,在司法机构乃至法官并不独立的情况下,法外因素的入侵更是有机可乘。在这种情况下,当事人与上级机构或上级官员之间的关系很难不成为影响判决的因素之一。因此,法官面临的并非仅仅是法律的简单适用。他们有时也得考虑关系。值得注意的是,这些关系并不必然导致枉法或腐败。在正式制度存在缺陷、司法存在腐败时,关系可能会消除诉讼中的拖延现象,便捷诉讼,有时也恰好遏止了司法中的枉法行为。

可以说,每一案件都存在一个复杂的关系结构。这一关系结构影响了法律的操作与运行,从而可能使得国家法只停留在书本上,即成为"书本上的法",而法律现实中则实践着另一套"行动中的法"。

三 具有特殊性的关系

所谓"具有特殊性的关系",即是开头三则材料中的关系。这在司法过程中已有所表现,但司法中的关系最终也要牵涉法律,而具有特殊性的关系则与国家法并立。它未必依赖法律,大体包括血缘、地缘、业缘、神缘等关系,具体指亲戚、同乡、同事、朋友、师徒或伙伴等熟人关系。这些关系具有特殊性。所谓特殊性或特殊主义,可用《乡土中国》中的一段话来说明:"一切普遍的标准并不发生作用,一定要问清了对象是谁、和自己是什么关系之后,才能决定拿出什么标准。"费孝通提出的"差序格局"的概念最充分地体现了"特殊主义"的逻辑,它是特殊主义的极致形式。然而,法律具有普遍性,是普遍主义的代表。普遍主义的法律和特殊主义的关系在社会中形成了一种并立的二元制度结构。法律调整各种社会关系,约束人类行为,关系也对人类行为构成约束。特定主体基于他们之间的关系,其行为也受到一套"关系规则"的支配。

关系决定了他们只能这么做而不能那么做。当人们之间的关系呈多线条的网络状时,如既有同学关系、老客户关系,又有债权债务关系,动用法律极有可能会使所有的这些网络状关系全部断裂。因此,在关系复杂的人群中,人们很少需要法律。在现代商品经济社会中,人们之间的关系相对比较简单化,多表现为单一的商品交换关系,动用法律不会损伤其他关系。因此人们更依赖于可计算的、可预测的形式化法律。布莱克在《法的运行》中就曾用"亲密性"或"关系距离"来表示复杂关系与简单关系与社会控制形式的关系。任何社会,既存在熟悉人群体,又存在陌生人群体,人与人之间关系距离的远近决定了其行为方式。关系疏远的陌生人之间多靠法律,关系距离亲近的熟悉人之间更多地靠关系。不过,人们选择什么样的方式解决争端只看争端参加者的关系远近是不够的,还要看关系对争端者的重要性程度。处于核心地位的争端只要属于不可放弃也不可分离的,争端者宁愿选择诉讼的方式。反之,处在边缘地位的争端则有望通过调解解决。经济学家把调节人类相互关系、决定人类行为的一组规则或约束称为制度。制度又分为正式制度和非正式制度。按此划分,法律可谓一种正式制度,关系规则则可谓一种非正式制度。二者并存于社会中,共同制约乃至决定人的行为。二者也相互作用。

关系可能替代、破坏、瓦解法律。法律也可能压制关系。

四　法治与关系之治

　　法律与人，无不处于关系结构之中。梅因在《古代法》一书中曾把进步社会的运动归结为"从身份到契约"的运动，认为古代社会的单位是"家族"，现代社会的单位则是独立的、自由的和自决的"个人"。而事实上，现代社会中的个人很难说已经摆脱了家庭网络和群体关系的束缚。非契约关系和契约关系并行于现代社会中，以至于有人还提出所谓的"关系性契约"概念。现代化理论一般把特殊主义视为传统社会的特征，把普遍主义视为现代社会的特征，并且认为现代化进程必然是现代性取代传统。但关系在现代社会中大量存在的事实会提出这样的问题：传统与现代性是否有严格的区分？传统是否必然会被现代性所取代？事实上，关系与法律并存于东西方的现代社会之中，二者相互作用，相互影响。

　　对此现实状况，大致有两种主张。一是法治。中国法家反对治理中夹杂关系，主张"塞私门之请"，信赏必罚，排除废法行私。韩非子视"释国法而私其外"为"惑乱之道"。他主张，"明法制，去私恩。夫令必行，禁必止，人主之公义也；必行其私，信于朋友，不可为赏劝，不可为罚沮，人臣之私义也。私义行则乱，公义行则治……公私不可不明，法禁不可不审"。这样一种主张在现代仍有显现。二是"关系之治"与法治并举。一些学者认为，关系与法治是互相排斥的，因为关系是一种特殊主义的伦理规范，是前现代社会的特征之一；关系的存在不利于中国的现代化，应当用形式化的法治取而代之。另一些学者认为，关系和法治可以共存，关系本身并不必然与现代化相冲突。特殊主义的关系和普遍主义的法律分别构成了两种"社会信任结构"，二者相辅相成，它们的基本差别是，前者构成了一个相对较小的信任结构，后者构成了一个相对较大的信任结构。特殊主义在现代社会，尤其在中国这样一个传统文化根深蒂固的社会中仍然有其积极功能。还有学者认为，法治和关系是相互渗透的。在国家或社会组织的正式结构内还存在一种以亲密关系为基础的非正式结构，这种亲密关系对建立在法治基础上的组织的正式结构可能产生两种作用。一是积极作用，能增强成员间的凝聚力和对组织的忠诚，弥补正式关系的不足，从而提高效率。二是消极作用，可能会瓦解组织的正式结构和法律所赋予的职能。在任何国家，对任何一个商人，要做生意，法治和关系都是必须要考虑的因素，把它们绝对地对立起来也是形而上学的。

对待法治与关系之间的关系，有必要考虑两方面的问题。一是对关系和法律的功能分析。一方面，关系的确可能破坏乃至瓦解法律，使法律丧失正义价值而成为强者私意的体现。当关系形成了某种不成文的交往规则或道德准则时，它往往会与国家法律对抗，从而导致国家法律威信的持续下降，使国家法律难以得到真正有效的施行，甚至会导致"金钱政治和社会腐败"。另一方面，有时关系也会为人们提供一定的信用，减少交易成本，在一定程度上阻止国家权力对私人领域的强行干预，促进微观秩序的稳定。相对于法律而言，关系的非正式特点更有利于灵活、便捷、正确地处理问题。同时，法律也并非十全十美，比如其形式结构僵化、调整范围不周延、滞后等，其形式上的合理性也不一定能达到实质合理性。第二个问题是从现实出发，关系能否被消除。关系与法律实为人与法律之对立。法律为人而存在，关系则因人而生。二者都有其存在的根据或理由,都不可避免地在社会生活中起作用。

在现代社会,国家治理应以法治为主。关系对法律的入侵,在一定程度上是由于正式制度,如机构设置、民主程序安排等的缺陷。防止关系对法律的腐蚀,有赖于法律自身防御机制的完善。因此,建立和完善具有形式合理性的法律体系实有必要。法律在压制贿赂贪污等腐败现象时,对一些能使社会有序发展的"关系"也应予以尊重,为作为非正式制度的"关系"在社会生活中发挥必要而积极的作用留出必要空间。在法律和关系之间,有必要建构一种平衡,使二者各避其短,各扬所长,这或许能使法律走出形式化的困境。

(本文原载《学习与探索》2003年第1期)

法律与文学：主旨、方法及其后现代性

"法律与文学"在20世纪后30年被认为是出现于北美和英国的最令人振奋的跨学科理论研究，也被认为是西方"后现代法律运动"的重要一支。其文学视角不仅让人耳目一新，也为西方法学及其案例教学带来了挑战，增添了活力。

法律与文学的渊源可追溯到怀特1973年出版的《法律想象：法律思想和表述的属性研究》一书。其关注的问题主要有四个。一是文学作品，包括诗、戏剧、小说、散文、童话、新闻报道等的法律问题。二是法律、文学与解释学、语言学、修辞学等的交叉研究，这主要是将文学批评与解释学适用于法律领域。三是法律、文学与正义、伦理、惩戒、压迫等的关系，这侧重于对法律、文学的背景分析。四是法律对民间文学等作品的保护和管制。围绕这些问题，法律与文学运动主要提出了这样一些观点。一是法律与文学紧密联系。二者都涉及解释、叙事、阅读、书写、表达，都是语言、故事、人类经验的交汇之所。作为特定文化世界的话语共同体的语言可以将二者统一起来。二是可以将文学带入对法律和秩序的属性、正义与非正义、法律的人文背景等问题的研究。文学研究有助于法律伦理属性的研究。文学思想与实践为法律中的人文主题提供了洞见。三是运用文学手法,法律和判决可以得到更加充分的分析。

人们一般习惯于将法律与文学分为两支。一是"文学中的法律",二是"作为文学的法律"。前者着重于对小说和戏剧中的法律秩序描写的研究。后者运用文学批评和文学理论来帮助阅读和解释法律文本,法律文本主要包括宪法、制定法、审判和行政规则、判决意见等,这有时也被人称为"法律中的文学"。

"文学中的法律"将文学名著看作发现法律价值、意义和修辞的媒介。其倡导者认为,文学名著有助于理解一般性的法律问题,如复仇、罪、罚等。莎士比亚、狄更斯、卡夫卡、加缪等人的法律小说也被认为是律师和法官们良好的读本,它们有助于增强法律家的"法律文学感"。有人指出,"在一名律师或者一名法律系学生阅读了狄更斯的《荒凉山庄》之后,他就不再会对在桌间穿梭的当事人完全冷漠或'客观'了"。威斯伯格也说,"关于法律的小说……特别是'法律程序小说',是通往人类理解的道路。"威斯伯格尤其善于通过加缪、卡夫卡、妥斯陀也夫斯基等人的现代小说来分析法律。他的《语词的失败》是运用文学名著方法的范本。在他看来,文学名著为法律的各种人文价值提供了最好的伦理描述,也向人们提供了政府专制的重要教训。他还提出了"诗伦理学"概念。他说,"文学是我们以一种伦理的方式了解法律的一种活生生的、可以接受的媒介",借助文学来理解法律向人们提供了一种"法律的诗学方法和阅读的诗伦理学","诗伦理学,在其关注法律交流,关注那些被视为'他者'的人群方面,试图重新激活法律的伦理要素"。魏斯特也曾利用卡夫卡的作品来批评对法律的经济分析。她借卡夫卡的《审判》指出,卡夫卡描绘了现代社会中权威与服从之间的矛盾冲突、个体的异化等伦理问题，这些是远远不能用纯粹科学分析来说明的，法律的经济分析者在这一点上无疑太过"乐观"、太过理性了。

"作为文学的法律"将法律视为和任何其他文学故事一样可以被理解和解释的故事。其倡导者主张运用更为广泛的文学批评方法和理论来分析法律文本、考察法律样式和法律修辞学的属性。这实际上是将文学理论和文学分析的技巧和方法适用于法律。因此，语言、文学批评手法以及解释方法的运用尤其受到重视。诸如"讲故事"、修辞学、隐喻、寓言以及叙事等，都被广泛运用到了法律领域。作为"讲故事"的书写与作为"科学"的书写针锋相对。通过讲述基于个人切身经验、虚构的故事乃至奇闻逸事，人们可以描述一种有可能获得读者认同或让其模棱两可的共同经历，使人得以洞察为法律的权威性文本所忽略的一些方面，并在法律话语中穿插一些没有在法律的官方故事中被提到的人群的视角，从而揭示现代法学的普遍"思想形式"。此外，法律解释也被认为是文学解释的一个特定种类，解释方法以及法律文本的意义也得到了关注。解释方法在宪法学界尤为流行。费什、费斯、列文森等都是运用这一方法的代表。一些问题与解释方法的运用相伴而生。例如，法律解释能否超出作者原意？基本的文学解释方法能否被用来发现法律研究的最好解释框架？为了发现法律文本的复杂性，是否需要目的开放的道德解释准则？有法律批评家在运用解释方法时，对法律文本的官方解释提出了挑战，他们鼓励读者通过质疑法律文本的权威而发现新的意义和解释。例如，费什就认为，文本的意义是由拥有共同的社会和审美习惯的"解释共同体"所创造的，解释共同体的传统和习惯实际上对文本的意义起了作用，读者群构成了文本的权威之源，而法律的官方解释则是在"法律话语"的语境下进行的。总体来说，

法律与文学：主旨、方法及其后现代性

"作为文学的法律"十分看重语言、修辞艺术和解释方法，并且主张老师和学生都应当对各种文学理论有所了解，以便日后在做律师时能够更好地理解文本的意义。

看上去，法律与文学的划分并没有那么严格。事实上，二者都重视文本的意义以及文学理论的运用，要将二者截然分开是不可能的。尽管有人指出，"法律与文学"经历了一个从"文学中的法律"的本质主义到"作为文学的法律"的反本质主义的转向，但严格区分二者无疑是夸大了二者的差别。在怀特看来，作此区分只是为了方便起见。

卡夫卡曾把法律学习比作吃锯木屑，看来法律的学习远不是一件容易而有趣的事。而法律与文学兴起的一个原因正在于使法律教学成为一种轻松而有意思的事情。同时，法律与文学的兴起也很难说与西方文艺理论的繁荣、英美国家中律师和法官起重要作用的判例法传统以及后现代思潮没有关系。而法律与文学能够崛兴的最要紧的条件或许还在于法律与文学之间的联系。贝尔曾提到法律与文学的这样一些联系。一是文学名著很多都与法律、法律制度相关。二是解释问题对文学和法律批评与研究都很重要。三是法律家和文学家都知道语言和修辞的用处。四是法律通过各种形式对文学作品予以管制，如关于淫秽作品的法律、版权法等。这些联系在波斯纳的《法律与文学》中得到了更为详细的阐明。只是，波斯纳始终没有忽视法律与文学的差别。他认为法律在小说中完全是补助性的，小说主要想说明的并不是法律，因此，必须把"具体的法律问题"和小说对"人类处境"的关怀区分开。他告诫世人："最好不要将成文法理解为文学作品，而应将之理解为一种命令。"就此而言，法律与文学之间不可逾越的差别正构成了这一运动向外扩展的界限。

在《后现代哲学与法》一书中，李托维茨归纳了后现代法律理论的两个特征：一是外部视角，二是反基础主义。外部视角与多元视角相联系，而与内在视角相对。内在视角一般指律师、法官或官员对法律所采用的视角，即从参与者角度对法律作内部理解和内部解释。外部视角则是从外在的、旁观者的角度去观察和分析法律。反基础主义不信任或者怀疑"元叙事""宏大话语"，在法律领域则表现为对所谓自然法、理性、功利、上帝、历史、法律自治等基础的解构。法律与文学运动大致符合这两个特征。就前一特征而言，法律与文学从标题即可看出是学科的跨越与结合，它与批判法律研究运动、女权主义法学等一起对法律的实证分析研究提出了挑战。就后一特征而言，法律与文学内部的一些学者也具有反基础主义倾向，尤其是在这一运动发展的后期。因而，人们一般将法律与文学视为"后现代法律运动"的重要一支。

明达在《后现代法律运动》中提到了法律与文学在20世纪80年代以来的发展，这样一些发展与后现代主义的联系是很明显的。

其一，许多法律学者发生了"解释学转向"，采用法律就是解释的观点。在这一转向中，有人接受加达默尔的解释基础主义倾向。例如，费斯认为，"判决就是解释"，"视司法为解释，有助于制止滑向虚无主义。它使法律成为可能"。德沃金也指出，法律作为整体是无休止的解释，也是受限制的解释，解释者总是根据原则的限制进行解释，作为整体的法律"使得法律的内容不依赖于特殊的惯例或独立的改革运动，而依赖于它业已开始解释的同样的法律实践的更加精确和具体的解释"。另有人则追随德里达的不确定解释的立场。例如，费什坚持认为解释就是文本，读者对文本的回应就是意义,而且是唯一的意义,因此,是读者"创造"了文本。他说:"解释并不是理解的艺术,而是建构艺术。"尽管这些人在法律解释的确定性与不确定性上尚存在着争论,但在视法律为一种解释上,他们则是一致的,他们都脱离了法律的政治伦理背景而只视法律为文本解释。

其二,"讲故事"和"声音学术"在法律学者中一度相当流行。福柯在《作者是什么?》中反复征引贝尔特的话:"是谁在说话,这有什么关系?"这句话可作两种理解:一是消解主体而突出"话语"的作用,二是强调不同的声音。不管作何种理解,其后现代色彩都很浓厚。在这方面,一些法律与文学学者广泛运用"讲故事"的方法。这是一种立基于个人的或想象的经验的新型法律批评方法。运用它可以描绘遭受歧视的个人经验,揭示法律话语怎样对受害者的故事有视无睹,怎样使少数群体被主流法律话语排斥在外或者被边缘化,从而彰显一切被法律话语排斥在外的人,如美国黑人、同性恋者以及其他非白种人、非西方人等的"不同的声音"。通过"讲故事",现代法学的普遍"思想形式"被昭示无遗。这正如德尔葛多所说,"故事、寓言、编年纪事、叙事都是摧毁思想形式——对法律和政治话语所发生的背景的一大堆前提假设、公认为正确的智慧、共同理解——的有力手段"。

其三,一些学者运用文学手法批评了法学中的基础主义解释。法律基础主义与反基础主义争论不休。例如,每一法律问题是否都能找到正确答案?人们在法律体系的价值和目标上是否可以达成一致?基础主义相信正确答案能够在社会的价值和目标共识之内寻找到。反基础主义则拒绝共同的思想基础这样的理念,它对客观性、理性以及普遍知识等提出质疑,要么否认有所谓的正确答案,要么承认共识仅仅只是一种可能。费什和罗蒂是法律反基础主义的主要代表。费什对现代法学的基础主义的解释姿态提出批评，他并不看重专家的判断和技能。在他看来，某学科领域的专家判断和意见只是一种信仰或意识，一种文学类型或口味，以这样一种合法基础的方式并不能提供什么东西。他鼓励人们用文学批评揭穿法律与文学理论的基础主义主张，甚至还怂恿法律批评家放弃对所谓的"真正法治"的追求。罗蒂认为，通过文学批评手法在法律中讲述新的故事、进行新的语言游戏，可创造一种新的智力生活形式，也有利于使判决者或政策制定者在处理法律问题时发现新的洞见。以此手法，罗蒂为法学研究中实用主义哲学的复兴铺平了道路，也驳斥了对法律和法院判决的基础主义解释。

其四，有学者对文学名著作了新的"想象理解"，由此揭示现代法学思想形式的局限。法律与经济学是近年来在美国兴起的重要法学流派，但这一流派受到后现代主义者的批评，自然也包括法律与文学学者的批评。法律与经济学的经典之作是波斯纳的《法律的经济分析》，而魏斯特则利用卡夫卡的文本暴露《法律的经济分析》中思想形式的局限，揭示其科学分析的伦理失败。魏斯特认为，法律的经济分析方法，建立在人只基于自利动机而行为这样的对人类行为的文化专断理解基础之上，其所谓的人会在好与坏之间进行利益权衡后作出选择的经济人假定具有潜在的不道德后果。通过对卡夫卡的《审判》的想象解释，魏斯特倡导规范观点的有效性，并鼓励读者运用"读者回应性"解释方法去想象卡夫卡作品所暗含的对人类行为的不同文化理解，以此来获得他们自己对各种人类行为动机的认识。明达指出，在批评波斯纳法律与经济学的现代分析，指出个体自我的复杂和多样意识上，魏斯特是很后现代的。

此外，法律与文学最为明显的"后现代性"还在于，它并没有产生一种具有一般性的统一理论，因之也没有形成一个统一的学派。尽管法律与文学明显是对法律和文学的跨学科研究，也都关注文本的意义问题，但多样化、内部不统一、众说纷纭仍然构成了法律与文学的明显特点。这一特点使得法律与文学内部的某些重要主张给人的印象并不总是后现代的。例如，在法律解释上，既有基础主义，又有反基础主义，既有人主张确定性，又有人主张不确定性。又如，在有学者对传统的解释规则提出挑战的同时，也有一些人用之来捍卫现代的法律基础和主流法学观念。尤其是，虽然有人通过文本解释消解了法律的社会或政治本质，但有另外一些学者，如魏斯特、威斯伯格等却极力主张法律的政治和伦理背景，他们鼓动法律家们通过对文学名著、文学批评和叙事解释的研究来增进法律的人文要素。鉴于此，有人并不愿意将"法律与文学"与"后现代"联系在一起，而认为它实际上是对现代性的完善。

（本文原载《中华读书报》2001年10月24日）

后现代语境下的法律与正义

在西方,用正义标准衡量法律的是非善恶是其从古到今一以贯之的传统。这一传统的理论代表是自然法学。自然法学注重法律与道德、理性、正义以及其他抽象原则之间不可分割的联系,力图通过法律之外的因素来说明法律的正当性。法律应当合乎自然法则、神的意志、人的理性,是自然法学在不同历史时期的基本主张。从后现代的视角看,这是典型的本质主义、基础主义,这被称为"实体本质论"。这一实体本质论在法律之外设定了一种本体,体现出人类对善良美好的诉求,但也受到一定质疑。比如,有学派就指出,在正义问题上并没有绝对的标准,往往是"公说公有理,婆说婆有理",如此,法律当体现何种正义呢?不仅于此,这一实体本质论面临的最为严峻的挑战还在认识论上。

柏拉图的《对话录》中记载了这样一则对话。米诺问苏格拉底:你在找寻人生的意义吗?苏格拉底回答:是。米诺又问:那你找到了吗?苏格拉底回答:没有。米诺接着提出了一个非常尖锐的问题:既然你没有找到,那么,如果有一天有人告诉你人生的意义是什么,而他所说的是正确的,你凭什么断定他说的是正确的呢?这看上去难以回答。此种问题同样适合拿来用于对自然法学的实体本质论的质疑。自康德从认识论的角度在本体与表象

后现代语境下的法律与正义

之间划出一条鸿沟之后,自然法学的实体本质论就日渐受到挑战。它迫使人们去思考获取正义的认识论途径。与此相关,自然法学在近现代发生从实体自然法到程序自然法的转向,人们越来越倾向于通过程序去获得正义。

德国考夫曼教授的《后现代法哲学》涉及对此类问题的思考。这是考夫曼 1988 年离休前的学术演讲,也是一本在后现代语境下专门探讨法律与正义问题的严肃著作。在正义的"程序理论"上,考夫曼提到了罗尔斯和哈贝马斯。罗尔斯在《正义论》中虚拟了一种"原初状态",在此状态下,处于"无知之幕"中的所有个体的最终一致选择产生了放之四海皆准的正义标准。罗尔斯所假定的这一很有影响的正义"程序"受到哈贝马斯的批评,因为其正义标准被认为事实上只反映着罗尔斯或者美国人所青睐的正义观。哈贝马斯认为,真正的正义应当通过沟通或交流来求取,亦即,在"理想的对话情境"下,通过人们的"理性对话"来达至具有正当基础的"主体间性"与"合意"。

考夫曼对正义的"程序理论"给予了肯定。他认为"程序理论完全表明为一种正确的角度"。不过,考夫曼又认为程序理论需要补充,因为任何"合意"都是有缺陷的,形式上正确的合意谎言也有可能被合理化。如果说实体自然法理论只注重正义的实体内容,从而使得正义可能最终沦为一种空洞的号召口号,那么,正义的"程序理论"则过多地注重正义的形式要素,从而使得正义有可能在"语言游戏"中丧失其经验内容。考夫曼在维护正义的内容的基础上,对正义的程序理论作了发展。他主张用"趋同的认识"来代替哈贝马斯所谓的"合意"。"合意"强调的只是形式上的一致,"趋同的认识"则突出诸个体基于自己的切身体验而达致的共同认识。

在《后现代状况》中，利奥塔将"后现代"界定为"对元叙述的不信任"。在此语境下，法律与正义的关系发生了明显变化。昔日指导人们生活的"正义的元话语"走向衰落。上帝的意旨、自然法、理性等"宏大话语"，都失去了往日的力度与光辉。在1971年出版的《正义论》中，罗尔斯树立了平等的社会正义准则，而到1993年出版《政治自由主义》时，这一普遍正义理念有所调整。在《公正之赌》中，利奥塔一语道出了后现代语境下的正义观："存在着各种各样的正义，每一正义都根据每一游戏的特定规则予以界定。"在此正义观下，那些不证自明的普遍正义原则消逝了，就连罗尔斯和哈贝马斯所提供的一套程序也不见了。理性之光黯淡下去。

尼采说，人类精神遭受了三种变化。起初它是一只骆驼，背负着人类的价值与信仰。而后它变为一只狮子，否定以往的价值，而不能创造新的价值。再往后，狮子变成了孩子，孩子无知无欲，成为创造新价值的新起点。就此三种状态而言，狮子最具"后现代"习性。考夫曼无疑不赞成狮子的否定精神，但他也不一定回到第一种状态。在法律与正义问题上，考夫曼并不主张回归古典自然法学的"实体本质论"。其离休之前的讲演旨在捍卫现代的成就，重新点亮理性之光。如果说"后现代主义"大多具有一定破坏性特征，那么考夫曼则希望在"后现代"语境下能够做些建设性的事情。他在努力使日渐剥离于法律的正义重返法律，其间充满着对人类正义、持久和平与国泰民安的终极关怀。

历史地看，无论是围绕"传统"展开的理论和实践，还是围绕"现代性"展开的理论和实践，在很大程度上都存在理想主义的色彩，蕴含着一定价值建构意味。然而，从后现代的视角看，由良知或理性出发的理论和实践，未必总会获得与原初意愿一样的功效。为来为去，最终也许只为在自己的主观世界和一厢情愿里。不管是实质本体论、程序理论抑或考夫曼对"真理的合意理论"的补充，看上去都未免除"志""功"之间的偏离，一如物体运动受离心力的作用总会移偏那样。就此而言，现代性的努力以及对现代性的捍卫，总面临着后现代主义的挑战。

（本文原载《读书》2001年第7期）

后现代社会及其法律

很多社会理论家,虽然没有专门的法律学习经历和知识背景,但对法律有专门的论述,甚至还出版了相关专著,例如,涂尔干的《社会分工论》、福柯的《规训与惩罚》等。德国社会学家卢曼也是一位重要的社会理论家。他不仅是法律科班出身,而且横跨法学与社会学两个领域,对法律与社会有精到研究和论述,是世界影响在持续扩大的思想家。社会理论家关于法律的专门论述和研究,形成了法律与社会理论。这是现代法理学的前沿领域。卢曼的理论在法律与社会理论中占有重要位置,其中有关当今现代社会乃至"后现代社会"中的法律的论述尤其值得注意。

卢曼1927年出生于德国吕内堡,比哈贝马斯大两岁。与马克思、韦伯一样,卢曼年轻时也受过严格的法学训练。1949年他在弗莱堡大学获得法学学位,毕业后从事法律职业。1955年,他离开吕内堡行政法院到萨克森南部的文化部门任职。工作之余,卢曼阅读了笛卡儿、康德、胡塞尔以及功能主义者马林诺夫斯基和布朗的著作,但他并未想过做学问。1960年,卢曼获准一年假期到哈佛大学师从帕森斯学习。回国后,卢曼辞去高级政府顾问之职,开始专注于学术研究。1965年至1968年,他先后在斯派尔行政科学研究院、多特蒙德社会研究所和缪恩斯特大学从事研究工作。1968年以后，卢曼一直在比勒弗尔德大学任教，直到1993年退休。在社会学上，卢曼一般被视为新结构功能主义的代表人物之一。其主要英文著作有《信任与权力》《社会分化》《法律的社会学理论》《自我参照文集》《福利国家的政治理论》《社会系统》，《现代性观察》等。

作为社会学家，卢曼对法律的定义和理解主要从社会学的角度切入。卢曼认为，法律与知识一样，都是社会赖以存在的条件。法律是社会的一种基本结构，法律最基本的功能在于为社会成员提供行为预期。法律与社会相互依存。一切社会生活都直接或间接地由法律形成。而且，随着社会复杂性的进化，法律也会相应发生改变。卢曼划分了三种社会：古代社会、高度文明的社会和现代社会。古代社会指的是原始社会或部落社会。前现代的高度文明出现于那些功能没有完全分化的社会，如中国、印度、伊斯兰、希腊—罗马以及欧洲大陆、盎格鲁—撒克逊。现代社会则指工业社会乃至"后工业社会"。这三种社会分别对应于三种社会分化：区隔分化、阶层分化和功能分化。区隔分化指的是社会由不同的家庭、部落等构成。区隔分化是平等的，而阶层分化则是不平等的，它将社会划分为等级不同的次系统。功能分化则既有平等，又有不平等，它按照特定的功能，如政治、经济、宗教、教育、健康照顾、家庭等而形成部分系统。在这三种社会分化中，功能分化对现代社会或后现代社会具有重要意义。与此三种社会和分化相适应，存在着三种法律。一是古代法。二是前现代高度文明的法，也可称为法律家法。三是实证法，也就是立法或制定法。

卢曼的理论起初受系统论影响很大，而自20世纪80年代，卢曼开始倡导社会学的"范式转换",逐渐从帕森斯的结构功能主义转向认知生物学和控制论的理论模式。在此时期,随着后结构主义的广泛接受,以及一些认知生物学和控制论文献在德国相继翻译出版,卢曼卷入了关于人文学科的"自我塑成转向"。在提法上,卢曼逐渐用"后工业社会"的"自我塑成的法"替代了现代社会中的实证法。卢曼著作中的"现代社会"在很大程度上其实就是当今西方所谓的"后现代社会"。在此社会,法律的功能日渐特定化,这主要表现于法律与道德、科学真理、教育、教诲的分离。法律不再靠道德、正义等来合法化,而是通过程序获得合法性,卢曼称之为"通过程序的合法性"。卢曼认为,现代或后现代社会的基本特征是功能分化,亦即,后现代社会及其制度变得越来越专门化、独立自治、技术化和抽象。在后现代社会,社会系统分化出它们各自的子系统。每一系统又各自发展出自己的交流或沟通媒介,如政治系统的权力、经济系统的钱、家庭系统的爱等。在系统内部则相应形成与交流媒介相称的二元结构,如经济系统的拥有与不拥有、政治系统的有权与无权、法律系统的合法与不合法等。二元结构具有反射性特征,如谈语词、钱钱交易、对学习的学习、对预期的预期、关于规范制定的规范等。基于反射性,系统能够再生产自己。如此,社会系统都是自我参照的、高度自治的。系统日益增长的分化和独立自治必定导致对系统控制的衰落。因此,后现代社会的另一个典型特征是"社会的集中代表"、社会全体性的丧失。就此而言,后现代社会是一个自我观察、自我描述、自我规制的社会,是一个没有全球国家的全球社会。套用中国的古代词汇,可称之为"群龙无首"的社会。此外,卢曼认为,基于功能分化,后现代社会的偶然性得到了史无前例的增进，如此，后现代社会又是一个充满偶然性、前途未卜的社会。前现代社会的特征是否认偶然性，其简化复杂性的基本机制是将某些社会实践说成是必需的和神圣的。后现代社会则承认偶然性和既定社会实践的可修正性，这尤其表现在法律可以依实际情况随时修改。

总体而言，后现代社会是功能分化的社会，它"自我塑成"、自我再生产、自我规制、自我参照。与此相适应，后现代社会中的法律也是"自我塑成的"。"自我塑成"原是一个生物学概念，用以说明具有其独特个性、能够维护其自身统一性的独立自治的器官，后被人扩展到社会领域，也得到卢曼的广泛运用。卢曼认为，后现代社会的法律如活的生命体一样，是"自我塑成的"。这主要表现在两方面。在规范上，法律是循环封闭的。亦即，法律的各个组成部分之间通过自己的交流媒介和术语自己生产自己，自己产生特殊的信息模式以及解释和思考信息的方式，而不与环境发生交流或沟通。其对其政治、经济、文化和自然环境的理解，是以植根于法律的交流关系的法律意义为基础的。例如，法律不是通过政治程序，而是通过立法法来修改自己。而在认知上，法律对环境又是开放的。这意味着"法律在各方面都得适应环境"。当法律系统从外在社会环境，如政治、经济等获知一些信息后，它会按照环境的需要和要求重新解释自己，通过自己的要素自己调整自己的程序安排，以对环境作出适应。如此，就像一个活的生物体通过内部的器官的互动而存活那样，法律通过其组成部分的互动而维护着自身的统一性和独立自治。统一性专指通过系统的要素生产系统要素的循环封闭。独立自治则意味着法律系统通过自我再生产的方式理解自身和社会。法律的独立性植根于一切法律制度、推理模式、判决规则以及原则之间的互动。

法律是独立自治的，乃在于它的意义是自我参照的。法律意义来自组成法律系统的各要素之间的交流。独立自治的法律系统是自我反射的，这意味着，"只有法律能够改变法律。法律规范的改变只有发生在法律系统内部才能被视为法律的改变。"它通过程序法自己修正自己，以此应对偶发事件，适应环境。

　　严格而言，用"后现代"来框定卢曼及其理论多少有些不太合适。卢曼对现代性的确有自己的看法，但他对后现代的争论似乎并不热衷。20世纪70年代初，卢曼与哈贝马斯有一场广为世人关注的争论。争论表现出新左派与"反启蒙"的新保守倾向之间的对立。哈贝马斯坚持捍卫"启蒙"传统，指责卢曼的技术功能主义削弱了批判的可能性和解放的政治；而卢曼则批评哈贝马斯的共识取向的话语伦理学是对高度分化的后工业社会中所出现的复杂问题的一种毫无希望的不当回应。此后，德国社会学界的理论论争看上去始终没能绕开卢曼的理论。尽管卢曼与哈贝马斯存在着争论，也如一些后现代论者那样都对现代性有感而发，但人们还是觉得其理论与"后现代主义"存在着重要差异。总体看，"后现代"在卢曼那里更像"现代"的深入或更进一步。他像马克思、韦伯、福柯等社会理论家一样，专注于对现代社会的客观描述和分析。卢曼理论的影响在当今西方越来越大，这尤其体现在有关欧盟法和法律全球化的讨论中。图依布纳、桑托斯等人就深受卢曼理论影响。

（本文原载《中华读书报》2001年3月21日）

法律疏密与社会治乱

按照现在通行的看法，完备的法律体系是"法治"的前提，"依法治国"必须首先制定各种法律，以使各领域"有法可依"，使执法者知所适从，也使老百姓"知所避就"。然而，在流传至今的古籍里，人们似乎总能从很多学有所成、业有所立的古人那里听到一种相反的论调：法律疏密是社会治乱的重要指标，法律越多，社会越乱，严重的还会导致亡国。这种话多少有点耸人听闻，如果不分语境地随便拿来评论现代社会和现代法律，定会招致非议。据说，有博士生因为在毕业论文的开篇"人云亦云"中国目前存在"立法膨胀"而被导师斥为"无知无识"，并因此被推迟答辩。在导师看来，与发达国家的法律数量比起来，中国目前的立法还只是"小巫见大巫"。不管怎样，现在的法律数量的确在日复一日地增加，这是事实，在这样一种趋势下，可能还是应回过头去想一想古人的告诫，弄明白他们何以如此危言耸听，看看他们的话到今天还有没有一点积极意义。

关于法律的繁简疏密，老庄提出了比较典型的看法。老子说，"法令滋彰，盗贼多有"。庄子也说，"礼法度数，刑名比详，治之末也"。如果这些古训由于是老庄这样的方外之人所讲而容易被人置之不顾的话，那么，人们还可以从一些古代政治家和学者那里找到类似的话语。例如,春秋时期叔向在给子产的信中说,"国将亡,必多制"。提醒刘邦"天下可以马上得,不可以马上治"的陆贾认为,"法逾滋而奸逾炽",秦朝灭亡的原因主要在于"举措太众、刑罚太极",正所谓"秦以刑罚为巢,故有覆巢破卵之患"。贾谊也认为,"繁刑严诛""多忌讳之禁"是秦朝灭亡的一个重要原因。类似的话在后世还有很多。唐代杜甫在诗中写道,"秦时任商鞅,法令如牛毛","君看灯烛张,转使飞蛾密"。宋代叶适认为,"法令日繁,治具日密,禁防束缚,至不可动,而人之智虑自不能出于绳约之内,故人材亦以不振"。明代朱元璋说,"法贵简当,使人易晓。若条绪繁多,或一事两端,可轻可重,吏得因缘为奸,非法意也。夫网密则水无大鱼,法密则国无全民"。清代顾炎武也说,"法愈繁而弊愈多,天下之弊,日至于丛脞"。而且,这种话不仅中国古代有,西方古代也有。古罗马历史学家塔西坨就讲过,"国家愈糟,法网愈密"。

当然,并不是所有的古人都这么看。中国古代法家就主张"赏罚必信密"。到汉代,"大夫派"和"文学派"也因此展开历史上有名的"盐铁论"。大夫派认为,网要是太疏,野兽就会逃跑;法要是太疏,罪犯也会逃跑,正所谓"少目之网不可以得鱼,三章之法不可以为治。故令不得不加,法不得不多"。对此,文学派反驳说,道路多了,人就不知道到底该走哪一条;法律多了,百姓也会不知道到底该遵守哪一条,因此,还是应该约法省禁。大夫派认为,衣服破了要是不补,破口会越破越大;同样,法律要是有漏洞而不及时填补,漏洞也会越来越多。对此,文学派反驳说,江河决堤尚且泛滥千里,何况礼仪上的决堤,那害处就更大了;每年都有成千上万的人受到审判,可是每年仍然有很多人违法犯罪,这都是没有在礼仪这一源头上堵住漏洞的缘故。

大夫派还质问，同样的法律，在秦以前可以带来太平，为秦所用却要亡国，正所谓"二尺四寸之律，古今一也，或以治，或以乱"，如此何以就断定法律以及法律的繁密是致乱亡国的原因？对此，文学派回答说，关键在于是否实施了"德"教，如果能够以"德"引导百姓，即使不用刑罚，社会秩序也会良好。

"文学派"在与"大夫派"的争论中其实已经隐含了一个有关法律疏密的基本定律："法"与"德"在空间上此消彼长，法律越是繁密，"德"的作用空间就越小，法律越是疏简，"德"的作用空间就越大，而且，"德"在社会范围的深入扩展会替代相应的法律作用空间。这可被简称为"法德消长律"。它在现代法社会学中也得到了一些科学研究的支持。例如，美国社会学家布莱克在《法的运行》中得出这样一个公式："法律的变化与其他社会控制成反比。"也就是说，如果其他因素不变，一个社会中法律的数量增多，其他社会控制，如，风俗、礼仪、伦理等的数量就减少。其中，礼俗伦理时常被作为"德"的外在化社会形式。反之，其他社会控制的数量增多，法律的数量就减少。这与孟德斯鸠在《论法的精神》中的发现是一致的："当一个民族有良好风俗的时候，法律就是简单的。"

在历史上，"法德消长律"一直作为儒家"为政以德"和"为国以礼"主张的前提而存在，但法家对此定律并非一无所知。相反，就法家明确主张"不务德而务法"而言，他们其实正看到了"法"与"德"之间的紧张冲突。这说明，儒、法两家治道主张的对立主要不在于对"法德消长律"的不同认识，而在于它们对治理道路的出发点和方向持有相反看法。法家以法为出发点，强调"以法为本"，主张"以法治国""以力服人"，认为这样才能形成社会秩序。而且，法越是严谨细致，社会就越是有序。儒家则以"德"为出发点,强调德为政本,主张以德治国、"以德服人",认为这样才能天下太平。而且,"德"越是广泛普及,社会就越是安宁。这是两种在基点和发展路向上完全相反的社会治理路线,它们在实践中各有成败,在理论逻辑上似乎也都本末俱在。那么,老庄、叔向、陆贾等人何以如此反对法律繁密,甚至得出与法律疏密以及"法德消长律"相关联的"社会兴衰律"呢?

  法家务法不务德的主张和做法,在儒家看来是本末颠倒、源流倒置。其实,不只法家受到这种批评,儒家也受到道家同样的批评。老子说,"大道废,有仁义","失道而后德,失德而后仁,失仁而后义,失义而后礼"。其意思很明确,儒家务德也没有把握住根本。按照老子的看法,真正的本源是"道",而不是"德","德"只是流,法律、兵戈则更是支流乃至末流。对"道"的这种本源地位,儒、法两家都是承认的。这从孔子问礼于老子、《韩非子》"解老""喻老"多少可看到一些佐证。但道家的"小国寡民"理想在通常的社会条件下看上去很难实现,儒家因此退而求其"德"。这在法家看来仍是务实不足、"迂阔"有余,所以他们更加退到"法"这一更浅显、更现实的层面。老子还说,"智慧出,有大伪;六亲不和,有孝慈;国家昏乱,有忠臣。"由此看,儒家务德正表明社会成员缺少"德",法家务法则不仅表明社会成员缺少"德",而且还表明社会混乱不堪,否则何以需要"法"?这样看,法律的数量就成了敏感地反映社会治乱的"显示器"。也就是说,一个社会有法律,说明该社会并不安宁;一个社会的法律多如牛毛,则说明该社会的问题也多如牛毛。而且,一个社会的法律越是增多,说明该社会的问题也在越发增多。到这个份儿上,社会可能成为千穴百孔的堤坝,防不胜防,堵不胜堵。当然,现代的一些社会学家并不完全同意这些古代的推论。涂尔干在《社会分工论》中就曾指出,"一种法律越是原始的,它的规模就越小;反之,一种法律越是现代的,它的规模就越大。"

此外,从前面提到的叶适的话,还可看到对法律繁密提出批评并把它上升到社会治乱高度予以审视的另外一种看法。这一看法认为法律繁密会限制人才,特别是治理者的智能发挥,导致社会问题得不到及时有效的解决。顾炎武在《日知录》中断言,"法令者,败坏人材之具,以防奸宄而得之者什三,以沮豪杰而失之者常什七矣"。而且,他反复征引叶适的话来说明这一点。叶适认为,"内外上下,一事之小,一罪之微,皆先有法以待之",这不仅会带来法律数量的增加,而且还会导致"人之才不获尽,人之志不获伸,昏然俯首,一听于法度,而事功日堕,风俗日坏"的官僚化局面,如此也就很少有人再积极理会"百年之忧,一朝之患"了。顾炎武还补充说,"法制繁,则巧猾之徒皆得以法为市,而虽有贤者,不能自用,此国事之所以日非也。"

如果说,儒家对法律繁密的批评体现了对"德"的重视,那么,叶适和顾炎武对法律繁密的批评则体现了对"人"的重视。在中国古代文化传统中,"德"与"人"比法律更为根本,法律与它们比起来只是"末""流""端"。正如荀子所说,"法者,治之端也;君子,法之原也。故有君子,则法虽省,足以遍矣;无君子,则法虽具,失先后之施,不能应事之变,足以乱矣。"这与西方近代法治传统恰成鲜明对照。西方近代法治传统不把"德"作为治理的基础和出发点,它在很大程度上假定人不讲"德"。不仅对普通社会成员如此,对权力持有者更要如此,以突显和强化"非人格化的"法律的外在约束作用。这种约束越死越好,在司法方面,最好把法官限制为一部只懂机械操作的机器,输入法律和事实,就能产出判决。为做到这一点,法律就应该被制定得尽量详细、足够明确,以减少法官的自由裁量权。这种对"德"与"人"的不信任在很大程度上成就了西方近代的法治大厦,也在价值观上深化了一种有别于古中国的自由路线。

从价值观上审视近代西方社会与古代中国社会,可从中简单抽象出两种体现人的主体意识觉醒和主体性伸张的价值。一是权利,二是德行。由此,自由其实可分出两种,一种是作为权利的自由,一种是作为德行的自由。作为权利的自由是一种外在的自由或者社会自由,它主要针对具有暴虐倾向的国家权力,在个体层面以人的"个性解放"为主要内容,在社会层面则以法律秩序为主要条件。以这一自由为主要目标的实践是现代以权利制约权力的"权利政治"。在此框架下,要制定足够多、也足够明确的法律,以限制国家权力,规范和约束社会成员特别是掌权者的行为。作为德行的自由则是一种内在的自由或真正的个体自由。它看上去是一种黑格尔式的"理性"战胜"任性"的自由,也是一种突显人的内在精神、追求天人合一和顶天立地的道德自由。以这一自由为主要目标的实践是古中国的"内圣外王"。在此框架下,重要的不在于法律数量的多少及其外在约束力的强弱,而在于内在道德的提升及其外化。

在历史长河中,如果如老子所认为的,把"道"作为其本源,那么,在加强法制建设和张扬人权和公民权利的今天,历史长河其实已经流出源头很远很远了,而且,它距离"德"也是越来越远。虽然用现代的眼光看,法律越来越多、法制越来越完善不至于像古人所说的那样严重到要亡国,但可以肯定的是,注重德行的培养和张扬有助于弥补法律的不足,有利于社会太平、国泰民安。就人的内在方面而言,"法"是一种"趋下"的事物,它放松人积极向上的道德努力;"德"则是一种"向上"的事物,它引导人积德厚义。就人的外在方面而言,"法"是一种"向上"的事物,它鼓动人们通过它形成一种争权夺利的有序状态;"德"则是一种"趋下"的事物,它教导人们通过提高德行而在行动上表现出礼让、忍耐和宽容。相对于法律和权利来说,德行其实也是一种较近的本源。追溯这种本源,人无须通过时空隧道重新回到远古,它并不遥远,它只在人的心中。开掘这种本源,也无须再如古人那般建构将纲常伦理政治化的礼教制度,与权利在政治和社会层面的展开相应,它在现代社会更适合在个体和共同体层面进一步自由生发。

(本文原载《读书》2004年第8期)

安提戈涅 苏格拉底 亚里士多德

将安提戈涅、苏格拉底和亚里士多德相提并论，我关注的是法律的遵守问题。

就权衡尺度言，判断人们行为的是非善恶，除有法律标准外，还有法律之外的标准，如道德观念、宗教信仰以及普遍正义等。之所以有此两个标准，乃在于这些标准之间时常存在着冲突或不一致。具体而言，在西方，自古希腊始，法律自身即受着法律之外的标准的审视，法律既是人们行为的准绳，又是接受判断的客体。此即西方从古到今一以贯之的自然法传统。这一传统深深地影响着人们对法律的态度。从古希腊的安提戈涅、苏格拉底和亚里士多德三个人物身上，正可看到人们在守法上的三种鲜明路向。

安提戈涅是古希腊三大悲剧家之一索福克勒斯同名剧中的主角，她是一个戏剧人物。该剧本讲的是，安提戈涅的哥哥波吕涅克斯为了夺回王位，借助外邦军队攻打自己的祖国，最后裹尸疆场。其舅父克瑞翁当上国王后，为惩罚波吕涅克斯反叛祖国，命令将波吕涅克斯暴尸荒野，任由鸟兽吞食，不许任何人埋葬他。而在古希腊，埋葬死者并为之举行葬礼是人们的神圣义务。人们不仅有权利，而且有义务埋葬其亲人，这被认为是神的命令。如此就出现了国法与神谕、国家法律与宗教伦理之间的冲突。不可避免地，安提戈涅正是这一冲突的当事者，她面临着或此或彼的选择。在这两种"伦理力量"的冲突中，安提戈涅最终选择了"天神制定的永恒不变的不成文律条"。她由此受到了克瑞翁的惩罚，自杀身亡。她是捍卫神律的希腊英雄，也是勇敢的违法者。

安提戈涅所以能成为希腊悲剧中的英雄人物，或许恰在于其行为与古希腊人的鲜明对照。其实，在古希腊，事情常常由法律断定，人们重视法律，也很守法。在这些人中间，苏格拉底是一个极端例子。

与安提戈涅不同，苏格拉底是一个以身殉法的典型。这并不意味着他没有遇到安提戈涅所面临的冲突，而只能说，他做了与安提戈涅相反的选择。公元前4世纪末，苏格拉底被三名雅典公民推上被告席。公诉的罪名有两个：不敬神明，败坏青年。苏格拉底在法庭上为自己作了申辩。他认为自己之所以受到控诉，是因为他像"牛虻"一样，得罪了太多的人，得罪了那些自以为聪明的人，得罪了民主派，也得罪了寡头。他想说服雅典人，证明自己无罪。但在表决时，陪审团还是以三十票之差判他有罪。在讨论刑罚时，又由于苏格拉底没有厚颜无耻地"哭泣哀号""奴颜婢膝"，甚至嘲讽陪审团，他被判处死刑。在牢狱中，他的朋友克里托建议他逃走，被他拒绝。苏格拉底始终自信，他站在正义一边。他说，"不论在战场上，在法庭上，还是在其他任何地方，你都必须服从你母邦和国家的命令，或者遵循普遍的正义劝阻这一命令。"就这样，苏格拉底在用普遍正义劝说雅典人失败后，毅然遵守法律，选择死亡。正因为此，有人把他称为"绝对守法论者"，也有人说他开了"恶法亦法"的先河。他是捍卫法律的希腊圣贤，也是希腊法律的牺牲品。

如果说，安提戈涅通过舍国法、取神律消解了她所面临的冲突，那么，苏格拉底的选择则似乎并没有破除国家法律与普遍正义之间的矛盾。因为他既坚信希腊法律杀害了一个对城邦非常有用而且不可代替的圣人，又遵守法律。他让人想到古中国的苦谏大臣。他们有了自己认为正确的看法，即不惜抛弃乌纱、磕破头额地死谏君主。殊不知，如此行径虽彪炳了自己的品格，在另一方面却衬托出拒谏皇帝的极度昏庸。与此相同，苏格拉底的死无疑也在证明法律和城邦的愚蠢，其行为在很大程度上是对非正义的怂恿。

而亚里士多德并不这么做。他没有给予雅典人第二次杀害哲学家的机会。公元前4世纪，马其顿王亚历山大病逝后，其统治下的雅典人掀起了反马其顿的热潮。由于亚里士多德是亚历山大的老师，而且自小即与马其顿有联系，他成了想当然的攻击对象。不仅如此，雅典人还罗织了"不敬神明"的罪名向公审法庭提起指控。"不敬神明"似乎是古希腊人用以反对哲学家的惯用罪名，苏格拉底死于斯，在此之前，把太阳和月亮说成是一堆石头的阿拉克萨哥拉也差点为此丧命。亚里士多德完全可以站出来为自己辩护，因为他并没有借助其与马其顿的关系为害雅典，相反，他对雅典人功劳卓著，雅典人还因此专门为他建过纪念碑。尽管如此，亚里士多德并没有应诉。他不想重蹈苏格拉底的覆辙。他做了苏格拉底不愿意的选择：出逃或自我流放。他无奈地到了优卑亚岛的卡尔基斯城，次年在郁闷中死去。亚里士多德看上去有畏死之嫌，但千载之下，说苏格拉底咎由自取者不乏其人，而说亚里士多德贪生怕死者似乎并不多见。他是挽救正义的希腊哲人，也是希腊法律的逃避者。

从上述三个人物身上，不难看到人们在守法上的三种模式。

用现代法学的眼光看，这三种模式正体现出西方三大主流法学派在守法上的三种见解。社会学法学注重法律的实际效果。它注意到国家法在实施中常常受到社会习俗以及"活的法律"的消解。这正体现于安提戈涅舍国法而就神谕。分析实证主义法学专注于法律本身。它们抛开法律之外的正义，或者干脆说，正义就是遵守法律。这正体现于苏格拉底的从容就法。自然法学则张扬国家法律之上的合理价值，要求法律服从正义、公平、道德和理性等。这正体现于亚里士多德对不正义法律的逃避。

谈到不正义的法律，这似乎恰是三个人物悲剧命运的主要症结之所在。也许有人说，性格决定命运，悲剧命运的造成应当归于人物的性格。的确，安提戈涅完全可以像她的姐姐伊斯墨涅那样，忍气吞声，把国法之威慑当作自己不履行神圣义务的借口。苏格拉底也完全可以不那么一意孤行。他只要对陪审团稍作迁就即可摆脱厄运。但安提戈涅和苏格拉底都没有这么做。他们或她们向世人显露的是不畏强权、不惧死亡的凛然大义。这是人类代代传承的高贵品质，无可指责。悲剧的病根还在法律。在《安提戈涅》中，所谓的法律其实只是克瑞翁一人的命令。虽然这一命令看上去似乎是正确的，因为它是为了黑格尔在《美学》中所说的"国家的幸福"和"集体福利"。但实际上，它只是克瑞翁"顽固性情"的放纵。克瑞翁的行动并非政治德行，爱克曼的《歌德谈话录》称之为人神共嫉的政治罪行。在苏格拉底的审判中，五百人的公民大会只不过是群情的发泄所，由此而生的法律自然不会是理性的化身，而只会是激情的"产儿"。亚里士多德所面临的法律也只是一具躯壳，其内部盛装的是偏执的雅典人对亚里士多德的偏见和缺乏根据的怨怒。在这样的法律之下，人类的高贵精神以悲剧或无奈的形式呈现也就不足为奇了。

有趣的是，很早西方人就把人定义为理性的动物，作为西方文明源头的古希腊，其所体现的精神也被人称为理性精神，而在这种理性之光的照耀下，所暴露出的却是非理性、非正义的法律。这不是很耐人寻味吗？安提戈涅、苏格拉底和亚里士多德在守法问题上所体现出的与其说是人物的悲剧命运，不如说是"雅典的悲剧，希腊的悲剧"，希腊法律的悲剧。这一悲剧的酿成在于克瑞翁的专断和希腊式的大民主。亚里士多德在《政治学》中指出，"法律可能有偏向"，其优良与邪恶无不取决于政制。历史地看，张扬法律的理性精神，似乎不仅仅在于提出这种精神，而更在于克服现实中的"法外"障碍。

(本文原载《方法》1998年第12期)

在法律学术与理论反思之间

朱景文教授是当今中国著名的法理学家，也是指引我走上学术道路的授业导师。他自1982年以来一直在中国人民大学任教。我于1996年至2002年师从他学习法理学。回头看，跟随朱老师的那六年对我的学术成长有着深深的影响。

我读硕士期间，朱老师在一次会面时问及是否读一些社会学的书。尽管看上去像是不经意的谈话，但我当时觉得他是希望我看这方面的著作。我后来也确实读了一些，只是发现自己的兴趣更多地还在社会学理论。到作硕士学位论文时，朱老师与我商定了一个涉及调研的立法选题，并提到一定要有调查素材或数据。这对当时尚未使用电脑的我来说其实有很大难度。我勉强自己花费大量时间在图书馆查阅历年的报纸，收集材料和数据，也试着发放了问卷。论文写好后，法学研究所一位评阅导师曾给予特别好评，尤其肯定其中法律社会学方法的应用或尝试。我与法学研究所的结缘也开始于此。

用社会科学方法研究法律，开拓一种作为社会科学的法理学，是中国法理学在其发展过程中的一个重要方向。朱老师无论是在学生培养还是在个人研究上，都很注重这一方向。他于1994年出版的《现代西方法社会学》一书，曾激发我很大的法理学研究兴趣。他在课堂上推荐并讲授的1983年出版的英文著作《联结法律与社会：研究和理论导论》，亦给我印象深刻，后来也成为我推荐给研究生的一本教学参考书。朱老师多次赴美国作一年以上的访学。从教学和研究看，法社会学特别是经验法社会学，是他始终偏好的一个学术重点和兴趣。我曾复印他从美国带回的《法律与社会：法律的社会研究读本》一书，上面留有他做的大量阅读记号。他对世界上的法社会学研究保持着关注，也与美国诸如马考利等一些知名法社会学学者保持着交往和联系。2007年，他主编出版《中国法律发展报告：数据库和指标体系》，尝试着用数字来表现中国的法律发展状况，引来很多西方法律学者的注意和赞赏，在国内外产生了广泛影响。此后几年，他关于中国法治的量化研究借助一些大型课题得以持续，他长期坚持的那种用社会科学方法做法律研究的学术理想，也在很大程度上获得实现。

关于法律研究的社会科学进路，在方法论上其实一直受到诸多质疑。尽管如此，朱老师在一些场合多次表明他的态度：这在中国，做起来总比不做好，有总比没有好。在他对学生的教育中，那种"想当然的""拍脑袋的"研究和写作是需要尽量避免的。

当然，朱老师的研究不限于法社会学。从研究对象看，朱老师涉及的学术领域看上去与北京大学沈宗灵教授的有些相似。例如，他们都一直主编并反复修订《法理学》教材；都长期从事比较法研究，出版并修订比较法总论方面的著作；都曾出版专门介绍现代西方法理学或法社会学的论著。可以说，法理学教材、比较法研究和法社会学研究，构成了朱景文教授教学和研究的三块主要领域。整体来看，国内能够同时从事这三块领域研究的法理学者并不多见。在此之外,我时常觉得朱老师其实还有其他一些与众不同之处。

洞察朱老师与那些终身囿于法理学研究领域的学者不同的特点,似乎是从研究生期间发现他与李陀、陈燕谷的学术交往开始的。李陀、陈燕谷当时正开办《视界》。朱老师带着我和其他几位同学参加了他们的一次法律组稿会谈。我对李陀、陈燕谷并不熟悉,后来才对他们的学术取向有所了解。那次经历调整了我对朱老师的印象,感觉他在一些非法律学者或公共知识分子那里原来也有相当知名度,也感觉他在专门研究领域之外其实还有更深厚的理论倾向。后来他与更多公共知识分子特别是一些"中国模式"论者的学术往来,进一步加深了我的这一判断和印象。从学理上简要归结,可以说,对"现代性"的反思构成了朱老师很多理论想法的连贯特点。这也可能是学界在讨论公共学术问题而需要法律学者参与时每每找到他的缘由所在。朱老师于1996年出版的《对西方法律传统的挑战——美国批判法律研究运动》,以及后来在会议基础上形成的《当代西方后现代法学》《法律和全球化——实践背后的理论》等著作,都透显出此种反思。他在课堂上讲授的"现代化"理论、"依附"理论和"全球化"理论,曾促动我在研究生阶段看了很多关于中国现代化的著作,当年那种壮怀澎湃的青年心态至今仍记忆犹新。可能受了那时的影响,我后来的有些研究转到中国近代,直至转向中国传统。

长期以来,无论是国家治理,还是学术发展,中国在现代化进程中都过多地受到了外来影响。时至今日,国家主体性和文化主体性日益摆在了中国学者的面前。基于对"现代性"的反思,对中国法治发展和中国法理学,朱老师看上去都在琢磨着提出中国理论。在一次关于中国法理学的主体性的交谈中，他似乎觉得确实到了提出中国理论的时代，而他又若有所想地提到，这个"中国的"究竟是什么还值得进一步深思。

（本文原载《中国社会科学报》2014年9月15日）

比较法视野中的法律学术

　　关于比较法、法社会学的研究，中国起步较晚。相关的译著、论文集以及普及读物最早似乎是在20世纪80年代晚期出现的。尽管20世纪90年代以来，法社会学在法学界乃至整个学界的地位明显上升，大有成为显学的气象，但中间真正具有分量的著作仍不多见。这在一定程度上既体现出中国实证研究的艰难与不习惯，也表明可供利用的理论资源有些贫乏。在此情境下，出版一部介绍发达国家法学研究的经验以及最新成果的著作，无疑就是一件颇具功德的事情了。朱景文教授撰写的《比较法社会学的框架和方法——法制化、本土化与全球化》（中国人民大学出版社2001年版，以下简称《比较法社会学》）即是如此。该书将比较法、法社会学以及法律与全球化研究融为一部近63万字的书，堪称鸿篇巨制。一如作者以往著作，如《比较法导论》《现代西方法社会学》的风格，该著严谨细致的特点给人以深刻印象。其价值不仅在于对西方的比较法、法社会学以及法律与全球化研究做了详细的介绍和研究，更在于向人们展示了一种严谨的学术态度与学术方法。

　　《比较法社会学》由三部分组成。一是法制化，二是本土化，三是全球化。三部分的架构据说是受了桑托斯的启发。桑托斯为法律分析划定了三种时空：主权国家、亚国家和超国家。与此相应，法律与社会理论的研究思路也可循着这样的思路展开：先研究国家法，再研究国家内部的多元规范与秩序，而后在全球背景下研究国家之间的法或者超国家的法。在每一部分的开头一章，作者分别对比较法、法社会学以及法律与全球化研究的框架和方法作出专门论述，以为各部分纲领，而"导论"则统领这些框架和方法。"导论"介绍了作者近几年来的学术思想转变历程，也是该著最具方法论意义的部分。作者将这一转变历程概括为三个阶段。一是法律指标的比较法社会学，二是临时性的比较法社会学，三是全球化的比较法社会学。在第一阶段，作者采取普遍主义的立场，"试图把有不同社会经济文化背景的国家或地区的法律制度放在一个框架中，通过某些法律指标评价它们在一定时期所达到的水平"。在第二阶段，受马考利教授的影响，作者放弃了对法律指标、经验素材、数据的迷信，转而对研究采取了一种"临时性的"态度。这在知识论上无疑是对客观实际与人的认识之间差距的认可。临时性的比较法社会学虽然在方法论上考虑了各国法律的不同社会经济背景，从而强调了法律的地方性，但在日趋明显的全球化大背景下，视法律为一种"地方性知识"的立场日渐受到严峻挑战。鉴于此，作者进入第三阶段，转向对法律与全球化的研究。显然，作者学术思想转变的三个阶段与全书的三部分是相吻合的，从而也在该书的正、副标题之间建立了一种联系。在"法制化"部分，作者从"法的结构""法律渊源""法的适用""法律职业"等方面对世界各国法律体系作了细致比较。由此，可达至对英美国家普通法与衡平法的划分、大陆法系国家公法和私法的划分、各国的法律渊源、司法制度等十分详尽的了解。在"本土化"部分，作者主要吸纳了马考利等人编辑的

《法律与社会：法的社会研究读本》(1995)的研究成果，对法社会学上法的概念、"行动中的法""控辩交易"、守法原因以及"关系之治"等问题作了饶有兴味的考察，让人得窥法社会学的精要。在"全球化"部分，作者着重讨论了法律与全球化、发展中国家法律改革、世界贸易组织以及欧盟法等问题，凡此都为"法律与全球化"的进一步研究开辟了道路。

陈寅恪在《陈垣〈敦煌劫馀录〉序》中曾指出，"一时代之新学术，必有其新材料与新问题。取用此材料，以研求问题，则为此时代学术之新流。"这里谈的虽然是历史学问题，却也未尝不能适用于法学研究。无疑，《比较法社会学》在为我国的法学研究提供丰富理论资源的同时，也提出了大量"新材料"和"新问题"。比如，作者对西方"法治资本主义"与东亚所谓"关系资本主义"的探讨，对全球化与国家主权的研究等都提出了很有意思，也很有意义的研究材料和问题。这既为中国的法学研究提供了新的参照，也为国内法学注入了新鲜"血液"。这些新材料、新问题都是作者经过对大量国外文献的长年阅读和积累，在对西方理论缜密严谨的梳理与分析的基础上提出的，其间艰辛不言而喻。而正因其艰辛，国内很多学者大多忽略或者绕过了这一环节。对西方理论材料，实存着三种处理方式：一是翻译；二是在研读、爬梳大量文献的基础上厚积薄发，推陈出新；三是直接将西方某些名词、概念乃至思维运用于中国。相对而言，后一种做法虽然隐晦高妙，却冒有"玩世不恭"的风险。毕竟，要是少了反省与分析，严肃的学术事业极有可能沦为一种大众时尚。学者因之虽可成为"明星"，但学术终不会久远。事实上，当从西方理论回到中国，前两种处理方式似乎是不可避免的。凡踏实的学术都不应忽略对所涉问题的详尽了解与分析，以为后来的研究和

"超越"奠定基础。这正如陈寅恪在对冯友兰的《中国哲学史》的审查报告中所指出的,对古今中外之学术,"应具了解之同情,方可下笔……盖……人著书立说,皆有所为而发;故其所处之环境,所受之背景,非完全明了,则其学说不易评论。"在此方面,《比较法社会学》正采取了一种脚踏实地的态度与方法。

在方法论上,该著除了倡导将西方理论的借鉴建立在详细的了解和切实的批判分析基础上之外,还突出了经验研究的重要性。这一点从作者在著作中对数据、图表的偏爱可以看出。一般而言,学者从事学术研究的知识来源大致有三:一是书本;二是经验素材;三是想象。就国内法学界而言,学者中基于想象、书本而思辨、论理者多,而从事经验研究者少。这每每使得学术显得空泛、脱离实际,也越发显出经验实证研究的迫切性。在言及全球化对法学研究方法所提出的挑战时,作者直接指明了这一点:"法学家在法律改革时,仅仅运用自己所习惯的规范性的研究方法是远远不够的,应该学习社会科学所具有的经验研究方法;仅仅运用自己所习惯的判断行为的合法性的标准也是远远不够的,应该学习社会科学所具有的检验真理的实践标准。"

更值得一提的是,在书中,作者多次提到"法律与发展运动",而作者也恰是其当事者之一。这一有意思的角色背景使得《比较法社会学》成了学术自治、学者独立品格的一个例证。"法律与发展运动"主要以发达国家对发展中国家的法律援助的方式展开。这尤其体现在法律改革和法学教育上,其间夹杂着浓厚的意识形态色彩。当"基金援助"与学术研究挂钩时,学者的良知与独立品格就显得尤为重要。一不小心,后进国家的法律与法学在强势话语的支配下就会日益被"边缘化"乃至"后殖民化"。这在一定程度上也说明中国学术以及汉语写作的重要性与紧迫性。当学者翻译、介绍西方理论时,语言、学术乃至思维方式也许在不经意中早就发生了"异化",这是让人忧心的。在《比较法社会学》中,虽然偏重于西方理论的介绍构成为一个明显特点,但作者并没有完全脱离中国实际。在书的每一部分,不管是比较法、法社会学,还是法律与全球化研究,作者始终没有忘记回到中国问题。比如,在比较法部分,作者观照了当代中国社会主义法的结构、中国的法院系统、中国的法律适用、中国的法律职业等;在法社会学部分,作者观照了国内习惯法研究、北京"禁放"等;在法律与全球化部分,作者则着重研究了"全球化与中国法制的回应"以及中国利用外资进行的法律改革、中美法学教育交流等。就此而言,《比较法社会学》在设定比较法社会学的研究框架和方法的同时,也隐约突显了中国学者的一种境遇以及在此境遇下的学术姿态。

(本文原载《中国学术》2002 年第 12 期)

繁荣学术应重视中国传统文化

中国传统文化自近代西学东渐以来一直遭受批判和谴责。在全盘西化论者那里，中国传统文化更是遭到彻底否定，以致有人甚至情绪化地提出要消灭汉字。以中医为例，受西方医学的激烈冲击，经过了几千年发展历史的中医在 20 世纪屡遭废除危险。直到 1982 年宪法规定国家"发展现代医药和我国传统医药"，中医才最终摆脱遭受废除的厄运。而时至今日，仍有一些中国人试图通过网络签名等方式取消中医。对怀着中华民族伟大复兴梦想的中国人来说，这样一种对本国传统文化的极端否定态度和彻底抛弃做法在现时代需要引起深刻反思。

2004 年，中央在《关于进一步繁荣发展哲学社会科学的意见》中，多处提到"弘扬和培育民族精神"，"继承民族优秀文化传统"，"传承文明"，"传承民族文化"，"建设面向现代化、面向世界、面向未来，有中国特色的哲学社会科学"，"造就一批用马克思主义武装起来、立足中国、面向世界、学贯中西的思想家和理论家"。2006 年，《国家"十一五"时期文化发展规划纲要》指出，"五千年悠久灿烂的中华文化，为人类文明进步作出了巨大贡献，是中华民族生生不息、国脉传承的精神纽带，是中华民族面临严峻挑战以及各种复杂环境屹立不倒、历经劫难而百折不挠的力量源泉","重视中华优秀传统文化教育和传统经典、技艺的传承","在社会教育中,广泛开展吟诵古典诗词、传习传统技艺等优秀传统文化普及活动,努力提高全民族的人文素养,树立良好社会风气。"这些话语在很大程度上凸显了中国传统文化对于繁荣发展哲学社会科学乃至国家和社会发展的积极作用和重要意义。在全球化大背景下,建设具有中国特色、中国风格、中国气派的哲学社会科学,应当尊重、传承和弘扬中国传统文化。尊重、传承和弘扬中国传统文化,不是要复古,事实上也不可能复古,而是要在新的历史条件下传承中华民族的精神和文化,做到推陈出新、古为今用。

一 不能笼统地否定和片面地批判中国传统文化,不能简单地把中国传统文化与马克思主义对立起来

首先,不能笼统地否定和片面地批判中国传统文化。从19世纪下半叶开始,在中国延续几千年的君主政制发生前所未有的大变革。与此相应,传承几千年的中国传统文化在19世纪末20世纪初的文化运动中也遭到前所未有的大批判。可以说,中国近代史既是政治革命史,也是文化革命史。在政治和文化的历史变革过程中,一些人但凡提及中国传统文化,就把它与皇帝、礼教、迷信、裹脚、磕头、八股等联系起来,视之为遗毒和糟粕。中国传统文化的确有在今天看来不好的方面,但中国传统文化并非仅仅如此。从全面的观点看,它在历史上曾经产生过持久而广泛的影响,在今天也不是完全没有值得汲取的好的方面。历史是不能割断的,对于中国这样一个有几千年历史的文明古国来说尤

其如此。如果说,对传统文化洪水猛兽般地激烈批判是出于历史变革的需要,那么,在建设时期,则特别需要重视从传统文化中建设性地开掘历史资源。从历史看,无论是新国家的创建,还是国家从传统到现代的转变,世界各国一般都很注重其民族文化的传承和发扬。事实上,新中国的建立与中国传统文化也不是截然对立的。就国名来说,全称"中华人民共和国"中的"中华"二字,清楚地标明了新中国的民族历史文化维度。就宪法来说,我国现行宪法开篇即称,"中国是世界上历史最悠久的国家之一。中国各族人民共同创造了光辉灿烂的文化,具有光荣的革命传统"。对于中华民族灿烂的古代文化,毛泽东主张"历史唯物主义的批判精神",而反对"所谓坏就是绝对的坏,一切皆坏;所谓好就是绝对地好,一切皆好"这样的形式主义。"历史唯物主义的批判精神"也就是既要尊重和吸收,又要批判和剔除。一方面,"尊重,是给历史以科学的地位,是尊重历史的辩证法的发展,而不是颂古非今,不是赞扬任何封建的毒素";另一方面,要"剔除其封建性的糟粕,吸收其民主性的精华"。这才是对传统文化的可取态度。

其次,不能简单地把中国传统文化与马克思主义对立起来。一方面,马克思主义是一个开放和发展的体系。无论是对世界文化优秀成果,还是对民族优秀文化传统,马克思主义都兼容并包,采其精华。正因为不断从优秀的世界文化和民族文化那里汲取养分,马克思主义才得以不断发展。另一方面,马克思主义只有"和民族的特点相结合,经过一定的民族形式,才有用处,决不能主观地公式地应用它。"也就是说,马克思主义只有同中国的具体实际紧密结合,才能在中华大地不断获得可行性和生命力。中国传统文化在很大程度上也是中国的具体实际。应当看到，中国传统文化不仅仅是传统的，它也是现实的。共同的地理空间，通用的汉语汉字，相似的生理特征、文化心态和思维方式等，为中华民族文化的积淀和流传提供了物质和精神基础。只要这些物质和精神基础还在，中国传统文化就不会是死的文化，而是活的文化，现实的文化。马克思主义只有与中国的这种活的文化融合在一起，才能获得民族形式，做到马克思主义中国化，从而在中华大地生根发芽，生机勃勃。从经验上看，无论是在革命时期，还是在建设时期，中国传统文化对马克思主义的发展都起到了积极作用。中国人对于马克思主义的接受和发展，在很大程度上也是循着中华民族的思维方式、民族特性和具体实际切入的。从革命时期农村包围城市的政治策略、诱敌深入各个歼灭的军事策略等，可以明显看到中国传统文化的影响。从建设时期提出的"立党为公，执政为民""权为民所用，情为民所系，利为民所谋""小康社会""以人为本""和谐社会""和谐世界"等，也可以明显看到中国传统文化的传承。从教训上看，近代以来，无论是主张全盘西化，还是照搬苏联模式，都给中国文化和中华民族带来了沉痛代价。历史说明，只有尊重、传承和弘扬中国传统文化，取其精华，去其糟粕，才是马克思主义应有的科学态度。

二 从现代性与民族性的关系看，弘扬中国传统文化有助于在现代化进程中维护民族性，创建具有中国特色、中国风格、中国气派的哲学社会科学

自晚清以来，中国一直在努力追求现代化，以摆脱落后挨

打、政治专制的局面,实现民族富强和人民民主。从世界历史进程和中国几千年的历史发展看,近代以来直至今日的历史可以说是一个现代化的历史。今天,国家的根本任务仍然是集中力量进行社会主义现代化建设。在这样一个现代化过程中,一直存在着现代性与民族性的纠葛。从"中学为体,西学为用",到民族、民权、民生"三民主义",再到马克思主义普遍原理同中国具体实际相结合,都既包含着现代性,又包含着民族性。所谓现代性,一般与传统相对,主要指在科学和民主的指引下过一种摆脱传统社会愚昧迷信、政治专制的新生活。在世界历史进程中,由于西方欧美国家首先步入现代社会,后发展国家的现代性在一定程度上通常带有西方特点。马克思和恩格斯在《共产党宣言》中其实早已看到并指出了一种源于西方的现代生活方式在全球范围的扩展。所谓民族性,一般与普遍性相对,主要指民族在长期历史发展过程中形成的独特性,它在文化意义上也就是人们所说"亡国亡种"中的"种"。在现代化进程中,过科学、民主的现代生活已成为世界上大多数国家所追求的目标,而民族特性或种族特性也是包括中国人在内的世界各个民族所誓死力争的东西。

抛弃本民族历史文化而完全移用其他国家或民族的文化,人并不一定完全不能存活,但为什么各个民族在现代化进程中都极力维护其民族性呢?透过这样一个现象和问题,可从多个方面洞察到民族传统文化对于该民族人民生活的重要作用。首先,就文化与人的关系而言,文化可谓人据以生存的"第二自然"。作为群体成员,人总是生活在一定社会文化之中。经过长时间的熏陶和潜移默化,文化会如同自然环境一样形成人据以生存的人文环境。木有根本,流有泉源,对人来说,民族在历史中形成的传统文化在很大程度上正有如木之根本,流之泉源。历史形成的公共

繁荣学术应重视中国传统文化

人文环境锻造了人的思维方式、心理习惯和精神状态，一旦这种环境遭受破坏或被替代，人就会如同缺少空气一样感到窒息，如同树木失去水土一样难以繁茂，如同河流源泉遭到破坏一样难以长远。其次，就文化与国家的关系而言，文化是国家赖以维系的一种重要纽带。国家并不仅仅是一个自然地理概念，它的存在有赖于一种可以相互沟通的共同文化把人们纽结在一起。古代文明国度是如此，现代民族国家同样是如此。如果少了一种共同的民族文化和民族精神，国家就会缺乏民族凝聚力，直至支离破碎、土崩瓦解。再次，就文化与民族的关系而言，文化的衰败和翻覆往往导致民族深重的苦难。从历史上看，东汉末年和五代十国的战乱、近代鸦片战争和军阀混战、"文化大革命"等，这些由战争和斗争所带来的民族苦难在一定程度上都与文化的衰败和翻覆联系在一起。由满族人统治的清朝承袭汉文化而得以存续几百年，太平天国利用外来宗教鼓动人心最终不免失败，两相对比，同样显示出文化对于民族生存的重要性。因为这一点，在历史上，一些侵略国家在军事占领的同时通常表现出消灭被侵略民族的文化以亡其国亦亡其种的邪恶企图。

尤为重要的一点还在于，源远流长的中国传统文化不仅塑造了中国人独特的思维、心理和行为方式，它在大浪淘沙的历史长河中久经磨炼，也成就了一种跨越古今中外的能力。就精神实质而言，中国传统文化主要是始终在人心上做功夫、始终不离人心的文化。在这一点上，它既表现出对中国人的特殊性，也表现出对人的普遍性。这样一种基于其独特性的普遍性，正是中国文化对于世界文化有所贡献的关键所在。一如科学和民主在当今世界的普遍性，中国文化对于世界的贡献正在于它的这种基于独特性的普遍性，或者，具有普遍性的独特性。在全球化时代，文化的全球化通常表现为地方文化的全球化或世界化，地方独特性与世界普遍性在全球化时代并不是毫不相关的，也不是毫不相容的。事实上，中国需要世界，世界也需要中国，世界文化的丰富和发展也需要中国文化。一个国家和民族的文化能力，正在于它能否以其基于其独特性的普遍性而走向全球。就哲学社会科学而言，中国哲学社会科学的繁荣发展既需要敞开胸怀广泛吸纳世界优秀文明成果，更需要基于中国特性做出新的创造，以其独特性以及基于独特性的普遍性贡献于世界。我国哲学社会科学要想在世界上表现出中国风范、中国气度，必须把中国本身的那种历久弥新的独特性发扬光大，在这方面，中国传统文化无疑具有十分重要的积极意义。

三　从传统与现代的关系看，弘扬中国传统文化有助于弥补现代性的不足，提升中华民族的道德素养、思维能力和精神境界

近代以来的社会变革一般被解释为一个从传统向现代的转变过程。在这一转变中，虽然传统因素在很多方面失去其主导作用，但传统并不必然走向消亡或者被现代性完全取代。实际上，传统因素在延续的历史过程中仍会对现代社会产生一定影响，这种影响如果善加引导和利用，可以成为现代性的有益补充。另外，从世界范围看，现代性发展到一定程度和阶段，会产生一些突出的现代问题，由此引发"后现代主义"对现代性的批判。对于由现代性的发展所产生的这些问题，传统通常具有一定的弥补

作用。而且，在现代化进程中如果适当注意对传统文化资源的有效利用和转化，也可以预防和避免某些现代性问题的产生和加剧。就我国的现代化进程而言，在科学发展观的指引下，既要注重自然生态的保护，也要特别注意传统的人文生态的保护，注意传统文化的传承和弘扬，努力把现代与自然、传统融合起来，构建一个和谐社会。

具体而言，中国传统文化可从多个方面弥补现代性的不足。首先，从现代经济与文化的关系看，弘扬中国传统文化可在一定程度上防止和克服经济发展所附带的道德败坏和利害之争。现代市场经济是在个体层面主要是以赢利为目标的经济，它在逻辑上把个人假定为追求利益最大化的理性人。因此，在现代市场经济条件下，市场主体很容易成为唯利是图、见利忘义的人。而且，随着市场经济在现代社会的扩展，包括家庭、友谊在内的各个原本不该适用市场规则的领域，也可能因为市场经济的影响而发展成一个"市场"或"准市场"，从而出现《共产党宣言》中所提到的田园诗般的浪漫情怀和温情脉脉的家庭情感为冷冰冰的利害关系所取代。在很大程度上，弘扬强调"见利思义""义然后取""先义而后利"的中国传统文化，可以避免或者减弱现代市场经济的这些不良后果。其次，从现代政治与文化的关系看，弘扬中国传统文化可在一定程度上防止和克服政治领域中的权力腐败和道德沦丧。一般而言，政治与道德的分离构成为现代政治的一个显著特点。现代政治主要从保护自然人性或者人和公民的权利出发，而不再从人性善或者道德人心出发来构筑政制和法制。因此，现代政治的发展在一定程度上附带着道德空洞，从而在政治领域难以避免权力腐败和滥用。在西方有关现代性的研究中，一些学者也明显看到了现代社会中政治领域的"权"和经济领域的

"利"对包括家庭在内的"生活世界"的渗透。在很大程度上，弘扬强调"正心诚意""修身齐家治国平天下"的中国传统文化，可以避免或者减弱这些不良后果。最后，从现代科技与文化的关系看，弘扬中国传统文化可以在一定程度上防止和克服科技发展的"非理性"。应当承认，现代科学技术为人类带来了前所未有的福祉。不过，科学技术的发展也有危及人类的非理性一面。这主要出现在军事和政治领域。在军事领域，核武器、生化武器以及其他大规模杀伤性武器，为人类的生存带来了巨大威胁。在政治领域，科技在治理中越来越精微的应用也带来了危及个人自由的所谓"技术统治"。在很大程度上，弘扬崇尚和平共处、讲求仁民爱物的中国传统文化，可以为科技发展填充必要的人文价值和道德取向。

就哲学社会科学来说，重视对中国传统文化资源的开掘利用，可以提升国家和民族的思维能力、精神境界、道德水平和文明素质。尽管传统文化在历史上长期为以"天下为家"的君主专制统治服务，但并不能否认中国传统文化也蕴含有正大的道德精神、生动的审美情趣、圆融的和合哲学和高明的政治智慧，也不能否认这些优良传统因素在现代社会可以得到合理利用。应当充分发挥我国哲学社会科学认识世界、传承文明、创新理论、资政育人、服务社会的重要作用，把这些传统文化中的优良因素传承下去，发扬光大，以丰富和完善我国的经济建设、政治建设、文化建设、社会建设、道德建设、法治建设等。由于中国传统文化在道德和人文方面的优长，在现时代弘扬优秀的民族传统文化，既可提升哲学社会科学工作者的精神境界和道德操守，造就德行高尚、学识高明的学术和思想大师，从而提高中国哲学社会科学的品位和质量；也可增强社会生活的道德维度和审美维度，提高社会大众的道德风气和人文素养；还可在与其他现代文化的相互琢磨和交流中丰富和发展世界文化，扩大和增强中国文化在全世界的影响力。

展望21世纪，中国文化可望成为中国现代化进程中在经济繁荣发展基础上盛开的一朵殊胜奇葩。在全球化时代，中国要善于也要勇于打好中国文化这张牌。这不仅是一个关涉哲学社会科学繁荣发展的现实问题，也是关涉国家发展和中华民族伟大复兴的重大问题。中国文化并不仅限于中国传统文化，实际上，中国在近一个半世纪以来正在形成新文化，但中国传统文化始终是中国文化和民族精神据以生长繁茂的重要资源。在实现中华民族伟大复兴的历史进程中，繁荣发展中国哲学社会科学，建设具有中国特色、中国风格、中国气派的哲学社会科学，不能忽视对中国传统文化的尊重、传承和弘扬。

（本文原载《社会科学管理与评论》2008年第4期）

南亚文明的奥义

望眼全球,南亚和中国,是在文化上仍然具有魅力的所在,也是最有可能出现文化复兴、为现代文明重新注入古老智慧的区域。南亚,以及有着世界最高峰的喜马拉雅,对全球的很多人来说,是令人向往的神奇之地。然而,就像人们到西藏拜长头、转寺庙、拨经筒、燃油灯,却未必真正了解藏传佛教的要旨一样,南亚文明的千年奥义也等待着新的发现和开掘。

2016年,有两部电影显示出世人对于南亚文明和东方文化的期盼。一是年初的《功夫熊猫3》,二是年尾的《奇异博士》。《功夫熊猫3》中的"熊猫村"隐喻着立处东方亚洲的中国,而《奇异博士》则直及作为现代西方文明对照的南亚。

在佛法东传过程中,因为要绕道西域,南亚在古中国一度被称为西方。到毛泽东时代,在与西方集团的对立中,南亚显然被放在了东方阵营。"冷战"结束后,坚持不结盟立场的南亚国家早已从集团政治中走出来,但从文化角度看,作为与现代西方相映衬的文明形态,南亚仍是清晰可见、熠熠生辉的。

中国国家主席习近平出访南亚时,曾在印度和巴基斯坦发表演讲,"亚洲文明对话""传播东方智慧""弘扬亚洲价值"之类的措辞和理念,融贯在演讲之中。视中国和南亚为"两大古老文明",并强调两大文明的相通性以及相互间的人文交流,构成了两次演讲的共同特点。

印度总理莫迪也把中国与印度的文化联系表述为"两个身体,一种精神"。他惯于在国际外交场合以"莲花双坐"展示和宣传印度瑜伽。看上去,"中国太极和印度瑜伽",正作为中国文化与南亚文明的象征形式,以其异于现代西方的文化独特性,吸引着全球目光。

在《奇异博士》中,犹如太阳西落东升,南亚似乎构成了现代西方的补充、救济乃至归宿。电影主角斯特兰奇,一位美国医生,有着自负的现代思维和高超的外科医术,可谓西方文明的代表。因交通事故导致双手严重受损,在西医束手无策的情形下,斯特兰奇试着到南亚找一个叫卡玛泰姬的地方寻求治疗。南亚,在此电影叙事中,看上去是作为科技发达而又穷途末路的现代西方的出路和希望出场的。

斯特兰奇来到了尼泊尔的加德满都。这里的街头挂着写有"喜马拉雅疗法!神圣之旅!找到宁静!找到自己!"的广告牌。找到卡玛泰姬后,斯特兰奇遇见了神秘的古一法师。初次相逢,法师打得斯特兰奇灵魂出窍,以此折服其心。斯特兰奇也由此开始了对南亚法术的学习,并通过学习治疗其双手。

尽管古一法师与斯特兰奇有一些玄谈交流,但总体看,咒语、法器、法术以及为保护世界而不断地与邪恶势力斗法,成了斯特兰奇南亚之行的主要内容。由此引出的问题在于,南亚文明的奥义,是否就是这些咒语、法器、法术乃至斗法?

显然,本有机会一窥南亚文明究竟的斯特兰奇,在南亚陷入一种理解南亚文明的意识进路中。有相世界是这一进路的基本特点。与之前所处的美国世界不同的是,斯特兰奇在南亚发现并进入了更为多维的有相世界。只是,此种进路其实偏离了"找到宁静！找到自己！"不断学法斗法的斯特兰奇很难说是宁静平和的。

结合电影制作的西方背景看，斯特兰奇的南亚经历，透显出西方语境下南亚文明的现代遭遇。作为西方文明符号的斯特兰奇，在现代性的极致边际，试图从南亚找寻新的出路和突破，然而，当他触及南亚文明领域，并未自觉地遵循南亚文明自身的认知方式，而是继续沿着科学和意识路径进入另外的有相世界。

西方其他一些具有佛教因素的电影，如《黑客帝国》《阿凡达》《盗梦空间》《源代码》等，也都表现出现代思维的同样特点。这一特点值得反思的，倒不在于没有引入古老文明的宗教或信仰视角，而在于忽视乃至舍弃了东方智慧在根本意义上对"道"的追问。

这不仅是一种西方处境，也是一种现代处境。诸如"朝闻道，夕死可矣"之类的话语，体现出中国孔子对"道"的孜孜以求。由"七十而从心所欲，不逾矩"这一自我总结看，孔子最终应该达到了对"道"的领悟和实践。而从2010年的电影《孔子》，很难察觉作为圣人的孔子异于常人的高明之处。

佛陀，是生于南亚的得道圣人。菩提树下悟道，是其留给世人的最基本印象。佛陀悟道，与咒语、法器、法术乃至斗法，明显不是一回事。佛陀教法也与古印度婆罗门教差别很大。佛陀悟道，悟到了什么？试图进入南亚文明的《奇异博士》，看上去与此问题无关。在这一点上，相比而言，《功夫熊猫3》要略显深入。

历史地看，法术的兴起以及宗教之间的争斗，可能是南亚地区的佛教走向衰落的一个原因。至今，印度教与伊斯兰教之间的碰撞依然可见，佛教在南亚也不占主导。梁启超甚至称，"自唐以后，印度无佛学，其传皆在中国"。尽管如此，以经典、机构和人员的传承论，佛陀教法的重兴在南亚未必全无可能。

耐人寻味的是，在《奇异博士》中，看护古老文明经典图书的是一位有着东亚面孔的人。梁启超似乎也有类似的直觉。他说，"他日合先秦、希腊、印度及近世欧美之四种文明而统一之、光大之者，其必在……中国人矣。"不过，就21世纪早期的现状而言，无论是在南亚，还是在中国，古老文明的复兴都还只是一种潜质，尚需更多时间。

在中国，"文化大革命"时期曾出现《孔老二的罪恶一生》这样的连环画，到21世纪，即使一些专业学者，也仍然勇于抛出并固守"去圣乃得真孔子"之类的论断。自古作为中国圣人的孔子，在这个时代并不能说已普遍得到真切理解。作为古印度圣人的佛陀，看上去也面临着同样的处境。"中国太极和印度瑜伽"背后蕴含的深层奥义，有待进一步开启。

在此方面，西方电影对东方智慧所表现出的现代思维和意识路径，虽然在一定时期可能仍会成为趋势，也未尝不可，但反思无疑更为必要。"大道无形""不可思议""非思量处，识情难测"，从中国的这些古老告诫看，单纯以西方科学思维和自由意志切入中国文化和南亚文明是需要避免的。

20世纪，韦伯、梁漱溟、雅斯贝斯，都曾将眼光集中于西方文化、中国文化和印度文化的比较，试图以此探寻人类文明的未来前途。在21世纪，这样一种文化思考仍有必要继续。大体上，经历了"启蒙"运动的现代西方，未必需要也未必可能再回复到宗教体制，而在东方智慧语境下，将传统生命之道与现代政治和物质生活结合起来，却是相容无碍、圆融不二的。这或许可作为现代性与古老文明衔接融通的适宜途径。

（本文原载《联合早报》2017年12月18日）

重启道体　再造文明

儒家，在我的印象里，大多是正人君子，甚至是明道的高人。我今天来主要是想听一听，看一看。座谈会安排了发言，我在此谈三点粗浅看法。

第一，对于中国乃至世界的发展，中国传统文化非常重要。我主要从事法理学研究，在儒学方面只是一个外行，但我对中国传统文化有一种特别的偏好。在这几年的研究中，我发现法理学有一个中国传统学术路向。法理学，按照西方的讲法，通常包括法律科学和法律哲学。不管是科学还是哲学，都不必以道德理论为前提。但中国传统学术，就其主流而言，一定以道德理论为前提，有道德的根源。所以，沿着中国传统学术路径看，法律哲学和法律科学可能还盖不住法理学的范围。传统中国有"理学"这种学术形式，照此看，法理学在中国也可能成为"法律理学"。其实，政治研究领域也出现了"政治儒学"的讲法，这在很大程度上弥补了政治科学和政治哲学两分的不足。作为"大学"的儒学，主要是养大体、成圣贤的学问，它与一般的知识门类不太一样。现时代，时常被中国近代知识分子称为与春秋战国遥相呼应的"新战国时代"。这是一个可能产生新法家、新儒家、新孔孟且具有特殊历史意义的年代。而

"冷战"结束后的近几十年，是中国近代以来少有的一段相对持续平稳发展的历史时期。在此时期，中国日渐呈现出一种文化复兴的态势，一种所谓的"中国模式"或"中国道路"也备受瞩目。目前中国各方面仍处在发展过程中，很难说已固定化或模式化，但中国的发展一直给人以特别印象，也确实表现出中国的因素。这种因素值得审慎琢磨。至少，在文化方面，它包含不同于现代西方文化的内容。中国应该努力让这些文化因素重新生发出来乃至推向世界，特别是其中为中国传统学术所承载的普遍文化因素。

第二，儒学在现时代寻求发展仍然面临着很多问题。就传统社会来说，不是所有的中国传统形式或民族形式都是好的。事实上，诸如纲常、礼教、裹足、娶妾等旧的形式，时常使得儒学在现代的生发遭受猛烈批判和抵制。即使到现在，很多学者也明显表现出对儒学的隔膜和排斥，更不要说对古典文献的自觉开发和利用。现时代有一个比较普遍的现象，看古书，文字可能认识，但意思究竟是什么很难懂。而且，在难以精准理解传统文献的情况下，现代学者容易以现代思维曲解或误读古人，甚至采取一种不知而以为知、以现代理解代替原初认知的态度。有一次，在书店看到一本书，封面写着"去圣乃得真孔子"。这显然是一种现代理解。孔孟自古被视为中国的圣人，但到现代人这里，理解那种明了心性和生死的圣人似乎越来越难了。像《论语》，黑格尔这些外国学者读起来觉得浅显琐碎，形而上学味道不够。读懂《论语》，可能需要先读通《大学》、《中庸》和《孟子》，明了儒家的道德心性系统。例如，《论语》何以以"学"字开头？"学"的是什么？"学"究竟是"大学"

还是"小学"?"学"何以成为一种乐趣?编者何以将在现代人读来可能觉得逻辑联系不是很紧密的三句话放在开篇?开篇三句话究竟何以一以贯之?这些问题,可能需要切身通晓了《大学》中的"明德"、《孟子》中的"大体",才能解决。这样一个道德心性系统若是不能打通,儒学在现代的生发终会受到一定限制。

第三,以现代学术和认知方式推动儒学发展在现时代固然需要,但就儒学的长远存续和全球推广而言,道德形而上学的开通和维护仍是根本。我个人理解,中国文化包含三个层次。一是心体。这是"体",也被称作道体。所谓"道统""明德""大体",所指向的就是这个"体"。儒家十六字真言"人心惟危,道心惟微,惟精惟一,允执其中"中的"道心""一""中",也指向这个"体"。在这个"体"上,儒释道可谓同源相通。二是德教。这是"用"。《中庸》开篇"天命之谓性,率性之谓道,修道之谓教",指出了从"性与天道"向德教的转向。与德教相联系的主要是道德律或善恶法则,也就是"积善之家,必有余庆"这样的传统话语所透露出的客观法。西方古代的"自然法"与此相通。三是知识。这也是"用",但直接用以解决政治、国家、社会、家庭层面的问题。人的直观经验和抽象理性都处于这一层面。将人的经验和理性作为权衡标准的现代人文浪潮,主要流于这一知识层面,而且以此对德教和心体形成冲击。现代社会其实也具有一定的道德特征,但它主要在经验和理性基础上展开。这特别表现在西方自然法从以自然正当为核心的古代自然法,向以自然权利为核心的近代自然法的转变上。中国传统的法家,很明显地流于知识层面,而在认知渠道和知识范围上割舍了德教和心体。儒学在现代的发展，不应仅流于第三个层面，而应努力提升到心体和德教层面。这是儒学值得在现代生发、向世界推广的两个根本、独到而普遍的层面。

［本文原为会议发言，载《儒生》第四卷（知识产权出版社2015年版）］

道德认知与法律理学

我发言的题目是"道德认知与法律理学",所涉及的主旨是"知"与"学"。"知"是道德认知的"知","学"是理学的"学"。这两者,在儒学中看上去是一而二的关系。我的基本看法是,中国文化有一种独特的道德认知,因为这样一种道德认知,中国的理学是现代科学和哲学所不能涵盖的;与此相应,从中国文化视角看,法理学除了法律科学和法律哲学之外,还应有一种可能的学术形态——法律理学。我的发言具体分三个方面展开。

第一个方面是"知"。

《大学》有一句"先致其知"。从《大学》开篇所讲的"八条目"看,这个"知"可谓儒学的根本。"八条目"从平天下、治国、齐家、修身,到正心、诚意,再到致知、格物,虽然一直推到格物,但根本在于致知。格物是致知的方法和手段,"知"才是终极所在。这里有个问题,"知"是什么?这是一个很玄妙的问题。王阳明原来碰到这个问题,就格竹子,有格竹子的故事。后来终于弄懂了,他把格物致知讲解为格心物、致良知,并由此提出"心外无物"。所谓"心外无物",换一种讲法也可说,万事万物都在心中。此种表述,与陆象山所讲的"宇宙便是吾心,吾心即是宇宙"是一样的,与孟子所讲的"万物皆备于我"

也是一样的。这些话语，体现出对人的本质的理解，也体现出对世界及其本质的一种非常独特的把握方式。我觉得，格物致知中的"知"，触及中国文化的根本，很重要。

这个"知"，与人们平常所讲的认知可能还不一样。所以，宋明理学家讲这个"知"时，区分出两种认知。一种是"德性之知"，一种是"闻见之知"。闻见之知，就是一般人通过眼睛去看，通过耳朵去听这样一种认知。德性之知，则是儒学中的一个枢要概念，讲的到底是什么？我个人理解，第一，这个知，就是《大学》开篇所讲"大学之道，在明明德"中的"明"，也是《孟子》所提到的"先知觉后知，先觉觉后觉"中的"觉"。知，讲的是明白、觉悟。第二，到底知什么？明白什么，觉悟什么？上午一些学者的发言都提到"百姓日用而不知"，"不知"什么？我觉得，知，既是本体，这个本体能自知；知，也是知这个本体。中国文化有个本体。关于这个本体，可用《中庸》的讲法，"道不可须臾离也"。也就是说，人们自始至终从来没有离开过道，没有离开过本体，这个本体时时刻刻都在用，都在起作用，但是人们不知道它。知什么？我觉得，知的是时刻在起作用的心或心体，知的是自己，是道。这是中华文化的根本所在。这个根本，在《大学》中被表述为"明德"，在《中庸》中被表述为"中"，在《孟子》中被表述为"大体"。从这个根本看，"知"是儒学的出发点，也是目的地。讲儒学，要从这个"知"出发。儒学最终要达到的目标，也只在于让人获得这样一种对本体的"知"。这个知，是中国传统学术的前提。

与中国传统学术相比，我觉得现代学术总体上缺乏这样一种认知前提。现代学术所采用的主要是基于经验和理性的认知方式，它缺乏一种道德认知的方式。也可以说，现代学术主要从人出发，从"日用而不知"出发，从人的一般经验、人的意识出发。但是，中国的传统学术在根本上并不是从一般的人出发，而是从"圣人"出发。所谓"圣人"，其实是知道了心，知道了自己，知道了本体的人。儒学，就其本原而言是从这个地方开始讲的。可以说，对作为本体的心体或道体的道德认知，是中国文化的根本。这是第一个方面"知"。

第二个方面是"学"。

从中国文化中这样一种独特的道德认知看，儒学在根本上是"大学"。现在讲学统重建，我觉得应该讲延续中国文化中的这样一种"大学"传统。什么是"大学"？"大学之道，在明明德"，"大学"是觉知本体的学问。好些年，我一直有个习惯，就是去书店看到各种各样关于《论语》的注解书籍，先翻阅作者怎样注解《论语》的第一句话，以及《论语》"颜渊篇"第一段中的"一日克己复礼，天下归仁"。这两段话，讲得很玄妙。《论语》开篇讲"学而时习之，不亦说乎"，涉及一个重要而根本的问题，就是，学的是什么？为什么一学就是愉悦的？我觉得，这个"学"，作为《论语》打头的第一个字，是整部《论语》的核心和关键。

这个"学"，从《论语》文本看，至少有两个特点。第一，学与悦相连。"学而……说"，一学就喜悦，这个原理究竟是什么？当年，周敦颐就曾提醒二程兄弟，读《论语》要特别留意"孔颜乐处"。颜回通常被认为是得了孔子真传的弟子。在《论语》中，孔子和颜回在形象上都是安贫乐道的，也都是最"好学"的。按照《论语》的讲法，孔子是"饭疏食饮水，曲肱而枕之，乐亦在其中矣"，颜回则是"一箪食，一瓢饮，在陋巷，人不堪其忧，回也不改其乐"。颜回"在陋巷"，看上去不一定做帮助别人的事情，也不一定做读书的事情，那么，究竟在做什么，能这样持久地乐？孔子讲"学而时习""学而不厌""乐以忘忧"，究竟在学什么，需要如此时刻不厌地学，能如此持久地乐？我觉得，从这里可隐约看出儒家心法。对此，孔子知道，颜回学会了，至于其他弟子就未必很明确。

第二，学与思相对。关于学与思，《论语》中有两句话："学而不思则罔，思而不学则殆"；"吾尝终日不食，终夜不寝，以思，无益，不如学也"。可见学与思是不一样的。这个学，看上去不是学 $1+1=2$ 这样的学、这样的思考。那么，学的究竟是什么？在对《周易》的解释中，孔子讲过一句话："易，无思也，无为也，寂然不动，感而遂通天下。"这里有个"无思"，有个寂然不动、感通天下的无为本体。这个本体是无思的，与思相对。就学与思相对而言，这个学，应是契合到无思上，契合到无为的本体上，契合到寂然不动的本体上。如此时刻学习，持续契合，即能达到感通天下的效果。这也应是"颜渊篇"中"一日克己复礼，天下归仁"的原理所在。这是中国文化中平常而玄微的一种学问，只是经常并且长期遭受埋没。

从这个角度看，《论语》开篇的"学"，我觉得适合被理解为学"道"。这从《论语》文本也是讲得通的。在《论语》中，孔子对自己一生有个总结，从"十五而有志于学"一直总结到"七十而从心所欲"。孔子以什么来这样总结自己的一生？贯穿他一生的次第究竟是什么？孔子的总结，没有提自己做司寇，这其实是他很在意的，但没有提。结合《论语》中孔子所讲的"朝闻道，夕死可矣""吾道一以贯之"之类的话语看，孔子总结自己一生的着眼点应该是"道"，也可说是对"无思"本体的觉知以及此后的时刻契合进程。这中间隐含着对道的学习，对道体或心体的"默而识之,学而不厌"。儒学,适合从这个根本去把握。在此意义上,儒学才是"下学而上达"之学,才是"通人之学"。所谓"通人之学",通的只是这个道的本体,通的只是这个道的系统。

两百年前,黑格尔在课堂上讲中国哲学,说《论语》只是孔子的道德说教,这些内容在其他民族也有而且讲得可能更好,所以并不认为孔子高明。看上去,黑格尔与很多现代学者一样,疏漏了《论语》所隐含的形而上本体,未能发现被称为"圣人"的孔子究竟"圣"在哪里。与中国传统学术相比,现代学术更多的是从"思"出发,从人的意识出发,总体上脱离了这样一种形而上本体。到现代,关于本体的这样一种学问变得越来越遥远陌生了,对心的觉知、对道的把握也越来越不可知了。这是包括儒学在内的中国文化复兴特别需要注意的关键问题。上午有教授谈到了儒学的三次现代化,第一阶段出了孔孟这样的圣人,第二阶段出了王阳明这样的人物。王阳明据说曾有一个多月未睡觉,临终前对弟子讲"此心光明,亦复何言",看上去对癯瘵生死是切身参透的。到第三阶段,民国以来,新儒家有没有再出这样通晓心体的人物,是值得追问的。要是没有这样的人物,儒学能不能讲,如何讲,也是值得追问的。这是第二个方面"学"。

第三个方面是法律理学。

作为基于"德性之知"的"大学",儒学与现代学术在认知方式上存在不同。在很大程度上,现代科学和哲学不再具备中国传统学术的道德认知前提。认知,大致可分为三种。一是经验认知,二是理性认知,三是道德认知。经验认知的对象是具体可见的、可听的、可触摸的或可观测的。理性认知的对象主要是抽象概念和名相。道德认知则涉及对道德本体或心体的切身自觉。与

道德认知与法律理学

这三种认知相对应,存在三种学术形态。一是科学,二是哲学,三是理学。理学以道德认知和道德系统为前提,直及形而上的道德本体,关乎对人和世界的本原和真实理解,而现代科学和哲学不必具有道德前提。因此,理学是现代科学和哲学所不能完全涵盖的。相应地,政治和法律领域也可能衍生出三种学术形态。也就是,政治科学、政治哲学和政治理学,法律科学、法律哲学和法律理学。

近代以来,现代西方法理学持续传入中国。这是一种经历了古今之变或古今断裂之后的法理学,具有很强的现代性,在形态上主要呈现为法律科学和法律哲学。学术的古今断裂,在自然法理论的近代转折上表现得尤为明显。古代自然法理论从宇宙本体或神出发讲自然法,近代古典自然法理论则主要从人的理性和人的自然权利出发讲自然法,出发点明显从宇宙本体、神,转到了人本身。因此,现代西方法理学总体上具有很强的经验和理性色彩,甚至哲学也经常显得很科学。法理学的这样一种古今变化,与近代哲学的不可知论、历史法学从历史和社会角度来认识法律以及功利主义从人的生理本性来看待人与社会等,有较大关系。在此转变过程中,人的道德认知为人的经验和理性认知所遮蔽,以致古代那种源于宇宙本体、作为普遍有效的客观法则存在的自然法,在现代变得日渐陌生或不可接受了。

自然法,是法理学研究深入一定程度必定会触及的领域,而基于经验和理性的现代认知方式,实际造就了现代学者进入作为宇宙客观法则的自然法的认知难度和障碍。就此而言,法理学乃至现代学术,仍然实存着一个中国文化或中国传统学术维度。沿着中国文化理路审视,源自现代西方的中国法理学在法律科学、法律哲学之外,不排除生发出一种法律理学形态的可能性。也就是说，在中国文化语境下，法理学的发展有一种作为"法+理学"的法理学的路向。法理学中的"学"，既可能是科学或哲学，也可能是理学。当然，讲法律理学的生发可能性，应避免将法律理学与法律科学、法律哲学对立起来，不应讲理学就完全排斥科学和哲学。人既有经验认知，也有理性认知，同时还有道德认知，这三种认知应当并行不悖地获得发展。三种认知同时存在，与之相应的三种学术形态也应平行发展，应避免以一种认知或学术形态去抑制其他认知或学术形态。

特别是"德性之知"或道德认知，在现代重新开通显得尤为重要和必要。这种认知，虽然不是每个人都容易做到的，但历史上确实有一些人做到了。《庄子》上有句话，"无听之以耳，而听之以心。无听之以心，而听之以气。"讲的是这种道德认知。人看上去是在用耳听，实际上是在用心听，而这个心是什么、在哪里，一般人并不知道。所以，《庄子》讲心，也更为具体地讲气。《孟子》也讲心讲气。气与心，体现出中国文化对形而上本体的一种独到把握方式。这虽然看上去很幽微玄奥，但也不是什么神秘主义或宗教理论，而是被认为只是人平常、平实而往往被遮盖的方面。对此，历史上的孔孟老庄看上去是明白的，宋明理学家也有一些是通晓的。中国文化所蕴含的这种心性原理具有普遍性，它不仅仅是专给中国人讲的，它对世界上所有人都是适合的，也是古今通行的。所有人都在用心，本体时刻都在起作用，但并不是每个人都知道心，都明了这个本体。作为中国文化主要学术形态的儒学，在根本上要讲的、要解决的是这个问题。如此去讲儒学，儒学才是普遍的学问，包容的学问。就道德认知而言，儒学可谓体用兼赅、内外齐备的学问或学术，既讲体，也讲用，既讲内，也讲外。心体明确后，内在通透后，外在的学问实际上都处于"用"的层面，都可以被吸纳进来，西方的民主法治、法家的法律治理都可以被包容进来。这样才显出中国文化特别是儒学的普遍性、包容性和生命力。

提问总共涉及三个问题。第一个问题涉及对儒学的认识问题。我倾向于认为，儒学是普遍的学问，不宜作为历史形态看待。儒学，按照陆象山的讲法，是普适的。他说，"千万世之前，有圣人出焉，同此心，同此理也。千万世之后，有圣人出焉，同此心，同此理也。东南西北海，有圣人出焉，同此心，同此理也。"这个心，这个理，不只在中国，千万世、任何地方都适用，我倾向于从这个角度去理解儒学。回头看，儒学其实包括很多内容，董仲舒的，礼教的，三纲五常的，等等，但是，在根本上，我觉得儒学是"大学"。所谓"大学"，就是知道"明德"这个本体。所以，中国文化中的有些概念，比如，道、德、心、性、明德，我觉得儒家学者应努力把握住，明确知道它是什么。中国古文用词很精准，通常有确定指向，心就是心，性就是性。《孟子》上讲，"尽其心者，知其性也"，心念尽了之后，就知道这个本性，知道这个体。性是体，心是用。道与德也是这种关系。中国学问注重讲"身上之用"，这不是"纸上之用"，不是流于知识，流于纸上叙述，流于理论认识，而是要亲身对上文字所指，"如人饮水，冷暖自知"。孔子对上了，颜回对上了，王阳明也对上了，自己切身知道有那么一个"明德"，这才是儒家普遍的学问。这种学问，对于现代社会、各个国家的人都是适用的。这与宗教不一样，是对自己的觉知，不是对上帝的信从。这是普遍的理论形态，不仅仅是历史形态，不存在延续性和差异性问题。这是我的一个回应。

第二个问题是法律理学怎么保持法学性。我觉得，引入理学,可以对实证法作一种更加宏观、更深层次的理解,也可以把自然法或道德律吸纳进来。因为道德认知所面临的现实障碍,自然法或道德律在现代法理学中通常难获精准阐释或承认。到现代,道德律看上去慢慢地被消解掉了,而讲理学就得讲道德律。关于道德律,中国有一句话,"积善之家,必有余庆"。为什么一种良善的道德心态,必定会附带优厚的物质回馈?良善与余庆之间的这种必然因果联系是如何建立起来的?这在传统社会可能被认为是天经地义的,但在现代社会看上去越来越难被相信和理解。引入理学,有可能在现代语境下重新为自然法或道德律开通学理根据,从而让自然法或道德律在法理学中有相应领地。此外,无论是实证法还是自然法,都有一个本体或最终渊源的问题,而在现代法理学中,关于道体或心体的理论几乎是空白的,从形而上的道德本体出发的理学,看上去能够为此提供一种触及根本的终极解释。

第三个问题是有没有经济理学。这个问题有点出乎意外,我考虑得不是很充分。我觉得,从理学的角度分析经济行为,也不是完全不可能。王阳明有句话,"虽终日做买卖,不害其为圣为贤",讲一个人整天做买卖,并不妨碍做圣贤。我的理解是,一个人整天经商、做买卖,也可以知道自己的心,明白心体。经商,从政,并不妨碍人知道作为本体的心。中国历史上的确有一些人表现出这种内外一致性。这才是"内圣外王"。这其实也指出了传统学问与包括经济在内的现代世俗体系的融通无碍。至于具体的经济行为,现在一般讲到经济就是市场,买方想拼命省钱,卖方想拼命挣钱。这种经济行为关系非常紧张。而从理学的角度,可以开掘出或引申出人的行为的道德性。这种道德属性时常被忽视。比如,人花钱买东西时,可以考虑这个钱花出去之后，超市有很多人解决了就业问题，这个钱流通到别的地方去之后，很多搬运工都解决了生计问题。这样，花钱买东西这种经济行为就有了道德属性，甚至成为一种道德行为，达成了个人需要与社会需求的统一。从这个角度去理解经济行为似乎也是可以的，这对经济学来讲可能是另外一种解释。

最后，听了会议讨论，似乎还是存在一个问题，就是中国学问的特点或殊胜之处。我这几年时不时地会翻阅《论语》，不是专门研究，越看越觉得这个"学"在《论语》中的重要性。孔老夫子多次以"学"来描述自己。他说自己，"学而不厌，诲人不倦"，然后又感叹，"莫我知也夫……知我者，其天乎！"孔老夫子像一位得道者，年青的时候志学求道，年老的时候那个架势很像老子。他不厌其烦地给弟子讲，弟子们却未必总是听得懂。子贡评价孔老夫子："夫子之文章，可得而闻也；夫子之言性与天道，不可得而闻也。"这可能不是说孔老夫子没有讲性与天道，而是讲了白讲，弟子们听不懂，可能只有颜回听得懂。《论语》对此描述得很形象。有弟子或许觉得孔老夫子有意留了一手，孔老夫子说，"吾无隐乎尔"，对弟子没有任何隐瞒，但是弟子听不懂。还有弟子好奇地去问孔老夫子的儿子，孔老夫子是不是对自己的儿子有不让其他弟子知道的私密传授，孔老夫子的儿子回答说，只是让学诗学礼而已，没有讲其他内容。看上去，这里有一个中国学问独特传授的问题。一方面，孔老夫子没有任何隐瞒；另一方面，一些弟子对孔老夫子所讲始终充满疑惑，这中间明显有一种老师明明讲了，但学生就是听不懂、把握不住的现象。我觉得，中国传统的这种教与学，显然不是诸如 $1+1=2$ 之类的内容，而很可能涉及的是形而上学。对此，老师只能提点，最终只能是学生自己切身获得，老师代替不了。比如，"日用而不知"，听是这个,看是这个,说是这个,时时刻刻都在用,"逝者如斯",从未停歇,但对于这个究竟是什么,老师只能明确指出有这么一个东西,学生只能自己亲身去知、去把握。即使老师讲得再多,学生自己不能切身对上也没用。这是中国很奇特的一种"学"。对于其所涉及的形而上的道德本体,可能发现有一个过程,自觉之后纯熟默契又会有一个漫长过程。所以,孔老夫子自己也可能一辈子都在不断深入地学,诚恳地不以圣人自居,"学而时习","学而不厌"。韩愈说,"师者,传道授业解惑也",传道与授业有明显不同,业可直授,道却不能像书本知识那样传。所以,有人评价孔老夫子是"知其不可而为之"。也就是说,明明知道难以让别人明白,但还是不厌其烦地努力去讲去传。这是中国学问的独特之处,也是殊胜之处。

(本文原为会议发言整理稿,载《天府新论》2016年第1期)

中国的小康之治

1987年,邓小平会见香港特别行政区基本法起草委员会委员时讲过,"中国不能再折腾,不能再动荡"。这句话在几年后,特别是1991年底"冷战"落幕后,基本成为现实。

"冷战"结束以来的几十年,中国确实进入一个不再折腾、不再动荡的时代。对照来看,20世纪90年代之前的一百年,差不多每个十年都有至少一次动荡,不是内外战争,就是政治革命、文化运动。而紧接苏联解体的1992年南方谈话之后,类似的大动荡和折腾,再也未反复出现。

鉴于中国的历史经验,有学者曾指出,中华民族自1987年丁卯年开始转运,会有两百多年大运,将来比康乾盛世还好。中国近几十年的发展,看上去在很大程度上印证着这样的判断。

"冷战"之后的二十多年,是中国努力"达到小康",并"全面建设小康社会"的时期。中国发展的"两个一百年"目标中,第一个百年目标就是在2020年建成小康社会。尽管仍存在这样那样需要解决和改革的历史和现实问题,但就社会越来越安定、越来越富裕而言,中国的小康社会正在持续呈现。这可被称为中国的小康之治。

"小康",是邓小平于改革开放之初提出的中国概念。邓小平视之为"中国式的现代化"。这也是邓小平晚年长期筹谋、反复谈及的理想目标。1979年,邓小平曾说,"我们正处在承前启后的伟大时代,正在做我们前人所没有做过的伟大事业"。这"伟大时代"的"伟大事业",应该包括实现小康。用邓小平的话讲,"达到小康……对中国来说,是一个雄心壮志,是一个宏伟的目标。"

从"解决温饱",到"达到小康",再到"达到中等发达国家水平",是邓小平有关中国发展三步走战略的基本部署。其中,前两步已于20世纪末走完,第三步在21世纪被分为两个半步。前半步是到2020年"全面建成小康社会",后半步是到21世纪中叶"基本实现现代化"。

党的十九大之后的五年,中国发展处在小康社会全面建成的最后阶段,也处在从"全面建成小康社会"到"基本实现现代化"的过渡时期。在党的十九大报告中,邓小平提出的第三步的后半步,又被更明确地分为两步。"基本实现现代化"作为第一步被提前到2035年,而全面建成邓小平理论所提到的"社会主义现代化强国",则被作为到2050年要达到的第二步。

概括起来,由"温饱""小康""全面建成小康社会""基本实现现代化""全面建成社会主义现代化强国"这五个战略步骤,可明显看到小康时代在改革开放进程中所处的"新的历史方位"。而如果拉长历史焦距,中国的小康之治所处方位,其实还可放到近代一百多年,乃至几千年的中国历史中去审视。

从近代百年动荡看,中国21世纪的小康社会建设可谓难得的一"治"。"治",在中国文化传统中与"乱"相对,指安定有序、相对太平。以治乱对比角度审视,小康阶段的建设和发展在持续平稳意义上,不仅可与毛泽东领导的新民主主义革命、社会主义革命连起来，也可与孙中山领导的旧民主主义革命对接上。这可说是小康之治在中国近代进程中的历史方位。

从中国千年文明看，小康之治不仅以"治"与动荡年代形成对照，更以作为理想目标的"小康"显出其历史意义。中国历史上出现过"文景之治""开元之治""康乾之治"等，以社会相对安定而论，这些"治"与21世纪的小康之治具有一定可比性。不过，就"小康"的中国文化意蕴而言，历史上的这些"治"还不足以与小康之治比肩。

"小康"，在中国文化传统中是一个专有的政治概念，指的是与"大同"相对的社会阶段或状态。"大同"是社会文明发达的高级乃至终极阶段，"小康"则是文明程度还不是很高，但相对安定有序的社会形态。小康和大同，都是中国人自古以来追求的理想。

晚清的康有为就曾试图用"小康""大同"这些中国传统概念，来分析近代中国的政治走向。他利用了孔子在《春秋》中有关"据乱世""升平世"和"太平世"的幽微划分法。大体上，"小康"与"升平世"对应，"大同"与"太平世"对应，都属于与"乱世"相对的"治世"。

按照儒家理论，中国的"三代之治"，也就是"禹汤文武成王周公"的时代，才称得上小康之世，而三代以前的"尧舜之治"通常被认为是更高级的大同之世。孔子曾说，"周监于二代，郁郁乎文哉！吾从周"，又说，"大道之行也，与三代之英，丘未之逮也，而有志焉"。可见，"三代之治"和"尧舜之治"，都是孔子推崇向往的社会状态。

秦之后，历朝历代无不以小康和大同作为理想的政治目标，只是终究未再达到"三代之治"的高度，更不用说"尧舜之治"。

沿着这样的历史线索看，中国在改革开放进程中重启小康，并在21世纪头二十年全面建成小康社会、达成小康之治，具有非凡意义，也显出雄心抱负。这可说是小康之治在中国文化理路中的历史方位。

关于中国小康之治的这种文化和政治意义上的方位判断，并非全是理论推导。在邓小平理论中，"小康"只是一个与"温饱"相对的经济概念。按照邓小平的意思，"小康的中国"与"贫穷的中国"相对，"所谓小康社会，就是虽不富裕，但日子好过"。而到习近平时代，关于"小康"的理解时常与中国经典《礼记·礼运》联系在一起，"小康"看上去回归到与"大同"相对的本义。

而且，邓小平理论中"小康社会"与"基本实现现代化"两个阶段之间的递进关系，与传统文献中"小康"与"大同"的次第关系颇为近似。这尤为明显地体现在民主选举上。同样是在1987年会见香港特别行政区基本法起草委员会委员时，邓小平指出，"大陆在下个世纪，经过半个世纪以后可以实行普选。"从时段看，邓小平提到的"普选"，在"基本实现现代化"阶段，而不在"小康社会"阶段。

结合现实看，小康社会阶段也确实不是民主化时期。毋宁说，法治化才是小康社会阶段的显著特点。鉴于"文化大革命"将民主化完全凌驾于国家和法律之上的惨痛教训，法治化和国家化，在中国21世纪早期的建设和发展进程中，被持续地放在了更为提前和基本的位置。此可谓未来进一步深化和扩大民主的基础性步骤。在党的十九大报告中，"有序推进民主"放在了港澳部分。就"普选"来说，香港实际处在当今中国的民主前沿。

"大道之行，天下为公……是为大同；大道既隐，天下为家……是为小康",这是"小康"和"大同"在《礼记·礼运》上的出处,从中亦可看到"大同"与"小康"在政权公共性上的程度差距。党的十九大报告以"小康"为题旨,并以"大道之行,天下为公"作结,看上去意味深长。

当年,孙中山举起"天下为公"旗帜,其实是将现代民主托附于传统经典。到21世纪,这样一种贯通古今的政治志向和文化进取,仍可谓大势所趋。"小康之治"显然还不是最后目标。从"小康之治"进至"天下大同",中国文化理路中这一数千年的梦想,也许终会在21世纪得以实现。

(本文原载《联合早报》2017年11月25日)

从大同理想看中国文化与民主法治

20世纪的中国学术界出了一批大家。在这批学术大家中,有两个引人注目的现象。一是一批学贯中西的学者最终落脚于中学,二是一批出入儒佛的学者最终归宗于儒学。大体上,陈寅恪、钱钟书等属于前一类学者,梁漱溟、熊十力等属于后一类学者。虽然儒学也是中学的重要组成部分,但落脚于中学的学者与归宗于儒学的学者比较起来在价值取向上存在着较大差异。一般而言,前者在知识学上表现出对中国传统学术系统的认可和尊重,后者则更多地在道义论上表现出对中国传统道德系统的体认和承担。由于这样一些粗略但仍显得分明的差别,虽然两者在学术上都表现出卓越的学识和才思,但后者在此之外还更为突出地表现出道德爱憎和道义抱负,而且,多对政治和国家问题有富于现实意义的专门思考或研究。简而言之,前者可谓"国学大师"或国学研究者,后者则是儒家或新儒家。作为熊十力的得意门生,牟宗三算得上这后一批学者中的一个典型。他的《政道与治道》可说就是一本专门研究中国政治哲学的书。

中国政治在儒家学者那里一般从尧舜讲起。《史记》从黄帝开始记述中国的历史,但由于黄帝所处年代久远,无从稽考,儒家一般从年代相对较近的尧舜开始论德言政。而即使是尧舜,古人和今人的认知其实也都是不周详的。尽管如此，尧舜时代的"禅让"制还是顽固地留在了中国的历史书里。而且，传说故事中尧舜为人处事、治国理政的一些方式也被后世儒家尊崇备至。通常，尧舜所处的禅让年代被认定为一个"天下为公"的历史阶段。《礼记·礼运》对这一阶段作了经典描述："大道之行也，天下为公。选贤与能，讲信修睦。故人不独亲其亲，不独子其子，使老有所终，壮有所用，幼有所长，鳏寡孤独废疾者皆有所养。男有分，女有归。货恶其弃于地也，不必藏于己；力恶其不出于身也，不必为己。是故谋闭而不兴，盗窃乱贼而不作，故外户而不闭。是谓大同。"这是古今学问家和政治家所熟知且常引的一段话，也是儒家的最高理想。

不过，虽然儒家相信并向往那样一个"天下为公"的年代，从历史看，"天下为公"的大同理想在尧舜以后的儒学实践中其实从未实现过。而且，后来的儒学实践在相当长的时期内也一直没有努力朝这一最高理想发展。尧舜"天下为公"的大同之世过后，实际的历史是一个"天下为家"的小康之世。大同可谓儒家的大理想，小康可谓儒家的小理想。对此，《礼记·礼运》又作了这样的描述："大道既隐，天下为家。各亲其亲，各子其子，货力为己。大人世及以为礼，城郭沟池以为固，礼义以为纪，以正君臣，以笃父子，以睦兄弟，以和夫妇，以设制度，以立田里，以贤勇知，以功为己。故谋用是作，而兵由此起，禹汤文武成王周公由此其选也。此六君子者，未有不谨于礼者也，以著其义，以考其信。著有过，刑仁讲让，示民有常。如有不由此者，在势者去，众以为殃。是谓小康。"这是尧舜之后夏、商、周三代的基本政治格局，也是儒家的次级理想。

作为儒家的大小理想，大同和小康也是递进相续的两个历史阶段。后世儒家把《礼记》中的"大同""小康"之说与《春秋》中的"所见""所闻""所传闻"之说联系起来，形成了儒家的三世说。按照后世儒家的讲法，尧、舜时代是大同之世或"太平世"，夏、商、西周是小康之世或"升平世"，春秋是衰乱之世或"据乱世"。社会从衰乱之世向小康之世再向大同之世发展，这是儒家的历史哲学。政治哲学与历史哲学有着根本的内在联系。有什么样的历史哲学就会有什么样的政治哲学。例如，道家要返回"至德之世"，所以讲无为而治；儒家推崇周代的礼仪制度，所以讲道德之治。古中国的历史哲学，在先秦有阴阳家的五德终始说，在汉代有董仲舒的黑、白、赤三统变更说，在宋代有邵康节的"皇帝王伯"说。董仲舒受阴阳五行家的影响而提出的三统变更说不过是小康之世的历史循环论而已，在此历史哲学主导下的政治只能是王朝兴替、旗帜变换的政治。它足以用来解释从夏朝到清朝这段"天下为家"的历史，却不足以用来解释三代以前"天下为公"的大同之世。邵康节按照三皇讲道尚化、五帝讲德尚让、三王讲功尚政、五伯讲力尚争来讲中国历史，实际上也包含了儒家的三世说。可以说，后世儒家所谓的"三世"构成了古中国历史哲学的主干道。

　　三世之中，除衰乱无治的"据乱世"外，大同太平世和小康升平世都称得上治世，也都是儒家的理想。对于大同理想，孔子表示"有志焉"；对于小康理想，孔子明言"吾从周"。孔子对大同之世的志向和对小康之世的追随，成了春秋战国之后儒家努力的基本样式。后世儒家大多埋头追求小康之世，而基本上无人抬头顾及大同之世。儒有君子儒与小人儒之分，其实，按照对两种理想的追求，儒也可以区分出大同儒和小康儒。秦以后，中国进入两千多年的君主专制社会，一直到明末黄宗羲在《明夷待访录》中明确提出"天下为主,君为客",儒家基本上无人根据大同理想而对专制皇帝的正当性提出质疑和挑战。儒家经典《礼》和《春秋》中的"大同""据传闻",在上千年的时间里,被逾千数的儒家搁置不问,这在当代新儒家看来是儒学发展史上的严重不足。所以,有三代以下无善治,两千年里无真儒或大同儒的说法。由于秦以来的儒家一直遮蔽于小康之世的阴影,古中国的儒学实践始终只是在"天下为家"的格局中绕圈打转。

这样一种格局,牟宗三在《政道与治道》中判定为"有治道而无政道"。所谓"治道"与"政道"分别对应"治权"与"政权"而言。牟宗三讲"有治道而无政道",主要说的是,自夏朝以来,古中国在治权上做到了"天下为公,选贤与能",因为凡通过推荐、考试或选拔的贤能之人都可以参与到国家治理中来;而在政权上始终做不到"天下为公,选贤与能",因为政权一直为君王或皇帝所独掌私有。牟宗三将政治形态划分为封建贵族政治、君主专制政治、立宪民主政治三种。在前两种政治形态下,政权寄托在具体个人或一家血统之上,通过打天下"可以取得来,拿得去",没有"不可以取"的政权,所以无政道可言;而只有在立宪民主政治形态下,政权才为民族所共有,国家虽有人事兴废,但政权始终"不可打不可取""不变不动""定常不断",所以有政道可言。在《政道与治道》中,牟宗三所要努力的,就是要使近两千年来的儒学实践转出小康之世的八卦迷阵,开出"天下为公,选贤与能"的大同民主格局,并且为这种"定常不断"的政道的转出在义理上打通关节,开具规模。

对于"有治道而无政道"这样一个历史判断,学者有不同的视角和看法。例如,蒋庆在《政治儒学》中认为,儒家传统并不缺乏学统和政统,有别于西方知识之学的"六艺之学"是儒家传统的学统，有别于西方民主政治的"大一统的政治礼法制度"是儒家传统的政统。蒋庆之所以认为中国传统政治也有政统，在于他以小康之世的内在过程视角看待儒家传统政治；而牟宗三之所以认为中国传统政治无政道，在于他立足于小康之世的终始点看待近两千年的儒家传统政治。有历史学家曾把秦朝和晚清视为中国社会两次大的变革时期，其中，秦朝是君主专制时代的正式开始，晚清则是三千年来政治大变局的开始。按照这样一种历史看法，牟宗三实际上是在三千年来政治大变局的口子上以自我否定的方式寻求儒家传统的"曲转"和"曲通"，而蒋庆则仍然沿着儒学的内在系统以肯定的方式寻求儒家政治的延展。牟宗三把目标定在大同，依循儒家"天下为公，选贤与能"的最高理想试图为开出民主政治格局提供义理根据；蒋庆则仍把目标定在小康，强调民主的西方特性，否定儒家大同理想与民主的一致性。很明显，在牟宗三那里，民主与中国文化是相通的；而在蒋庆那里，民主与中国文化有着莫大的隔膜。

无论如何，《政道与治道》与《政治儒学》是适合并读齐观的两本书。出此入彼，出彼入此，可以对儒学有一个相对全整的了解。按照蒋庆的说法，两书实有"心性儒学"与"政治儒学"之别。这在对儒学发展历程的把握和侧重上表现得尤为明显。牟宗三认为儒学的发展经历了三个时期。第一期是从先秦到东汉末年的儒学。第二期是宋明理学。韩愈在《原道》中说，"吾所谓道也，非向所谓老与佛之道也。尧以是传之舜，舜以是传之禹，禹以是传之汤，汤以是传之文武周公，文武周公传之孔子，孔子传之孟轲。轲之死，不得其传焉。"这实为宋明理学的先声。宋明理学主要在对魏晋南北朝隋唐之间盛行的玄学和佛教的回应中发展了儒学。第三期是"五四"以来的当代新儒学。从历史上看，新儒学主要在对西学的回应中发展了儒学。与牟宗三的把握不同，蒋庆更加突出了汉代儒学在儒学发展史上的历史地位。对于汉代儒学，韩愈以为"不得其传"，陆象山也曾作出严厉的否定评判："秦不曾坏了道脉，至汉而大坏。盖秦之失甚明，至汉则迹似情非，故正理愈坏。"牟宗三也认为，汉代经学在历史上发挥了其应有作用，但到东汉末年，其气数已尽。而蒋庆则按照从孔子，到两汉的董仲舒、何休，再到清末的刘逢禄、康有为这样的线索来把握政治儒学的历史发展，认为汉代儒学是政治儒学的兴盛时期，清末儒学是政治儒学的复兴时期。从对儒学发展历程的两种把握看，牟宗三是秉承内圣心学以开外王之学，蒋庆则是从外王儒学到政治儒学。因此，牟宗三的外王之学讲"转"，蒋庆的政治儒学则重在"贯"。"转"是曲转、曲通，"贯"则是直贯、直通。由于是曲转，牟宗三把儒学与科学和民主作为世界普遍物圆融地统合了起来；由于是直贯，蒋庆把儒学与科学和民主作为中西特殊物尖锐地对立了起来。

儒学通常被称为"内圣外王"之学。正所谓"修身齐家治国平天下"，"正德利用厚生"，"为天地立心，为生民立命，为往圣继绝学，为万世开太平"。《政道与治道》与《政治儒学》虽然都是致力于儒学转向的"外王"之书，但旨义却大不相同。牟宗三试图以儒学通民主，秉内圣开外王。而在蒋庆看来，儒学不通民主，内圣难开外王。蒋庆认为儒学系统内部原本有政治儒学这种外王之学，外王必须也只能沿着政治儒学道路才能开出，沿着这条道路，政治儒学开出的不会是民主，而只能是在天、地、人三个方面具有合法性的王道政治。在从政治儒学到王道政治，从外王到外王上，蒋庆看上去比牟宗三显得更为"一以贯之"。但从内圣与外王的关系看，政治儒学与心性儒学在蒋庆那里有着明显的割裂,就这一点而言,牟宗三强调外王由内圣通出并且秉内圣开外王则显得更为"一以贯之"。尽管如此,从内圣开外王还是困扰了牟宗三。所以,牟宗三最终以自觉的"自我坎陷""曲通""曲转"来表述内圣与外王的统合。

牟宗三将开出民主和政道视为中国文化的"自我坎陷"。这是秉承儒家内圣心学而讲的。儒学是一门生命的学问,它把人当作一个有灵性、有良知的生命体。认定人有"天植灵根",人的道德良知为每个人所切实具备并且可以自行提升,这是儒学的起始点和基本轨范。即使讲治国平天下,讲外王,儒学也总是基于正心诚意往外开通。脱离德行的知识建构,以及脱离人心道德努力而立足于人性恶展开的外在制度建构,都只被视为"择焉而不精"。由于儒学的这种生命路向,顺着中国文化从内向外直贯着讲科学和民主有明显的困难。所以,牟宗三在小康之世的终结点上"逆"着讲,"曲"着讲,通过"自我否定"或"自我坎陷"讲。牟宗三把儒家文化中内圣与外王的矛盾表述为富于"理性之运用表现"而缺乏"理性之架构表现"的矛盾。其中,"理性之运用表现"表现为圣贤人格的感召、儒家德化的治道和超越知性的德慧;"理性之架构表现"表现为政道、民主政体的建立、政权不可取、政治国家、宪法和科学知识。牟宗三的《政道与治道》正在于把中国文化与民主统合起来,转理性的运用表现而成理性的架构表现,开济"不可打不可取"的政道。

在牟宗三那里,这样一种转出、开济,具体而言,就是在政治上从圣贤人格、英雄主义转向事功精神。牟宗三提到,中国人一般欣赏圣贤,喜欢英雄,而这两种人都不是办事之人,都不具有事功精神。牟宗三说,"事功的精神是个散文的精神,平庸、老实,无甚精彩出奇";"事功的精神即是商人的精神。这种精神卑之无甚高论，境界平庸不高，但是敬业乐群，做事仔细精密，步步扎实。"开创儒学的孔子是圣贤，开创布衣当天子先例的刘邦是英雄，兢兢业业管理政务的萧何则是富于事功精神的办事之人。圣贤是立教之人，英雄是打天下之人。他们都具有大规模地打动人心、激发群情的宏大本领，因此可以制造出政治神话。圣贤德行生命主观德行强，由于主要致力于立德，其客观功业较小，因此对它的道德判断高，历史判断低。英雄情欲生命客观功业大，由于主要致力于立功，其主观德行较弱，因此对它的历史判断高，道德判断低。重要的是，圣贤德行生命由于侧重于人心内在的道德层面，它在社会外在的政功层面总是囿于小康"治道"而转不出大同"政道"，由此出现"人存政举，人亡政息"的不稳定局面。而英雄情欲生命不仅在人心内在的道德层面不足，在社会外在的政功方面也只是表现为征诛、篡夺和割裂，由此始终难以根除循环革命和不断的"打天下取天下"。就此而论，圣贤和英雄都能带来政治神话，却因为在政治上不能摆脱孟子所说的"一治一乱"和王船山所说的"一离一合"，而不能使政治循着理性的方式平稳铺展。所谓开外王，就是要从政治神话转向理性政治，或者说要在政治上从贤人政治、英雄主义转向民主政治。理性的民主政治不再是把责任只寄托于圣贤和英雄的政治，而是一种"天下兴亡，匹夫有责"的政治。这样，政治关系就从一种单向的身份"隶属格局"，转向一种双向的平等"对列格局"。这在牟宗三看来正是现代化所要达成的民主政治格局，天下人在此格局中都是具有"卑之无甚高论"的事功精神的主事办事之人。托克维尔早在《论美国的民主》中显然已看到了这一点。他说，"在民主制度下，蔚为大观的壮举并不是由公家完成的，而是由私人自力完成的。民主并不给予人民以最精明能干的政府，但能提供最精明能干的政府往往不能创造出来的东西；使整个社会洋溢持久的积极性，具有充沛的活力，充满离开它就不能存在和不论环境如何不利都能创造出奇迹的精力。"

无论是事功精神、对列格局，还是科学知识、民主政治，牟宗三都是比照着西方欧美的近代文明而言的。显然，西方的兴起构成了第三期儒学的基本背景之一，所谓的"新外王"实际上是在这样一种背景下对西学的一种回应。在《政道与治道》中，牟宗三力图在"大道既隐，天下为家"的小康之世的终结点上以儒家的最高大同理想来涵容西方的科学和民主。中西文化之间的差别无疑是牟宗三注意到了的，所以他讲"自我坎陷"，既强调科学和民主的独立性，又强调它们与中国文化的相关性。这种相关性，牟宗三主要是沿着儒学发展的历史脉络来会通的。牟宗三强调了宋明儒在"得不传之绝学"方面对儒学发展的重大贡献，同时，也指出了这些圣贤德行生命在客观功业上的不足。与此同时，陈亮与朱熹兴起汉祖唐宗与尧舜三代之争，讲"正心诚意之学者，皆风痹不知痛痒之人也"，这在牟宗三看来也只是沦为英雄主义一路，有失于主观道德。只有到了明末，在民族翻覆之时，黄宗羲、顾炎武、王船山才接上了儒家"大道之行，天下为公"的最高理想。而所谓第三期儒家，则在晚清乃至"五四"以来民族和文化遭受双重翻覆之时，力图沿着黄宗羲、顾炎武、王船山的路径，上溯"天下为公，选贤与能"的理想，在中国开出民主和科学。

一如宋明理学回应佛学和玄学而被人批评为融合佛老一样，新儒家对西学的这种回应也被蒋庆批评为"有变相西化之嫌"。蒋庆强调了中西文化的民族特性，并由此认为，儒家天下为公的政治理想与西方主权在民的民主学说实际上大不相同。在近代以来的中西文化交汇过程中，如果说牟宗三强调了现代化的普适性，那么，蒋庆则强调了现代化的特殊性或民族性。这里有两个与现代化相关的问题特别值得注意。一是中外语词对应上的牵强附会，二是移用乃至嫁接外来文化或制度而对移用和嫁接的后果预料不足。中国古代有"共和"一词。据《史记》记载，公元前841年，周厉王因为民众起义而出逃到彘，此后十四年，周王空缺，"召公、周公二相行政，号曰'共和'"。如果把这样一个封建贵族统治时期的特定历史状态等同于近代以来的"Republic"，或者说中国历史上的这种"共和"指的就是"Republic"，显然是不合适的。不过，就君主虚无而言，"共和"在形式上还是把"Republic"与君主制相对的那层意义表达了出来。无论是汉语中的"大同"，还是西文中的"Democracy"，在语词乃至意义的转化过程中都可能存在着这样一些不精准的问题。不过，因此把民主认定为西方的特殊物，并且认为中国文化与民主不相通也不可通的看法，即使从中国文化的自身系统看也是不适当的。儒学发展史上，孟子讲"民为贵，社稷次之，君为轻"，以及黄宗羲在没有受到西方文化影响的情况下讲"天下为主，君为客""天下之治乱不在一姓之兴亡，而在万民之忧乐"，其实正透露出古代儒学，特别是其中承传孟子的心性之学与民主之间存在着紧密的内在联系。

就中西文化交汇中的第二个问题来说，牟宗三通过儒学讲现代化时，着力于疏通从内圣开外王道路上的阻碍，而多少忽视了开科学和民主对内圣乃至儒家道统的影响，或者说，对现代性的后果预料不足。既然是面向未来地开、转，对未来的远虑就是必要而且重要的。应该说，牟宗三在从内圣开、转科学和民主时，应是清楚源于马基雅维里的"政治与道德相分离"的，也是看到了自由主义民主政治在道德方面的某些不足的。但是,在开、转理性的民主政治方面,牟宗三对所谓"自我坎陷"回过来对儒家道统和中国文化的影响乃至限制并没有引起足够重视。例如,西方人讲"不自由,毋宁死",儒家讲"所欲有甚于生者",同样是生命之上的更高价值,儒家讲的是道德仁义,西方人讲的却是政治自由,那么,在转出的理性的民主政治下,那种高于生命的价值到底应该是政治自由,还是应该是道德仁义?到底还会不会有高于生命的价值?道德仁义在理性的民主政治下是否仍然有可能被奉为一种高于生命的价值?又如,在从德行主体转向认知主体、权利主体的过程中,何以保证讲科学、重物理的认知主体仍然是格心物、致良知的德行主体,何以保证争权夺利的权利主体仍是一个崇德尚义的德行主体?何以保证传统的德行要素在不受道德理性主导的认知和权利争夺过程中不会被背弃,或者被知识逻辑消解?从历史看,西方现代民主政治主要是以"自然权利"为新的起点建立起来的,而从"自然权利"出发的政治和法律路向已远远不再是从"人性善"出发的道德路向了,由此所致的现代与传统、"政"与"道"的断裂正是现代化所当特别留意的。《政道与治道》最初成书于1961年,当时正值欧美"后现代"思潮兴起之时。到20世纪70年代末80年代初,牟宗三在东方的港台地区正埋首梳理中国传统文化,而"后现代"思潮的巨擘福柯也正在西方的法国精心分析现代政治理性,东西方的两位在当时都可谓语动天下的学者要是晤对一堂,不知道会不会在政治和道德问题上引发争论?引发怎样的争论?引发怎样激烈的争论?

不管怎样,民主与中国文化在21世纪的中国可望成为经济发展基础上的两朵盛开的贵重花朵。而绵延几千年的中国传统文化将成为浇灌滋润这两朵珍奇花朵的重要资源。儒家文化是中国传统文化的重要组成部分,但不是全部;在儒学之外,中国传统文化还包含着道学和中国的佛学。从根子上讲,中国传统文化是始终不离人心、始终在人心上做功夫的德慧文化。因为源自人心,中国传统文化其实是人的文化、世界的文化、古今中外的文化,而不仅仅是中国人的文化、过去的文化。在中国传统文化中,如果说,道学和佛学的核心在于人的道性和佛性,那么,儒学的核心就在于人的德行。道家讲"存我为贵","物无贵贱","万物皆一";佛家讲"唯我独尊",人皆具有佛性,同体大悲;儒家讲"万物皆备于我",人皆可以为尧舜,天地万物为一体。由此看,中国传统文化实际上通透着根源于人心的自由、平等和自主精神,也通透着万物一体的公共精神。这正是民主与中国文化的相通性或相关性。一些将儒学学术化乃至知识化的学者似乎并没有充分体认到这一相通性或相关性。就儒学而言,这一相通性或相关性正是在新的历史条件下从内圣通出外王的一点生机,也是打通道德大同和政治民主的关节所在。

从中国文化看民主,可以说,民主政治既是一种公民参与的政治,也是一种免予政治的政治。公民参与是对限制和规范政治权力的积极进路,它有赖于世人的"天地万物一体之仁",也有赖于世人"是是非非""善善恶恶"的德行和道德心。没有这种"一体之仁"、德行和道德心,就没有披肝沥胆的正性和刚性,也就不可能有公共的、承载道义的理性政治。另外,政治终究只是人们安稳的世俗生活的一个公共条件,而不是世俗生活的全部。对更多的社会成员来说,在政治之外,人还有其各自的生活世界、精神空间和生命历程。没有一种安顿生命的超越精神和超然态度,生活世界、精神空间和生命历程势必为政治和经济所浸透，如此，正像牟宗三所说，"个人必只为躯壳之个人，自由必只为情欲之自由"。就此而言，在中国文化背景下，民主政治的生发开展，既需要世人源于道性和佛性的冷智慧，也需要世人源于德行的热心肠。

(本文原载《博览群书》2006年第12期)

参考文献

Douglas E. Litowitz, *Postmodern Philosophy and Law*, New Jersey: Princeton University Press, 1997.

F. A. Von. Hayek, *Law, Legislation and Liberty*, London: Routledge, 2013.

F. A. Von. Hayek, *The Constitution of Liberty*, Chicago: The University of Chicago Press, 1960.

Gary Minda, *Postmodern Legal Movements: Law and Jurisprudence at Century's End*, New York: New York University Press, 1995.

Gunter Teubner ed., *Global Law Without a State*, Aldershot: Dartmouth, 1997.

Harold J. Berman, *Law and Revolution: The Formation of the Western Legal Tradition*, Cambridge, MA: Harvard University Press, 1983.

Ian Ward, *Law and Literature: Possibilities and Perspectives*, Cambridge: Cambridge University Press, 1995.

Max Weber, *Max Weber on Law in Economy and Society*, Cambridge, MA: Harvard University Press, 1954.

Michel Foucault, *Foucault Live (Interviews, 1961 - 1984)*, New York: Semiotext(e), 1996.

Michel Foucault, *The Foucault Reader*, New York: Pantheon Books, 1984.

Niklas Luhmann, *A Sociological Theory of Law*, London: Routledge & Kegan Paul, 1985.

Patrick Hayden ed., *The Philosophy of Human Rights*, St. Paul: Paragon House, 2001.

Robert L. Kidder, *Connecting Law and Society*, New Jersey: Prentice-Hall, 1983.

S. Macaulay and L. M. Friedman, eds., *Law & Society*, New York: W. W. Norton, 1995.

（唐）韩愈：《韩昌黎全集》，中国书店1991年版。

（宋）陆九渊撰，钟哲点校：《陆九渊集》，中华书局1980年版。

（宋）张载：《张载集》，中华书局1978年版。

（宋）朱熹：《四书章句集注》，中华书局1983年版。

（明）释德清撰，黄曙辉点校：《道德经解》，华东师范大学出版社2009年版。

（清）曾国藩撰，钟叔河汇编校点：《曾国藩往来家书全编》，海南出版社1997年版。

（清）张英撰，江小角、杨怀志点校：《张英全书》，安徽大学出版社、北京师范大学出版集团2013年版。

蔡尚思、高行编：《谭嗣同全集》（增订本），中华书局1981年版。

陈独秀：《独秀文存》，安徽人民出版社1987年版。

邓小平：《邓小平文选》第1、2、3卷，人民出版社1994、1993年版。

范愉：《非诉讼纠纷解决机制研究》，中国人民大学出版社2000

年版。

费孝通：《乡土中国》，生活·读书·新知三联书店1985年版。

胡水君：《法律的政治分析》，中国社会科学出版社2015年版。

蒋庆：《政治儒学》，生活·读书·新知三联书店2003年版。

瞿同祖：《中国法律与中国社会》，中华书局1981年版。

梁启超：《先秦政治思想史》，浙江人民出版社1998年版。

梁漱溟：《东西文化及其哲学》，商务印书馆1999年版。

牟宗三：《生命的学问》，广西师范大学出版社2005年版。

牟宗三：《政道与治道》，载《牟宗三先生全集》第10卷，台北联经出版事业公司2003年版。

钱穆：《人生十论》，载《钱宾四先生全集》第39卷，台北联经出版事业公司1998年版。

钱穆：《现代中国学术论衡》，生活·读书·新知三联书店2001年版。

上海古籍出版社编：《二十二子》，上海古籍出版社1986年版。

孙中山：《孙中山选集》，人民出版社1981年版。

王尔敏：《中国近代思想史论》，社会科学文献出版社2003年版。

王守仁：《王阳明全集》，上海古籍出版社1992年版。

习近平：《论全面依法治国》，中央文献出版社2020年版。

习近平：《习近平著作选读》第1、2卷，人民出版社2023年版。

徐国栋：《民法基本原则解释——成文法局限性之克服》，中国政法大学出版社1992年版。

张之洞：《劝学篇》，上海书店出版社2002年版。

中共中央马克思恩格斯列宁斯大林著作编译局编译：《马克思恩格斯选集》，人民出版社1995年版。

中共中央文献研究室编：《习近平关于全面依法治国论述摘编》，

中央文献出版社2015年版。

朱景文：《比较法社会学的框架和方法——法制化、本土化和全球化》，中国人民大学出版社2001年版。

[奥] 凯尔森：《法和国家的一般理论》，沈宗灵译，中国大百科全书出版社1996年版。

[德] 黑格尔：《法哲学原理》，范扬、张企泰译，商务印书馆1961年版。

[德] 黑格尔：《哲学史讲演录》，贺麟、王太庆译，商务印书馆1959年版。

[德] 康德：《历史理性批判文集》，何兆武译，商务印书馆1990年版。

[德] 考夫曼：《后现代法哲学》，米健译，法律出版社2000年版。

[德] 马克思：《资本论》，中共中央马克思恩格斯列宁斯大林著作编译局译，人民出版社1975年版。

[德] 萨维尼：《论立法与法学的当代使命》，许章润译，中国法制出版社2001年版。

[德] 滕尼斯：《共同体与社会：纯粹社会学的基本概念》，林荣远译，商务印书馆1999年版。

[德] 韦伯：《经济与历史；支配的类型》，康乐等译，广西师范大学出版社2004年版。

[德] 雅斯贝斯：《历史的起源与目标》，魏楚雄、俞新天译，华夏出版社1989年版。

[德] 耶林：《为权利而斗争》，郑永流译，法律出版社2007年版。

[法] 福柯：《规训与惩罚——监狱的诞生》，刘北成、扬远婴译，

生活·读书·新知三联书店 1999 年版。

[法] 涂尔干:《社会分工论》,渠东译,生活·读书·新知三联书店 2000 年版。

[法] 涂尔干:《职业伦理与公民道德》,渠东、付德根译,上海人民出版社 2001 年版。

[法] 托克维尔:《论美国的民主》,董果良译,商务印书馆 1988 年版。

[古罗马] 西塞罗:《国家篇 法律篇》,沈叔平、苏力译,商务印书馆 1999 年版。

[古希腊] 柏拉图:《柏拉图对话集》,王太庆译,商务印书馆 2004 年版。

[古希腊] 柏拉图:《理想国》,顾寿观译,岳麓书社 2010 年版。

[古希腊] 索福克勒斯:《安提戈涅》,罗念生译,载《罗念生全集》第 3 卷,上海人民出版社 2016 年版。

[古希腊] 亚里士多德:《政治学》,吴寿彭译,商务印书馆 1965 年版。

[美] 奥尔森:《集体行动的逻辑》,陈郁、郭宇峰、李崇新译,上海三联书店 1995 年版。

[美] 比尔德:《美国宪法的经济观》,何希奇译,商务印书馆 1984 年版。

[美] 博登海默:《法理学——法哲学及其方法》,邓正来、姬敬武译,华夏出版社 1987 年版。

[美] 布莱克:《法律的运作行为》,唐越、苏力译,中国政法大学出版社 1994 年版。

[美] 布莱克:《社会学视野中的司法》,郭星华等译,法律出版社 2002 年版。

[美] 德沃金:《认真对待权利》,信春鹰、吴玉章译,中国大百科全书出版社1998年版。

[美] 弗兰克:《法律与现代精神》,刘楠、王竹译,法律出版社2020年版。

[美] 富勒:《法律的道德性》,郑戈译,商务印书馆2005年版。

[美] 罗尔斯:《万民法》,张晓辉等译,吉林人民出版社2001年版。

[美] 罗尔斯:《正义论》,何怀宏、何包钢、廖申白译,中国社会科学出版社1988年版。

[美] 罗尔斯:《政治自由主义》,万俊人译,译林出版社2000年版。

[美] 庞德:《法律史解释》,邓正来译,中国法制出版社2002年版。

[美] 施特劳斯:《霍布斯的政治哲学:基础与起源》,申彤译,译林出版社2001年版。

[美] 施特劳斯:《自然权利与历史》,彭刚译,生活·读书·新知三联书店2003年版。

[日] 川岛武宜:《现代化与法》,王志安等译,中国政法大学出版社2004年版。

[日] 小岛武司等:《司法制度的历史与未来》,汪祖兴译,法律出版社2000年版。

[意] 阿奎那:《阿奎那政治著作选》,马清槐译,商务印书馆1964年版。

[英] 奥斯丁:《法理学的范围》,刘星译,中国法制出版社2002年版。

[英] 鲍曼:《现代性与大屠杀》,杨渝东、史建华译,译林出版

社 2002 年版。

［英］波普尔：《开放社会及其敌人》，陆衡等译，中国社会科学出版社 1999 年版。

［英］菲尼斯：《自然法与自然权利》，董娇娇、杨奕、梁晓晖译，中国政法大学出版社 2005 年版。

［英］哈特：《法律的概念》，张文显等译，中国大百科全书出版社 1996 年版。

［英］霍布斯：《利维坦》，黎思复、黎廷弼译，商务印书馆 1985 年版。

［英］拉兹：《法律的权威》，朱峰译，法律出版社 2005 年版。

［英］洛克：《政府论》，叶启芳、瞿菊农译，商务印书馆 1964 年版。

［英］梅因：《古代法》，沈景一译，商务印书馆 1959 年版。

［英］密尔：《论自由》，程崇华译，商务印书馆 1959 年版。

［英］桑托斯：《迈向新法律常识：法律、全球化和解放》，刘坤轮、叶传星译，中国人民大学出版社 2009 年版。

人名索引

阿奎那 277
爱克曼 351
安提戈涅 348–352
奥尔森 317
奥斯丁 174，176
柏克 261
柏拉图 274，311，332
贝尔特 329
比尔德 317
边沁 23，241，261
波吕涅克斯 348
波普尔 294
波斯纳 327，330
伯尔曼 97
布莱克 113，320，343
布朗 336
陈抟 179
陈燕谷 355
陈寅恪 359，360，396
陈垣 359

成龙 154
大木雅夫 111
德尔葛多 329
德里达 328
德沃金 154，226，328
邓小平 31，32，34–37，45，46，
　49–51，58，77，78，107，124，
　125，294，295，391，392，394
狄更斯 325
笛卡儿 336
董仲舒 59，180，387，398，401
杜甫 342
恩格斯 265，266，268，276，297，
　300，366
范愉 220
菲尼斯 285
腓德烈 188
费什 326，328–330
费斯 326，328
费孝通 315，320

人名索引

冯友兰　360

弗兰克　310

弗里德曼　114

福柯　187，193，199-207，253，
　329，336，340，406

富勒　285

歌德　351

古一　373

顾炎武　342，345，404

哈贝马斯　253，333，334，336，
　340

哈特　278，279，302

哈耶克　25，98，193，283，284，
　297

韩非子　293，294，321，344

韩愈　245，390，400，401

黑格尔　26，203，204，264，266，
　269，346，351，377，384

胡锦涛　51

胡塞尔　336

怀特　324，327

黄帝　396

黄宗羲　398，404，405

霍布斯　23，184，215-217，241，
　250，253，261

加缪　325

贾谊　59，342

蒋庆　399-401，404，405

瞿同祖　59

卡夫卡　325，327，330

凯尔森　278

康德　23，174，176，186-188，
　237，244，246，332，336

康熙　210

康有为　180，393，401

考夫曼　333-335

克瑞翁　348，349，351，352

肯尼迪　91

孔孟　178，181，376，377，384，
　386

孔颜　382

拉兹　285

老子　341，344，346，389

李陀　355

利奥塔　334

梁启超　64，374，375

梁漱溟　117，188，241，257，375，
　396

列维纳斯　244

列文森　326

林肯　220

刘邦　342，403

流离王　91，92

卢曼　97，193，336-340

卢梭　184，190，241，269

陆象山　250，380，387，401

罗蒂　329，330

罗尔斯　193，219，233，245，246，

248, 261, 276, 282, 333, 334

罗素　288-290

洛克　23, 184, 217, 229, 241

马考利　315, 354, 358

马克思　3, 16, 18, 25, 37, 65, 77, 113, 224, 232, 234, 264-271, 282, 293, 297, 299, 306, 308, 336, 340, 362-366

马林诺夫斯基　336

毛泽东　37, 49, 50, 107, 364, 372, 392

梅因　5, 10, 25, 32, 97, 276, 321

孟德斯鸠　91, 343

米诺　332

密尔　154, 155, 237, 241, 245

明达　328, 330

莫迪　373

牟宗三　249, 254, 396, 399-406, 408

拿破仑　91, 206

尼采　334

帕森斯　336, 338

帕西佛　114

庞德　309

钱钟书　396

秦始皇　208

桑托斯　340, 357

莎士比亚　325

商鞅　57, 342

施特劳斯　185, 189, 240

叔向　342, 344

舜　150, 164, 179, 238, 257, 393, 396-398, 400, 404, 407

司马迁　179

斯宾诺莎　241

斯特兰奇　373, 374

苏格拉底　274, 332, 348-352

孙中山　56, 150, 393, 395

索福克勒斯　348

塔西坨　342

谭嗣同　64

汤　150, 393, 397, 400

特罗佛尼乌斯　200

图依布纳　340

涂尔干　203, 204, 222, 336, 345

托哈雷尔　114

托克维尔　284, 403

妥斯陀也夫斯基　325

王船山　403, 404

王阳明　180, 181, 246, 250, 256, 257, 380, 384, 387, 388

威斯伯格　325, 331

韦伯　25, 97, 176, 191, 282, 297, 316, 336, 340, 375

魏斯特　325, 330, 331

温家宝　51

西塞罗　277

人名索引

习近平　1 - 14, 17 - 19, 27, 30, 34, 36, 77, 96, 125, 372, 394
萧何　403
熊十力　396
休谟　241
荀子　245, 249, 276, 288 - 290, 345
雅斯贝斯　176, 375
亚里士多德　275, 276, 279, 285, 293, 309, 348, 350 - 352
颜回　382, 383, 387, 389
尧　150, 164, 179, 238, 393, 396 - 398, 400, 404, 407
耶林　226, 279
叶适　342, 345
伊斯墨涅　351
雍正　210

禹　150, 393, 397, 400
曾国藩　180, 210, 249, 255
曾纪泽　210
张廷玉　210
张英　208 - 218
张之洞　149
甄子丹　154
周敦颐　179, 382
周公　150, 393, 397, 400, 405
周厉王　405
朱景文　353, 354, 357
朱熹　179, 180, 255, 404
朱元璋　342
庄子　299, 341, 386
子产　342
子贡　57, 92, 389

主题索引

本体 5,40,55,59,60,78,79,94,101,137,140,141,144,156,163-165,169,170,172,178,186-188,190,200,205,214,219,220,223,224,237,238,240,242,243,245,247,250,253-255,262,263,271,272,287,295,306,308,310,313,320,329,333,346,355,356,369,406

传统文化 18,79,80,84,87-90,96,99,153,158,160,164,165,174,178,186,196,208-211,214,216,226,245,248,289,290,322,362-371,376,406,407

大同 18,167,217,257,258,285,393-400,403-405,407

道德 5,25,58-62,64-70,72,79,80,83,84,89,91,93-99,147,150-152,154-156,160-170,174,176,179,182,187-190,193-197,204,208-210,212-219,222,232,236-255,258,260-264,268,271,274,280,282,287,289,292,293,303,312,313,322,326,330,332,338,346-348,351,368-371,376-378,380-382,384-386,388-390,396,398,402-407

道德律 182,378,388

道体 99,149-151,156,174,175,178-183,376,378,382,383,388

德性 60,91,152,154,166,169,170,183,188-190,192,193,196,248-259,263

德性之知 161,164,169,170,241,381,384,386

主题索引

德治 40,53,58-61,79,80,84,179,292,344

法典 1,3,8,25,59,96-99

法家 2,7,25,58,59,63-66,69,72,80,84,151,168,169,175,176,192,229,230,255,268,292,293,295,298,321,342-344,378,387

新法家 146,376

法理 9,25,31,33,73,97,102,109,147,148,151,154,159,165,171-178,180-183,187,192,236,305,310,316,327,333,385

法理社会 11,17,84,171,175-177,222,315

法理学 23,97,108,148,154,171-178,182,220,305,336,353-356,376,380,385,386,388

法治 1-20,22-27,29-42,44-58,60-86,96,99,103,104,107-109,112,118-122,127,128,131,136,137,141,146,148,149,158-162,168-170,172,175-178,182,183,185,191-194,197,209,217,221,226,229-231,235,243,255,259,264,269,272,273,285-287,292,293,298,303,310,314,321-323,330,341,343,345,346,354,355,359,370

法治化 6,9,12-20,24-26,29,35-38,42,83,104,107,110,118,120,121,128,137,235,394

民主法治 11,40,71-76,80-84,86,89,100,104,139,141,146-148,150-153,156,157,159,161,163-166,168-171,175-177,183,193,194,241-243,387,396

关系资本 318,359

后现代 109,118,186,197,269,298,324,327-340,355,368,406

内圣外王 160,161,165,214,218,238,240,242,246,346,388,401

理性 21,23,47,54,60,62-64,70,75,97,102,108,147,151,152,154,160,161,163,164,166,168,169,176,177,183,187-193,198,204,205,214,216,217,221,224,228,230,231,240-242,244,251,254,261,264,268-271,273-280,283,287,306-308,

316，322，323，326，328，329，
332-334，346，351，352，369，
370，378，381，384-386，402，
403，406，407

理性化　97，146，150，188，
189，197

理学　23，68，97，99，108，148，
154，171-178，180，182，220，
244，292，305，316，325，336，
340，353-356，376，380，381，
385-388，400，404

法律理学　376，380，384-387

民本　62，79，85，94，141，143，
167，168，245，247，290，291，
295

民权　6，10，11，19，25，26，
56，61，63，64，66-69，73，
79，80，83-85，104，106，
108，113，114，118，136，137，
141-143，146，147，149，150，
155，163，175，184-186，190，
193，196，227，229，230，232，
240，251，258，260，313，
346，366

启蒙　153，154，160，162，168，
176，184-188，195，196，198，
205，206，245，251，258，269，
270，340，375

强国战略　1，2，4，17，89

权利　6，10，11，19，23，25，
26，35，54-57，59，60，66-
68，72，73，80，81，83，84，
94，95，103，104，113-115，
117，118，136，137，139，141，
143，146，148，152，154-156，
163，166-169，172，175，176，
183-193，196，198，200，201，
203-209，212，215-245，248-
251，253，254，256-258，260，
261，263-267，275，286，287，
289，290，304，305，309，311-
313，346-348，369，406

权利化　25，150，202

权利政治　166，184-188，190-
193，198，240，251，256，346

自然权利　25，142，150，155，
156，163，164，166，167，174，
184，185，193，200，205，216-
219，238，240-245，250，251，
253，255，256，260，261，378，
385，406

人权　6，10，11，18，19，23，
54，63，64，66-70，82，83，
85，104，139，141-143，146-
148，154，155，163，165-167，
170，175，178，184-186，190，
191，193-198，200，201，203-
206，209，215-219，227，229，

230，232，237，238，241，242，
245，248-254，256-263，265，
270，346

人文主义　162-164，166-169

儒家　59，93，150，168，175，
179，180，192，193，196，249，
287，292，343-345，376-378，
383，387，393，396-400，402，
404-407

　新儒家　146，179，219，245，
376，384，396，399，404

社会管理　71，102，139-141，
143-145

司法　2，18，26，36，54，71，
73，74，78，83，85，97，99，
101-104，106-111，113-118，
132，133，140，141，143，192，
209，221-226，228，229，266，
267，281，283，285-287，290，
311，316-319，328，346，358

　司法化　20，26，107，109，110

诉讼　51，55，56，80，84，102，
111-118，137，220-225，230，
287，315，318-320

体用　153，156，179，183，386

替代性纠纷解决方式　111，118，
220-226

心体　99，150，156，180，183，
378，379，381-384，386，388

现代化　1-8，10-20，22，24-
37，39，40，42，59，60，62，
64，65，68，74，75，77，81，
85，88，89，97，104，106，
107，109，110，112，120-122，
124，131，136，139，141，147，
154，158，159，176，185，186，
188，193，195，197，198，209，
222，223，225，226，258，270，
271，286，288，290，321，322，
355，362，365，366，369，371，
384，392，394，403，405，406

现代性　10，11，26，37，65，88，
97，109，155，163，165，166，
169，176，181-183，187，193，
197，206，217，223，238，240，
264，321，331，334，335，337，
340，355，365，366，368，369，
374，375，385，405

小康　8，16，18，34，74，75，
84，85，104，147，176，365，
391-395，397-400，402-404

形而上　174，176，179，182，196，
197，261，322，377，378，384-
386，388-390

行政大国　106，146，147

正义　19，23，26，35，54，70，
84，85，91，93，113，116，
118，147，175，191-193，209，

212，219，223，226，230，232－235，245，246，248，264－267，273－287，312，322，324，332－334，338，348－352

政道　73，147，148，151，165，167，171，255，256，396，399－404，406

政治大国　77，106，146，147

治道　53，59，62，64，150，153，167，219，236，254－256，260，343，396，399－404，406

治国方略　1，4，18，22，24，33，45，62，65，67，81

治理　3，5，8，11，12，15－20，22－25，28－31，33，34，38，39，42，44，50，53，56，58－60，64，69，72，74，77，78，99，102，106，107，110，119－122，128，131，134－138，140，141，146，147，152，158，167，168，175，176，184，190－192，194，206，217，235，240，255，256，258，269，292－295，303，321，337，343－345，370，385，387，404，406

国家治理　3，4，6，12，16－18，20，22，24，25，27－35，39，42，56，57，66，69，80，83，92，95，110，120，121，127，128，136，158，314，323，355，399

中国文化　18，70，73，85，88，89，93－96，147－151，156，157，159，160，163－165，170，174，177－183，188，214，237，238，241，242，245，246，263，365，367，368，371，373，375，378，380－387，392－396，400，402，404－408

自然法　163，166，172－176，182，184，224，226，274，277，278，302，307，308，328，332－334，348，351，378，385，388

自由意志　97，98，237，238，240，262，375